International Financial Reporting Standards
International Accounting Standards

IFRS
IAS

（国際財務報告基準・国際会計基準）

徹底解説

計算例と仕訳例でわかる
国際会計基準

菊谷正人【編著】

税務経理協会

はしがき

　巷間，IAS（国際会計基準）・IFRS（国際財務報告基準）関連書籍が書店に氾濫しているが，そのほとんどが文章だけの概要（要約）書に止まり，計算例・仕訳例が網羅されていない。日・米との比較や今後の展望などに多くのページが割かれているため，純粋にIAS・IFRSを学びたいと思っている読者にとっては，物足りないという意見が囁かれていた。

　本書は，このような声に応えるために執筆されている。すなわち，IAS・IFRSに焦点を絞り，その理解を深めるために数多くの計算例・仕訳例が設けられている。基準の表面的な解説ではなく，難解な内容を容易に理解できるように多様な設例を示し，数値例・仕訳例により解明できるように体系的な解説を施している。さらに，経済的実質優先主義・市場価値評価の部分的容認（原価・時価混合測定主義）等に基づき，複雑かつ多種多様な会計手法・内容を具有しているIAS・IFRSを有機的に習得できるように，わが国の制度会計に合わせて章立てが組まれている。

　本書の読者層は，実務家（経理担当者，公認会計士，税理士）・大学教員を対象としているが，IAS・IFRSに関心がある大学院生・学部生にとっても財務会計学の探求にとって有意義な学習書になるものと思われる。

　本書の分担執筆には，各大学で会計学の講義を担当され，それぞれの会計領域で活躍されている新進気鋭の研究者に依頼した。2か月という短期間による脱稿にもかかわらず，原稿をまとめられたことに感謝している。ただし，紙幅の都合上，文言・体裁等の統一，重複内容の回避等の理由により，原稿の大幅修正・削除等を行ったために，説明の不充分な箇所，各章間の内容の精粗・不

備等が存在するかもしれない。その整理・校正等に当たっては，法政大学の依田俊伸教授，帝京大学の石原裕也准教授，東海大学の西山一弘准教授および福島大学の吉田智也准教授に手を煩わせた。深謝するとともに，研究者としての一層の活躍・成長を祈念する次第である。

　最後に，本書の上梓に際しては，㈱税務経理協会社長の大坪嘉春氏の御芳情，企画・編集・校正に携われた酒井一佳氏のご厚意に対して謝意を表したい。

　平成21年7月27日

菊谷　正人

目　　次

はしがき

序　章　国際会計基準および国際財務報告基準の概要 ………… 1

第1部　資産・負債・持分会計論

第1章　有形固定資産会計 ………………………………………… 7
　1　有形固定資産の意義・範囲 ………………………………… 7
　2　有形固定資産の当初認識・測定（取得原価）…………………… 8
　3　有形固定資産の再測定（期末評価）………………………… 13
　4　有形固定資産の減価償却 …………………………………… 14
　5　有形固定資産の処分（認識の中止）………………………… 19
　6　有形固定資産に関する開示 ………………………………… 20

第2章　投資不動産会計 …………………………………………… 23
　1　投資不動産の意義・種類 …………………………………… 23
　2　投資不動産の当初認識・測定（取得原価）………………… 23
　3　投資不動産の再測定（期末評価）…………………………… 24
　4　投資不動産の他勘定への振替・処分 ……………………… 26
　5　財務諸表上の開示 …………………………………………… 29

第3章 売却目的固定資産会計 ……………………………………… 32
1 売却目的固定資産の意義・種類 ……………………………… 32
2 売却目的固定資産の当初認識・測定（取得原価）………… 33
3 売却目的固定資産の再測定（期末評価）…………………… 34
4 売却目的固定資産の処分（認識の中止）…………………… 35
5 財務諸表上の表示・開示 ……………………………………… 36

第4章 無形資産会計 ……………………………………………… 38
1 無形資産の意義・種類 ………………………………………… 38
2 無形資産の当初認識・測定（取得原価）…………………… 39
3 無形資産認識後の測定 ………………………………………… 46
4 財務諸表上の開示 ……………………………………………… 48

第5章 棚卸資産会計 ……………………………………………… 49
1 棚卸資産の意義・範囲 ………………………………………… 49
2 棚卸資産の当初認識・測定（取得原価）…………………… 50
3 棚卸資産の原価配分方法 ……………………………………… 52
4 棚卸資産の再測定（期末評価）……………………………… 53
5 財務諸表上の開示 ……………………………………………… 56

第6章 金融商品会計 ……………………………………………… 58
1 金融商品の意義・種類・分類（再分類）…………………… 58
2 金融商品の当初認識・測定（取得原価）…………………… 61
3 金融商品の認識の中止 ………………………………………… 63
4 金融商品の再測定（期末評価）……………………………… 66
5 複合金融商品会計 ……………………………………………… 70
6 デリバティブズ会計 …………………………………………… 71

7　ヘッジ会計 …………………………………………………… 72
　　　8　財務諸表上の表示・開示 …………………………………… 78

第7章　引当金会計 ………………………………………………… 85
　　　1　引当金の意義・種類・設定規準 …………………………… 85
　　　2　引当金の認識 ………………………………………………… 85
　　　3　引当金の測定 ………………………………………………… 90
　　　4　財務諸表上の表示・開示 …………………………………… 93

第8章　偶発債権・債務会計 ……………………………………… 95
　　　1　偶発債権・債務の意義・種類 ……………………………… 95
　　　2　偶発債権・債務の認識・測定 ……………………………… 95
　　　3　財務諸表上の表示・開示 …………………………………… 97

第9章　ストック・オプション等会計 …………………………… 100
　　　1　株式報酬の意義 …………………………………………… 100
　　　2　費用認識 …………………………………………………… 101
　　　3　公正価値の測定 …………………………………………… 105
　　　4　条件変更時の取り扱い …………………………………… 107
　　　5　財務諸表上の開示 ………………………………………… 109

第2部　損益会計論

第10章　収益会計 ………………………………………………… 111
　　　1　収益の意義・範囲 ………………………………………… 111
　　　2　収益の認識・測定 ………………………………………… 112

3

3　取引の識別と各取引の処理 …………………………………… 113
　　4　収益会計に関する開示 ………………………………………… 120

第11章　国庫補助金等収入の会計 ……………………………… 121
　　1　国庫補助金と政府援助の意義 ………………………………… 121
　　2　国庫補助金等収入の認識・測定 ……………………………… 122
　　3　国庫補助金等収入の測定規準 ………………………………… 123
　　4　財務諸表上の開示 ……………………………………………… 126

第12章　工事契約の会計 …………………………………………… 127
　　1　工事契約・工事契約収益・工事契約原価の意義 …………… 127
　　2　工事契約収益・工事契約原価の認識・測定 ………………… 129
　　3　予想される損失の認識 ………………………………………… 133
　　4　財務諸表上の表示・開示 ……………………………………… 134

第13章　従業員給付会計 …………………………………………… 135
　　1　従業員給付会計の意義・範囲 ………………………………… 135
　　2　短期従業員給付 ………………………………………………… 135
　　3　退 職 給 付 ……………………………………………………… 137
　　4　その他の長期従業員給付 ……………………………………… 145
　　5　解 雇 給 付 ……………………………………………………… 145
　　6　財務諸表上の開示 ……………………………………………… 146

第14章　借入費用の会計 …………………………………………… 148
　　1　借入費用と適格資産の意義 …………………………………… 148
　　2　借入費用の会計処理 …………………………………………… 149
　　3　財務諸表上の開示 ……………………………………………… 152

目次

第3部　特殊会計論

第15章　リース会計 ……………………………………………… 153
1　リースの意義・範囲 ……………………………………… 153
2　ファイナンス・リースの分類規準 ……………………… 154
3　借手の会計処理 …………………………………………… 156
4　貸手の会計処理 …………………………………………… 159
5　セール・アンド・リースバック取引 …………………… 161

第16章　減損会計 ………………………………………………… 164
1　減損損失の定義および減損処理の目的 ………………… 164
2　減損損失の手続き ………………………………………… 165
3　回収可能価額の測定方法 ………………………………… 169
4　財務諸表上の開示 ………………………………………… 174

第17章　税効果会計 ……………………………………………… 175
1　税効果の意義・種類 ……………………………………… 175
2　繰延税金資産・負債の認識・測定方法 ………………… 177
3　財務諸表上の表示・開示 ………………………………… 183

第18章　外貨換算会計 …………………………………………… 186
1　外貨換算会計の意義 ……………………………………… 186
2　外貨建取引の会計処理 …………………………………… 188
3　外貨表示財務諸表の換算方法 …………………………… 189
4　外貨表示財務諸表の換算に関する特殊問題 …………… 194
5　財務諸表上の開示 ………………………………………… 196

5

第19章　企業結合会計 …………………………………… 198
1　企業結合の意義 …………………………………… 198
2　取得の会計処理 …………………………………… 198
3　のれんの会計処理 ………………………………… 205
4　財務諸表上の開示 ………………………………… 212

第20章　連 結 会 計 …………………………………… 214
1　連結の範囲 ………………………………………… 214
2　連 結 手 続 ………………………………………… 216
3　持 分 法 …………………………………………… 229
4　連結財務諸表上の表示・開示 …………………… 230

第21章　ジョイント・ベンチャー会計 ……………… 233
1　ジョイント・ベンチャーの意義・種類 ………… 233
2　ジョイント・ベンチャーに対する持分の会計 … 235
3　財務諸表上の表示・開示 ………………………… 238

第22章　セグメント情報の開示基準 ………………… 240
1　セグメントの意義・種類 ………………………… 240
2　報告対象セグメントの識別方法 ………………… 241
3　セグメント情報の開示内容 ……………………… 244

第23章　廃止事業会計 ………………………………… 251
1　廃止事業の意義 …………………………………… 251
2　廃止事業の表示 …………………………………… 252

第24章　超インフレ経済下における財務報告 …………………… 256
1　超インフレの意義 ……………………………………………… 256
2　財務諸表の再表示 ……………………………………………… 257
3　超インフレの存在を認識した場合／しなくなる場合の会計処理 …… 260
4　財務諸表の開示 ………………………………………………… 264

第25章　保険契約会計 …………………………………………… 265
1　保険契約の意義・範囲 ………………………………………… 265
2　保険契約の認識・測定 ………………………………………… 266
3　財務諸表上の開示 ……………………………………………… 270

第26章　農業会計 ………………………………………………… 271
1　農業活動と生物資産の意義 …………………………………… 271
2　生物資産・農産物の認識・測定 ……………………………… 271
3　国庫補助金の会計処理 ………………………………………… 273
4　財務諸表上の開示 ……………………………………………… 274

第27章　鉱物資源の探査と評価 ………………………………… 275
1　鉱物資源の探査と評価の意義・範囲 ………………………… 275
2　探査・評価資産の認識・測定 ………………………………… 275
3　財務諸表上の表示・開示 ……………………………………… 277

第4部　財務諸表の作成

第28章　年次財務諸表の作成 ………………………………………… 279
1　一般目的財務諸表の種類 ……………………………………… 279
2　財政状態計算書 ………………………………………………… 279
3　包括利益計算書 ………………………………………………… 282
4　キャッシュ・フロー計算書 …………………………………… 286
5　持分変動計算書 ………………………………………………… 293

第29章　中間・四半期財務諸表の作成 ……………………………… 295
1　中間・四半期財務諸表の意義・種類 ………………………… 295
2　中間・四半期財務諸表の作成基準 …………………………… 296
3　財務諸表上の開示 ……………………………………………… 300

第30章　会計方針・会計上の見積りの変更・誤謬に対する処理 … 303
1　期間損益の区分 ………………………………………………… 303
2　会計方針の変更の会計処理 …………………………………… 303
3　会計上の見積りの変更の会計処理 …………………………… 306
4　誤謬の会計処理 ………………………………………………… 307

第31章　財務諸表に関する補足情報 ………………………………… 311
1　1株当たり利益 ………………………………………………… 311
2　関連当事者に関する情報 ……………………………………… 315
3　後 発 事 象 ……………………………………………………… 319

索　　引 ……………………………………………………………………… 323

序章 国際会計基準および国際財務報告基準の概要

　英国，米国およびカナダの職業会計士団体により，3か国間の会計問題を調和させるために1996年に「会計士国際研究グループ」が設置されていたが，会計基準の国際的調和・統一を実現するためには3か国だけでの研究グループだけではその目的を達成できないとの認識に立ち，1973年6月に「国際会計基準委員会」(Internatinonal Accounting Standards Committee：以下，IASCと略す)が，オーストラリア，カナダ，フランス，旧西ドイツ，日本，メキシコ，オランダ，英国およびアイルランドならびに米国の指導的な会計士団体の合意によって設立された。

　IASCの目的は，国際的に承認可能・理解可能な財務諸表の作成・報告のために，国際的に調和・統一された「国際会計基準」(以下，IASという)を作成・公表することである。1975年1月に第1号「会計方針の開示」(現在の名称は「財務諸表の表示」)を公表して以来，IASCが国際会計基準審議会 (International Accounting Standards Board：以下，IASBと略す)に改組・改称される2001年4月までに，41編のIASを設定している(ただし，その間には，廃棄されたIASもある)。

　IASの設定方法としては，重要な会計テーマごとの個別規準化，いわゆる「ピース・ミール方式」による基準設定法が採用されている。基準設定プロセスとしては，利害関係者の意見を反映できるように，公開草案の公表とそのコメントの受理・検討，公聴会の開催等のほかに，証券取引所国際連盟・国際財務担当役員協会・国際銀行協会・国際法律家協会・国際商業会議所・世界銀行・EC委員会・米国FASB・証券監督者国際機構(International Organization of Securities Commissions and Similar Agencies：以下，IOSCOと略す)等の各種国際機関・会計基準設定機関が参加する「諮問グループ」との協議等に基づき，基準作成・公表を行う「正規の手続き」が採用されている。

1

「諮問グループ」の設定目的は，会計基準の調和化を推進するために，職業会計士以外の財務報告に関係する団体との連携をとるためであった。とりわけ，1987年にＩＯＳＣＯ，88年にＦＡＳＢ，90年にＥＣ委員会が「諮問グループ」に参加したことによって，「諮問グループ」の性格は大きく変容した。重要な審議事項については，理事会メンバーと合同で検討を行ったり，当該メンバーが個々のＩＡＳの設定作業に参加するようになった。特に，国内外の資本市場を効率的に発展させ，国際的な証券取引に関する基準・監視を確立するために，米国のＳＥＣ，日本の金融庁等の証券規制監督機関が加盟しているＩＯＳＣＯの参加は，ＩＡＳＣの歴史において画期的な出来事であった。

　1988年11月に開催されたＩＯＳＣＯ総会で，多国間証券登録制度とそのための国際的ディスクロージャーの制度の促進のために，ＩＯＳＣＯとしてＩＡＳの改善のためにＩＡＳＣの活動を支援していく方針が明らかにされた。

　これに応えてＩＡＳＣは，現行ＩＡＳの自由選択な会計処理を再検討し，統一的な（単一または限定された）会計処理を標榜する公開草案第32号「財務諸表の比較可能性」（以下，Ｅ32という）を1989年1月1日に公表している。Ｅ32は，類似する取引・事象に単一の「規定処理」を除き，他のすべての会計処理を除外した。ただし，単一の会計処理に絞れない場合には，「優先処理」と「代替処理」に分け，複数の会計処理を容認した。ただし，代替処理を選択適用した場合には，純利益・株主持分の金額を「優先処理」を採用した場合に算定される金額に調整・開示する必要があった。なお，「優先処理」と「代替処理」を識別する判定基準には，次の事項が考慮されている。

　（イ）　現在の世界的な実務および各国の会計基準等
　（ロ）　ＩＡＳＣ作成の「財務諸表の作成・表示に関する概念フレームワーク」
　　　　（以下，「概念フレームワーク」と略す）への準拠
　（ハ）　ＩＯＳＣＯ等，規制監督機関の見解
　（ニ）　同一ＩＡＳ内および他のＩＡＳとの首尾一貫性

　当時公表済みのＩＡＳ1からＩＡＳ29のうち，ＩＡＳ27・28・29は「概念フレームワーク」を反映しているという理由により，Ｅ32の検討対象から除外さ

れ，IAS1からIAS26までの29項目が修正事項としてE32で掲示された。

新IASの作成や現行IASの見直しのために参考にされる「概念フレームワーク」(12項)によれば，財務諸表の重要な目的は，広範な情報利用者の経済的意思決定に際して，企業の財政状態・経営成績・財政状態変動に関する有用な情報を提供することにある。IASCでは，情報利用者の経済的意思決定に対する有用な情報の提供を財務報告の基本目的とする「意思決定有用性アプローチ」が採用されている。さらに，財務諸表には，経営者の受託責任または経営者に委託された資源に対する会計責任の結果を表示する機能があり，情報利用者は財務諸表により経済的意思決定を行うに当たり経営者の受託責任・会計責任を評価することもある。つまり，IASC「概念フレームワーク」の「意思決定有用性アプローチ」は，経営者の受託責任・会計責任も包摂する形を採っている。

財務諸表が提供する情報を利用者にとって有用なものとする属性である「質的特徴」として，「理解可能性」，「目的適合性」，「信頼性」および「比較可能性」が列挙されている（「概念フレームワーク」24項）。

なお，IASCの「概念フレームワーク」は，財務諸表の構成要素を定義するに際して，資産と負債を鍵概念として定義した後に，他の構成要素を定義する「資産負債アプローチ」を採用している。「資産」とは，過去の事象の結果として特定の事業体が支配し，かつ，将来の経済的便益が当該事業体に流入すると期待されている資源であり，「負債」とは，過去の事象から発生した特定事業体の義務であり，これを履行するためには経済的便益を有する資源が当該事業体から流出すると予想されるものである。「持分」は，資産と負債との差額概念として定義されている（「概念フレームワーク」49項）。

このような「概念フレームワーク」あるいはE32（および「E32趣旨書」）によりIASは質的に改善されたが，IOSCOは，多国間にまたがる有価証券の売出しに際して通用するには，現行IASが網羅している項目では不十分であるとみなしていた。1995年7月にIASの包括的コア・スタンダードの見直し作業に関して「IASC・IOSCO協定」が締結され，IASCが公表した

40篇のＩＡＳのうち，ＩＯＳＣＯは2005年4月に30篇のコア・スタンダードを一括承認した（ただし，ＩＡＳ7は1995年に承認されていた）。

　会計基準の国際的コンバージェンスを目標にして，各国の会計基準設定機関と協力しながら，国という枠を超えて「国際的な会計基準設定機関」の創設が必要であるとの考え方に基づき，2001年4月にＩＡＳＣはＩＡＳＢに改組・改称された。ＩＡＳＢは，独自に「国際財務報告基準」(International Financial Reporting Standards：以下，ＩＦＲＳと略す) を作成・公表するとともに，現行ＩＡＳの改訂・公表も行っている。

　「経済的実質優先主義」，「市場価値評価の容認」（原価と時価の混合測定主義）等を軸にしてＩＡＳＢにより改訂・作成されたＩＡＳ／ＩＦＲＳは，2009年1月現在，下記のとおりである。

　　ＩＡＳ1「財務諸表の表示」(Presentation of Financial Statements)
　　ＩＡＳ2「棚卸資産」(Inventories)
　　ＩＡＳ7「キャッシュ・フロー計算書」(Statement of Cash Flows)
　　ＩＡＳ8「会計方針，会計上の見積りの変更および誤謬」(Accounting Policies,
　　　　　Changes in Accounting Estimates and Errors)
　　ＩＡＳ10「後発事象」(Events after the Reporting Period)
　　ＩＡＳ11「工事契約」(Construction Contracts)
　　ＩＡＳ12「法人所得税」(Income Taxes)
　　ＩＡＳ16「有形固定資産」(Property, Plant and Equipment)
　　ＩＡＳ17「リース」(Leases)
　　ＩＡＳ18「収益」(Revenue)
　　ＩＡＳ19「従業員給付」(Employee Benefits)

序章　国際会計基準および国際財務報告基準の概要

ＩＡＳ20「国庫補助金の会計処理および政府援助の開示」(Accounting for Government Grants and Disclosure of Government Assistance)
ＩＡＳ21「外国為替レート変動の影響」(The Effects of Foreign Exchange Rates)
ＩＡＳ23「借入費用」(Borrowing Costs)
ＩＡＳ24「関連当事者の開示」(Related Party Disclosures)
ＩＡＳ26「退職給付制度の会計処理と報告」(Accounting and Reporting by Retirement Benefit Plans)
ＩＡＳ27「連結財務諸表および個別財務諸表」(Consolidated and Separate Financial Statements)
ＩＡＳ28「関連会社に対する投資」(Investments in Associates)
ＩＡＳ29「超インフレ経済下における財務報告」(Financial Reporting in Hyperinflationary Economies)
ＩＡＳ31「ジョイント・ベンチャーに対する持分」(Interests in Joint Ventures)
ＩＡＳ32「金融商品：表示」(Financial Instruments : Presentation)
ＩＡＳ33「一株当たり利益」(Earnings per Share)
ＩＡＳ34「中間財務報告」(Interim Financial Reporting)
ＩＡＳ36「資産の減損」(Impairment of Assets)
ＩＡＳ37「引当金，偶発債務および偶発資産」(Provisions, Contingent Liabilities and Contingent Assets)
ＩＡＳ38「無形資産」(Intangible Assets)
ＩＡＳ39「金融商品：認識と測定」(Financial Instruments : Recognition and Measurement)
ＩＡＳ40「投資不動産」(Investment Property)
ＩＡＳ41「農業」(Agriculture)

5

IFRS 1 「国際財務報告基準の初年度採用」(First－time Adoption of International Financial Reporting Standards)

IFRS 2 「株式報酬」(Share－based Payment)

IFRS 3 「企業結合」(Business Combinations)

IFRS 4 「保険契約」(Insurance Contracts)

IFRS 5 「売却目的で保有している固定資産および廃止事業」(Non-current Assets Held for Sale and Discontinued Operations)

IFRS 6 「鉱物資源の探査と評価」(Exploration for and Evaluation of Mineral Resources)

IFRS 7 「金融商品：開示」(Financial Instruments：Disclosures)

IFRS 8 「事業セグメント」(Operating Segments)

第1部　資産・負債・持分会計論

第1章　有形固定資産会計

1　有形固定資産の意義・範囲

　IAS16（6項）によれば，不動産・設備・装置を意味する「有形固定資産」とは，財貨の生産または用役の提供に利用する目的，外部への賃貸目的または管理目的で企業が保有する有形資産であり，かつ，一会計期間を超えて利用すると予測されるものである。有形固定資産の種類としては，たとえば，土地，土地・建物，機械装置，船舶，航空機，自動車，器具・備品，事務用機器が例示列挙されている（IAS16, 37項）。

　なお，農業活動に関連する生物資産，鉱業権や石油・天然ガスその他これに類似する再生不能な天然資源については，開発・保全する目的で利用されるのであれば，有形固定資産に該当する。売却目的として区分された売却目的固定資産は，有形固定資産として取り扱われない（IAS16, 3項）。

　つまり，有形固定資産とは，企業の営業活動（財貨の生産または用役の提供，外部賃貸，管理業務）のために，原則として，1年以上継続して利用する目的で所有されている有形資産であり，通常の営業過程では販売することを意図していない資産である。

　交換部品・保守器具は，通常，棚卸資産として計上され，費消時に損益として認識されるが，一会計期間を超えて利用すると予測される主要交換部品・予備部品は有形固定資産に属する。同様に，特定の有形固定資産のみに関連して利用される交換部品・保守器具も，有形固定資産として取り扱われる（IAS16, 8項）。

2　有形固定資産の当初認識・測定（取得原価）

　有形固定資産の上記定義を満たし，下記の認識規準を充足する場合に限り，資産として認識しなければならない（ＩＡＳ16，7項）。
　(a)　当該資産に関連する将来の経済的便益が企業に流入する可能性が高い。
　(b)　当該資産の取得原価が信頼性をもって測定できる。
　「認識」とは，経済的事象のうちどれを会計的に測定の対象とするのかを識別プロセスであり，「当初認識」とは，当該経済的事象を正式に会計帳簿に記録し，財務諸表に初めて計上するプロセスである。ＩＡＳ16は，「将来の経済的便益の蓋然性」と「測定の信頼性」を認識規準としている。
　なお，安全または環境保全の目的で取得した有形固定資産は，現存する特定資産の将来の経済的便益を直接増加させるものではないが，当該取得が行われなかった場合に得られる経済的便益を超えて，関連資産から将来の経済的便益を得ることを可能とするので，資産の認識規準を満たしている。たとえば，危険な化学製品の製造・保管に関する環境保全基準を遵守するために，新規の化学処理装置を設置しなければならない化学製品製造業者にとっては，当該装置なしでは化学製品の製造・販売が不可能となるので，当該関連設置は資産として認識される（ＩＡＳ16，11項）。
　資産として認識要件を満たす有形固定資産は，当初認識時点にその取得原価で測定されなければならない（ＩＡＳ16，15項）。当初認識における測定を「当初測定」といい，当該資産取得取引の当初公正価値が「取得原価」となる。
　ここに「取得原価」とは，当該資産取得のために支出した現金・現金同等物の価額またはその他の引き渡した対価の公正価値（現金価格相当額と総称する）をいう。支払いが通常の信用期間を超えて繰り延べられる場合，現金価格相当額と支払総額の差額は，信用期間にわたって利息費用として認識される（ＩＡＳ16，6項，23項）。支払総額のうち利息費用としての性格をもつ金額は，取得原価から控除されている。
　有形固定資産の取得原価は減価償却費および期末評価額の計算基礎となるの

で，適正な財政状態表示・経営成績算定にとって，その決定は重要である。有形固定資産の取得形態には，購入，自家建設，交換，贈与，リース等があり，異なる取得形態別に取得原価の計算も相違する。

(1) 購入による取得

IAS 16 (16〜17項) によれば，購入により取得した有形固定資産の「取得原価」は下記項目から構成されている（ただし，購入による取得に限定されない）。

(イ) 値引・割戻し控除後の購入価格（輸入関税と還付されない取得税を含む）

(ロ) 設置費用および稼動可能にするために必要な直接付随費用（建設・取得により直接生じる従業員給付費用，整地費用，搬入・取扱費用，据付・組立費用，試運転費用，専門家報酬）

(ハ) 解体・除去費用，敷地の原状回復費用，取得時または特定期間に棚卸資産の生産以外の目的で当該有形固定資産を使用した結果生じる債務の当初見積額

有形固定資産の「取得原価」は，送状価額から(イ)値引・割戻しを控除した購入対価に(ロ)・(ハ)の付随費用を加えた合計額である。ただし，新規施設の開設費用，新製品・サービスの導入費用（宣伝・プロモーション活動費を含む），新規場所で新しい顧客層のために行う事業費用（従業員研修費を含む）および管理費その他一般間接費は，取得原価に算入されない（IAS 16, 19項）。

ここで注意を要する点は，当該資産の解体・除去費用を取得原価に算入することである。これは，取得時に将来の解体・除去の見積費用を原価算入しなければならないことを意味する。

IAS 16 (7項) によれば，解体・除去は，資産を設置した結果として企業に生じる責務であり，当該支出も取得原価に含まれるべきであるとされた。有形固定資産の取得または処分に必要な費用（設置・撤去費用）が取得原価の一部として取り扱われている。取得時点ばかりではなく廃棄処分時点に必要となる費用も，取得原価の算入要因になった。原状回復・撤去が義務づけられ，見積費用が予め測定できる原子力発電施設等のように，当該費用のための見積支出額を含めた原価が期間配分されている。

> **設例 1 − 1：資産除去費用の資産化**
>
> 　使用後に資産除去の法的義務がある構築物（送状価額2,000万円，耐用年数5年）を購入するに際して，60万円の値引を受けたが，搬入・据付費用等として150万円を支払った。使用後支出する解体・除去費用として250万円を見積り，5％の割引率で割り引くこととした。
>
> | (借)構　築　物 | 22,858,815 | (貸)現 金 預 金 | 20,900,000[*1] |
> |---|---|---|---|
> | | | 廃 棄 負 債
（資産除去引当金） | 1,958,815[*2] |
>
> ＊1　20,000,000 − 600,000 + 1,500,000 = 20,900,000
> ＊2　2,500,000 ÷ 1.05^5 = 1,958,815

(2) 自家建設による取得

　自家建設資産の取得原価は，上記(1)の購入資産との同様の原則を適用して決定される。通常の事業活動における販売を目的として資産を製造している場合には，原価計算上，内部利益は控除される。また，自家建設中に発生した廃棄原材料・労務費その他の資源の異常な額の原価は，当該資産の取得原価に含めない（ＩＡＳ16, 22項）。

　自家建設のための借入費用の会計処理として，ＩＡＳ23が規定する「適格資産」には「借入費用の資産化」が強制適用される。ただし，「将来の経済的便益の蓋然性」と「測定の信頼性」という２つの認識規準を満たす場合に限り，借入費用は取得原価の一部として資産化される（ＩＡＳ23, 12項）。

　「借入費用の資産化」については，第14章で詳説される。

(3) 交換による取得

　ＩＡＳ16（24項）によれば，交換により取得した受入資産の取得原価は，(a)交換取引が経済的実質を欠いている場合または(b)受入資産または引渡資産の公正価値が信頼性をもって測定できない場合を除き，原則として，公正価値で測定される。公正価値で測定できない例外的な場合には，受入資産の取得原価は引渡資産の簿価で測定される。

　受入資産または引渡資産の公正価値が信頼性をもって測定できる場合，受入

資産の取得原価は次のケースにより異なる（ＩＡＳ16, 26項）。
 (a) 受入資産の公正価値が明らかとなる場合には，受入資産の公正価値
 (b) 受入資産の公正価値が明らかとならない場合には，引渡資産の公正価値
　ＩＡＳ16は，交換による受入資産の取得原価として，原則として，受入資産の公正価値と引渡資産の公正価値を採用し，例外的な場合に引渡資産の簿価を容認している。

設例１－２：交換による受入資産の取得原価

(a) 土地（帳簿価額2,500万円）を同種土地と交換し，当該受入資産の公正価値が4,000万円であると判明している。

　　（借）土　　　　地　40,000,000　　（貸）土　　　　地　25,000,000
　　　　　　　　　　　　　　　　　　　　　　交　換　差　益　15,000,000

(b) 工場用建物（帳簿価額2,500万円，公正価値1,800万円）を同種建物と交換したが，受入資産の公正価値が明らかでない。

　　（借）建　　　　物　18,000,000　　（貸）建　　　　物　25,000,000
　　　　　交　換　差　損　7,000,000

(c) 上記(b)における工場用建物において，引渡資産の公正価値および受入資産の公正価値が信頼性をもって測定できない。

　　（借）建　　　　物　25,000,000　　（貸）建　　　　物　25,000,000

　なお，交換取引が経済的実質を有しているかどうかについては，将来キャッシュ・フローが交換取引の結果として変化すると想定される範囲を考慮して判断される。次のような場合には，当該交換取引は経済的実質を有する（ＩＡＳ16, 25項）。

（イ）(a)受入資産のキャッシュ・フローの構成（リスク・タイミング・金額）が引渡資産のキャッシュ・フローの構成と異なっているか，(b)営業活動のうち取引に影響を受ける部分の「企業固有価値」（税引後キャッシュ・フローの現在価値）が当該交換取引により変化する。

(ロ)　上記(a)または(b)の変化は，交換される資産の公正価値と比べて重要である。

(4)　贈与による取得

　ＩＡＳ16 (28項) は，贈与その他無償で取得した資産の取得原価の決定に関して，「ＩＡＳ20に従って国庫補助金により減額されることがある」と規定するに止まる。

　ＩＡＳ20 (23項) によれば，国庫補助金が土地等の非貨幣資産に移転するような場合には，有形固定資産（非貨幣資産）は公正価値で評価される。当該国庫補助金は，収益として計上され，株主持分に貸記されない（ＩＡＳ20, 12項）。

設例1－3：受贈資産の取得原価

国庫補助金3億円を受け取り，土地6億円を購入した。

| (借)現　金　預　金 | 300,000,000 | (貸)国庫補助金受贈益 | 300,000,000 |
| 土　　　　　　地 | 600,000,000 | 現　金　預　金 | 600,000,000 |

　ＩＡＳ20は，補助金を処分不能な資本剰余金に貸記するのではなく，処分可能な利益とみなす。その場合，資産に関する補助金の表示方法として，次のような(a)「繰延利益法」と(b)「原価控除法」の選択適用が認められている（ＩＡＳ20, 24項）。

　(a)　「繰延利益法」とは，国庫補助金の金額を繰延利益として処理し，その一部を毎期収益に戻し入れる方法である。

　(b)　「原価控除法」とは，有形固定資産の取得原価（取得時点の公正価値）から国庫補助金の金額を直接的に減額する方法である。

　わが国では，(b)原価控除法と類似する「圧縮記帳法」が認められているが，(a)繰延利益法の採用は容認されていない。両方法は，第11章で詳説される。

(5)　ファイナンス・リースによる取得

　ファイナンス・リースにより借手が保有している有形固定資産の取得原価は，ＩＡＳ17に従って決定される。リース会計については，第16章で詳説される。

3 有形固定資産の再測定（期末評価）

有形固定資産の期末評価（当初認識後の再測定）の会計方針として，「原価モデル」と「再評価モデル」の選択適用が認められている（IAS16, 29項）。わが国では，有形固定資産の期末評価基準には原価モデルしか認められていない。

「原価モデル」では，有形固定資産は，取得原価から減価償却累計額・減損損失累計額を控除した価額で評価しなければならない（IAS16, 30項）。この会計方針は，取得原価主義に基づく期末評価基準である。

「再評価モデル」では，資産の当初認識後，公正価値が信頼性をもって測定できる有形固定資産は，再評価実施日における公正価値から減価償却累計額・減損損失累計額を控除した評価額で計上しなければならない（IAS16, 31項）。

有形固定資産の「公正価値」は，通常，査定によって決定される「市場価値」であり，土地・建物の公正価値は，有資格の鑑定人の行う評価による市場価値に基づく証拠によって決められる。特殊な性質であり，売買されることがめったにないために，市場価値の証拠となるものがない場合には，「割引現在価値」または「減価償却後の再調達原価」を使用した公正価値を見積ることもある（IAS16, 32～33項）。

公正価値の変動が激しいときは，毎年，再評価が必要であり，少なくとも3年から5年ごとに再評価する必要がある（IAS16, 34項）。

有形固定資産が再評価された場合，再評価の結果として増加した帳簿価額の増加額は，「再評価剰余金」の科目を付して持分に直接貸記しなければならない。ただし，再評価剰余金は，以前に費用として認識された同一資産の再評価による減少額を戻し入れる範囲内で収益として認識する（IAS16, 39項）。

設例1－4：原価モデルと再評価モデル

t_1期中に土地を5,000万円で取得し，t_1期末に6,000万円と再評価され，

t_2期末に4,500万円に切り下げ，さらにt_3期末に5,700万円までに回復したと仮定した場合，当該土地との取得・再評価（当初測定・再測定）における仕訳は，次のとおりである（図表1－1参照）。

(A) 原価モデル

t_1期中（取得時）：

| (借) 土　　　　地 | 50,000,000 | (貸) 現　金　預　金 | 50,000,000 |

t_1期末～t_3期末（決算日）： 仕訳なし

(B) 再評価モデル

t_1期中（取得時）：

| (借) 土　　　　地 | 50,000,000 | (貸) 現　金　預　金 | 50,000,000 |

t_1期末（再評価時）：

| (借) 土　　　　地 | 10,000,000 | (貸) 再評価剰余金 | 10,000,000 |

t_2期末（再評価時）：

| (借) 再 評 価 剰 余 金 | 10,000,000 | (貸) 土　　　　地 | 15,000,000 |
| 土　地　評　価　損 | 5,000,000 | | |

t_3期末（再評価時）：

| (借) 土　　　　地 | 12,000,000 | (貸) 土 地 評 価 益 | 5,000,000 |
| | | 再 評 価 剰 余 金 | 7,000,000 |

4　有形固定資産の減価償却

(1)　減価償却の基礎価額

　減価償却資産の費用分配手続として減価償却を行う際に，どのような基礎価額を与えるのかは，将来において配分される「償却可能価額」が異なるので，当該期間の減価償却費に影響する。

　前述したように，ＩＡＳ16は，有形固定資産の再測定（期末評価），すなわち減価償却の基礎価額として「原価モデル」と「再評価モデル」の選択適用を容認している。原価モデルによる減価償却費は取得原価に基づいて測定され，再

第1章 有形固定資産会計

評価モデルのもとでは、減価償却費は再評価額に基づいて計算され、その全額が包括利益計算書に算入される。減価償却資産が再評価された場合、再評価に伴う減価償却累計額の表示は次のいずれかの方法によって計上される（IAS 16, 35項）。

(a) 再評価後の資産の帳簿価額が再評価額と等しくなるように、資産の減価償却累計額控除前の帳簿価額の変動に比例して改訂される。

(b) 再評価前の減価償却累計額を消去し、その正味再評価額を新たな帳簿価額とする。

上記(a)法は、機械の陳腐化等による再評価を行う場合のように、当該資産が指数によって減価償却累計額控除後の再調達原価に再評価される建物等に用いられることが多い。

設例1－5：再評価モデルにおける減価償却

(1) t_1 期首に備品（耐用年数5年、残存価額0、定額法による）を100万円で取得し、t_2 期末に時価が66万円に上昇した。

(a)法

t_1 期首（取得時）：

(借) 備　　　　品	1,000,000	(貸) 現　金　預　金	1,000,000

t_1 期末（償却時）：

(借) 減 価 償 却 費	200,000	(貸) 減価償却累計額	200,000

t_2 期末（償却時・再評価時）：

(借) 減 価 償 却 費	200,000	(貸) 減価償却累計額	200,000
(借) 備　　　　品	100,000*1	(貸) 再評価剰余金	60,000*2
		減価償却累計額	40,000*3

*1　$(660,000 \div 600,000) \times 1,000,000 - 1,000,000 = 100,000$
*2　$660,000 - 600,000 = 60,000$
*3　$(660,000 \div 3 年 - 400,000 \div 2 年) \times 2 年 = 40,000$

t_3 期末（償却時）：

第1部 資産・負債・持分会計論

| (借)減価償却費 | 220,000*4 | (貸)減価償却累計額 | 220,000 |

*4 660,000÷3年＝220,000

(b)法

t₁期首（取得時）：

| (借)備 品 | 1,000,000 | (貸)現 金 預 金 | 1,000,000 |

t₁期末（償却時）：

| (借)減価償却費 | 200,000 | (貸)減価償却累計額 | 200,000 |

t₂期末（償却時・再評価時）：

| (借)減価償却費 | 200,000 | (貸)減価償却累計額 | 200,000 |

(借)減価償却累計額	400,000	(貸)備 品	400,000
備 品	500,000	再評価剰余金	60,000
		減価償却累計額	440,000

t₃期末（償却時）：

| (借)減価償却費 | 220,000 | (貸)減価償却累計額 | 220,000 |

(2) t₁期首に備品（耐用年数5年，残存価額0，定額法による）を100万円で取得し，t₂期末に時価が48万円に下落した。

(a)法

t₁期首（取得時）：

| (借)備 品 | 1,000,000 | (貸)現 金 預 金 | 1,000,000 |

t₁期末（償却時）：

| (借)減価償却費 | 200,000 | (貸)減価償却累計額 | 200,000 |

t₂期末時（償却時・再評価時）：

| (借)減価償却費 | 200,000 | (貸)減価償却累計額 | 200,000 |

| (借)固定資産評価損 | 120,000*2 | (貸)備 品 | 200,000*1 |
| 減価償却累計額 | 80,000*3 | | |

*1 (480,000÷600,000)×1,000,000－1,000,000＝△200,000
*2 (1,000,000－400,000)×(480,000÷600,000)－600,000＝△120,000
*3 (480,000÷3年－400,000÷2年)×2年＝△80,000

t₃期末時（償却時）：

| （借）減 価 償 却 費 | 160,000*⁴ | （貸）減価償却累計額 | 160,000 |

　＊4　480,000÷3年＝160,000

(b)法

t₁期首（取得時）：

| （借）備　　　　　品 | 1,000,000 | （貸）現 金 預 金 | 1,000,000 |

t₁期末（償却時）：

| （借）減 価 償 却 費 | 200,000 | （貸）減価償却累計額 | 200,000 |

t₂期末時（償却時・再評価時）：

| （借）減 価 償 却 費 | 200,000 | （貸）減価償却累計額 | 200,000 |

| （借）減価償却累計額 | 400,000 | （貸）備　　　　　品 | 520,000 |
| 　　　固定資産評価損 | 120,000*⁵ | | |

　＊5　480,000－(1,000,000－400,000)＝△120,000

t₃期末（償却時）：

| （借）減 価 償 却 費 | 160,000 | （貸）減価償却累計額 | 160,000 |

　上記 設例 1 －5 の(1)における(a)法では，t₂期末時の時価66万円と簿価60万円（＝100万円－40万円）との割合に応じて，基礎価額を100万円から110万円（＝(66万円÷60万円)×100万円）に，減価償却累計額を40万円（＝20万円×2年）から44万円（＝(66万円÷3年)×2年）に修正される。再評価後におけるt₃期末（以降）の減価償却費は，再評価額（66万円）に基づいて計算される。

　他方，(b)法によれば，従来の減価償却累計額を取り崩し，基礎価額を100万円から66万円に切り替えている。

　いずれの方法によっても，t₂期末の帳簿価額は66万円であり，再評価後のt₃期末における減価償却費は22万円であることは差異ではない。

(2)　減価償却の耐用年数

　耐用年数とは，企業によって資産が利用されると見込まれる期間または当該資産から得られると予測される生産高または単位数をいう（ＩＡＳ16, 6項）。

第1部　資産・負債・持分会計論

資産の耐用年数の決定に際しては，下記要因を考慮する必要がある（IAS 16, 56項）。
(a)　当該資産について予想される使用態様
(b)　予想される物理的磨滅・損耗
(c)　技術進歩・需要変動から生じる技術的・経済的陳腐化
(d)　当該資産の利用に対する法的制限または類似の制約

　有形固定資産の物理的耐用年数を決めるには物理的減価原因を斟酌して見積もればよいが，今日のように技術革新・需要変化等が激しい時代には，実質的な経済的耐用年数は技術的・経済的陳腐化によって短縮されることになる。
　IAS16は，残存価額とともに耐用年数の見直しを強制している。すなわち，資産の残存価額と耐用年数は，少なくとも各会計年度末に見直さなければならない。予測が以前の見積りと異なる場合には，変更の影響額は，会計上の見積りの変更として会計処理される（IAS16, 51項）。IAS 8 (36項, 38～39項)によれば，会計上の見積りを変更した場合，当期に関連する変更の影響は当期の損益に，将来に対する影響は将来の期間の損益として認識し，その内容と金額を開示する。

(3)　減価償却後の残存価額
　資産の残存価額とは，資産の耐用年数到来時点に予測される状況において見積処分費用を控除した後の時点で当該資産から受領できると見積られた価額をいう（IAS16, 6項）。前述したように，残存価額は毎期見直される。実務上，残存価額は重要でない場合が多く，償却可能価額の算定上，あまり重要でない（IAS16, 51項, 53項）。つまり，残存価額を無視し，ゼロ評価してもよいことになる。

(4)　減価償却方法の選択と見直し
　減価償却方法は，資産の将来の経済的便益が企業によって消費されると予測されるパターンを反映しなければならない。選択された減価償却方法は，将来の経済的便益の予測消費パターンに変更がない限り，毎期継続して適用される。資産の償却可能価額を耐用年数にわたって規則的に配分する減価償却方法とし

て，定額法，定率法および生産高比例法が例示列挙されている（ＩＡＳ16, 60項, 62項）。

ＩＡＳ16（61項）では，耐用年数と残存価額と同様に，減価償却方法の定期的見直しが要求されている。つまり，少なくとも各会計年度末に適用する減価償却方法を見直し，将来の経済的便益の予測消費パターンに大きな変更があった場合には，減価償却方法は変更しなければならない。その変更の影響は会計上の見積りの変更として会計処理される。

5　有形固定資産の処分（認識の中止）

すでに貸借対照表に計上されている資産・負債が財政状態計算書から除かれることを「認識の中止」（または消滅の認識）という。有形固定資産の帳簿価額の認識は，(a)処分された場合，(b)その使用または処分により将来における経済的便益が期待できない場合に中止しなければならない（ＩＡＳ16, 67項）。

なお，当該資産の認識の中止（たとえば，売却処分）が行われているときには，再評価剰余金は利益剰余金に振り替えられる（ＩＡＳ16, 41項）。

他方，再評価により生じた帳簿価額の減少額は，直接的に費用して認識しなければならない。ただし，再評価による減少額は，同じ資産に関する再評価剰余金の貸方残高の範囲内で，再評価剰余金に直接借記される（ＩＡＳ16, 40項）。

設例１－６：有形固定資産の売却処分

前記 設例１－４ において，t₄期中に当該土地を6,200万円で売却処分したと仮定する場合，当該土地の売却（認識の中止）における仕訳は次のとおりである。

(a)　原価モデル

　　t₄期中（売却時）：

　　（借）現　金　預　金　62,000,000　　（貸）土　　　　　　地　50,000,000
　　　　　　　　　　　　　　　　　　　　　　　土　地　売　却　益　12,000,000

第1部 資産・負債・持分会計論

(b) 再評価モデル

t_4期中（売却時）：

(借)現　金　預　金	62,000,000	(貸)土　　　　　地	57,000,000
再評価剰余金	7,000,000	利 益 剰 余 金	7,000,000
		土 地 売 却 益	5,000,000

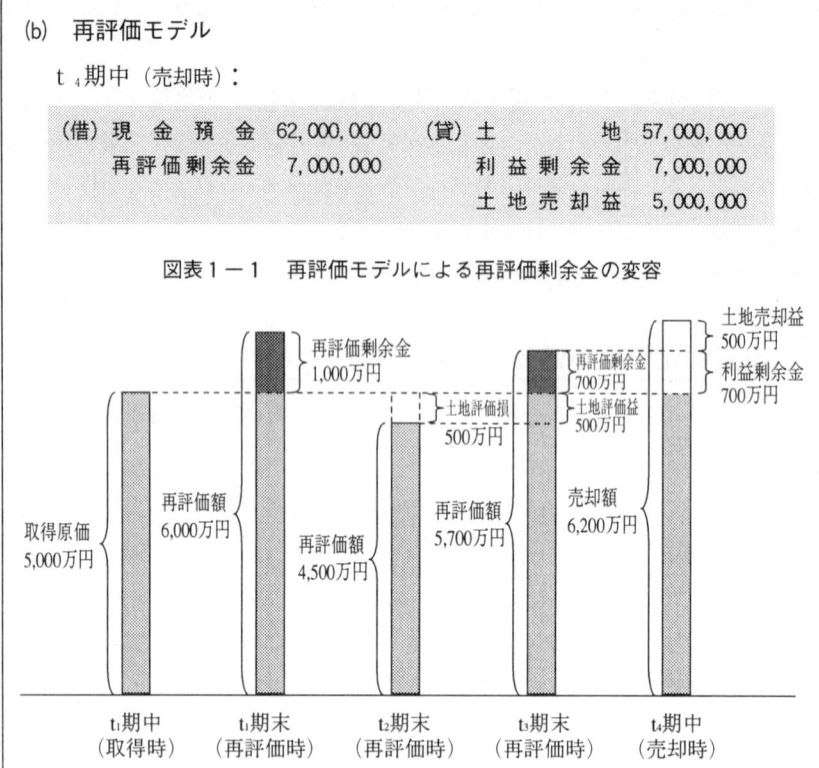

図表1－1　再評価モデルによる再評価剰余金の変容

6　有形固定資産に関する開示

(1) 原価モデルにおける開示

有形固定資産が「原価モデル」により取得原価で計上されている場合，有形固定資産の種類ごとに下記事項の開示を行う必要がある（ＩＡＳ16,73～76項）。

① 減価償却累計額・減損損失累計額控除前の貸借対照表計上額（以下，当初取得価額という）を算定するための測定基礎
② 減価償却方法
③ 耐用年数または減価償却率
④ 期首・期末の当初取得価額および減価償却累計額・減損損失累計額

第1章　有形固定資産会計

⑤　期首・期末の当初取得価額に関する(a)増加，(b)売却目的資産への振替その他の処分，(c)企業結合による取得，(d)再評価または減損損失戻入れによって生じた増額または減額，(e)減損損失，(f)減損損失戻入額，(g)減価償却，(h)在外営業活動体の外貨表示財務諸表の換算から生ずる正味換算差額，(i)その他の増減などの項目を示した調整表

⑥　所有権に対する制約条件，負債の担保として抵当に入れられた有形固定資産の有無と金額

⑦　建設中の有形固定資産の取得に関する資本的支出

⑧　有形固定資産の取得に関する契約額

⑨　包括利益計算書計上の減損損失または減失・譲渡資産に対する第三者からの補償額（包括利益計算書本体に個別に開示されていない場合）

(2)　再評価モデルにおける開示

有形固定資産が「再評価モデル」により再評価額で計上されている場合には，さらに下記事項を開示しなければならない（ＩＡＳ16, 77項）。

①　再評価日

②　独立した鑑定人の関与の有無

③　公正価値の見積りに適用した方法および重要な仮定

④　公正価値が，活発な市場あるいは独立企業間取引の条件による最近の市場取引で観察可能な価額を参照して算定された公正価値，またはその他の評価技法を用いて見積もられた公正価値の範囲

⑤　原価モデルによる当初取得価額

⑥　当該期間中の再評価剰余金の変動額，株主への配当制限を示した再評価剰余金の金額

(3)　開示が望まれる事項

次の情報についても，さらに開示することが望ましい（ＩＡＳ16, 79項）。

①　一時的に遊休状態にある有形固定資産の当初取得価額

②　減価償却終了後の使用資産の取得原価

③　実際に使用不可能となり，売却目的資産にも区分されない有形固定資産

第1部　資産・負債・持分会計論

　　の帳簿価額
　④　「原価モデル」が採用されている場合，当初取得価額が公正価値と著しく乖離する場合における当該公正価値

第2章 投資不動産会計

1　投資不動産の意義・種類

　「投資不動産」とは，賃貸収益または資本増価あるいはその双方を目的として保有される不動産をいう。したがって，物品の製造・販売または役務の提供，経営管理目的で保有される自己使用不動産および通常の営業過程において販売目的で保有される販売用不動産は投資不動産から除外される（IAS40, 5項）。

　投資不動産の具体例としては，①通常の営業過程において短期間に販売されるものではなく，長期的な資本増価のために保有されている土地，②現時点で将来の用途が未定のまま保有されている土地，③企業が所有しているか，ファイナンス・リースにより企業が保有している建物であり，オペレーティング・リースにより貸し出されている建物および④オペレーティング・リースのために保有されているが，現在は借手がない建物がある（IAS40, 8項）。

　投資不動産に該当しない具体例としては，①販売用不動産または販売目的で建設・開発中の不動産，②第三者のために建設・開発中の不動産，③自己使用不動産または自己使用不動産として将来使用するために保有する不動産，④将来，投資不動産とする目的で建設・開発中の不動産および⑤ファイナンス・リースの下で他企業にリースされている不動産がある（IAS40, 9項）。

2　投資不動産の当初認識・測定（取得原価）

　投資不動産は，①当該不動産に関する将来の経済的便益が企業に流入する可能性が高く，かつ，②当該投資不動産の取得原価が信頼性をもって測定できる場合にのみ，資産として認識される（IAS40, 16項）。

　自家建設による投資不動産の場合は，当該不動産の建設・開発の完了日をもって認識される（IAS40, 22項）。

　資産として認識された投資不動産は，その時点において取得原価で測定しな

ければならない（ＩＡＳ40, 20項）。購入した投資不動産の「取得原価」には，購入代価およびすべての直接的付随支出（たとえば，法的サービスのための専門家報酬や不動産取得税等の取引費用）が含まれる（ＩＡＳ40, 21項）。

リースの下で保有している投資不動産の取得原価は，当該不動産の公正価値または最低支払リース料の現在価値のいずれか低い金額で認識しなければならない（ＩＡＳ40, 25項）。

設例2－1：投資不動産の取得原価

(a) 投資不動産として土地（購入代価6,000万円）および建物（購入代価4,000万円）を取得した。購入に伴い，登記費用として100万円，不動産取得税として60万円を支出した。

（借）投 資 不 動 産 101,600,000　　（貸）現 金 預 金 101,600,000

(b) リースにより保有することになった建物の公正価値が5,000万円であり，最低支払リース料の現在価値が4,500万円である。この建物を投資不動産として認識する。

（借）投 資 不 動 産 45,000,000　　（貸）リ ー ス 負 債 45,000,000

3　投資不動産の再測定（期末評価）

投資不動産が取得原価によって当初認識されると，その後の会計方針として「公正価値モデル」と「原価モデル」のいずれかを選択し，それをすべての投資不動産に継続適用しなければならない（ＩＡＳ40, 30項）。

(1) 公正価値モデル

「公正価値モデル」を選択した企業は，すべての投資不動産を公正価値で測定しなければならない（ＩＡＳ40, 33項）。オペレーティング・リースの下で借手が保有する不動産賃借権が投資不動産に分類される場合には，当該資産のみならず，当該企業が保有するすべての投資不動産について「公正価値モデル」を適用しなければならない（ＩＡＳ40, 6項, 34項）。

投資不動産の公正価値の変動から生じた損益は，発生した年度の損益に含められる（IAS40, 35項）。

ここに「公正価値」とは，取引の知識がある自発的な当事者間で，独立企業間取引条件で資産が交換される価額をいう（IAS40, 5項）。投資不動産の公正価値は，決算日現在の市場の状況を反映するものでなければならない。それは，類似した不動産の活発な市場における現在価格により与えられる。活発な市場の現在価格が存在する場合には，当該市場価格が投資不動産の公正価値となる（IAS40, 45項）。

活発な市場における現在価格が存在しない場合には，企業は以下の情報を考慮して公正価値を決定する（IAS40, 46項）。

(a) 性質・条件・立地等が異なる他の投資不動産に関して存在する活発な市場の現在価格を基礎とし，評価対象物件との差異を調整した価格

(b) あまり活発でない市場で成立した直近の価格を基礎とし，その価格で取引が行われた日以降に生じた経済的状況の変化を調整した価格

(c) 類似する不動産の状況に基づいて将来キャッシュ・フローを見積算定したその割引現在価値

ただし，企業が投資不動産の公正価値について継続的に信頼性をもって決定できない場合がある。比較可能な市場取引がめったに成立せず，公正価値の代替的な測定値（たとえば，割引キャッシュ・フロー）が利用できない場合がそれに該当する。このような例外的な場合には，IAS16の「原価モデル」が適用される。すなわち，取得原価から減価償却累計額・減損損失累計額を控除した価額で測定しなければならない（IAS16, 30項）。

(2) 原価モデル

「原価モデル」を選択した場合には，すべての投資不動産につきIAS16の「原価モデル」に従って，有形固定資産と同様に，取得原価から減価償却累計額・減損損失累計額を控除した価額で測定しなければならない。なお，投資不動産のうち，IFRS5に従って売却目的固定資産に分類される基準に合致するものは，IFRS5に従って測定されなければならない（IAS40, 56項）。

4 投資不動産の他勘定への振替・処分

(1) 他勘定との振替

不動産について以下のような用途の変更がある場合には，投資不動産からの振替または投資不動産への振替が行われる（ＩＡＳ40, 57項）。

① 投資不動産から自己使用不動産への振替

「投資不動産」は，自己使用の開始により「自己使用不動産」に振り替えられる。用途変更日以後には，「自己使用不動産」はＩＡＳ16に基づき処理される。その際，用途変更日現在の公正価値が取得原価となる（ＩＡＳ40, 60項）。

② 投資不動産から棚卸資産への振替

投資不動産は，販売計画を伴う開発の開始により棚卸資産に振り替えられる。用途変更日以後には，棚卸資産はＩＡＳ2に基づき処理される。その際，用途変更日現在の公正価値が取得原価となる（ＩＡＳ40, 60項）。

③ 自己使用不動産から投資不動産への振替

「自己使用不動産」は，自己使用の終了により「投資不動産」に振り替えられる。当該振替により投資不動産が公正価値で計上される場合には，用途変更日まではＩＡＳ16を適用しなければならない。用途変更日における帳簿価額と公正価値の差額は，ＩＡＳ16における再評価と同一の方法により，次のように処理される（ＩＡＳ40, 61〜63項, 65項）。

　(a) 公正価値が帳簿価額より小さい場合

　　公正価値と帳簿価額の差額は損失として認識される。ただし，当該不動産につき再評価剰余金が積み立てられている場合には，当該差額は，積立金額を限度として再評価剰余金から控除される。

　(b) 公正価値が帳簿価額より大きい場合

　　過年度に減損損失が計上されていた場合には，その減損損失累計額に相当する額まで差額を利益として計上しなければならない。減損損失累計額を上回る金額については，財政状態計算書の持分の部に再評価剰余金として直接計上する。その後，投資不動産が処分される場合には，当該再評価

剰余金は利益剰余金に振り替えられる。この振替処理は損益を経由せずに行われる。

④ 棚卸資産から投資不動産への振替

棚卸資産は，外部へのオペレーティング・リースの開始により投資不動産に振り替えられる。振替日における公正価値と帳簿価額の差額は，損益として計上しなければならない。

⑤ 建設・開発過程の不動産から投資不動産への振替

建設・開発過程の不動産は，建設・開発の完了により投資不動産に振り替えられる。投資不動産が公正価値により計上される場合には，建設・開発完了時点における公正価値と帳簿価額の差額は，損益として計上しなければならない。

設例2－2：投資不動産と他勘定との間の振替

(a) 投資不動産（帳簿価額：2,000万円）として保有していた建物について自己使用を開始したため，この時点で自己使用不動産に振替処理を行った。振替時点における公正価値は2,400万円であった。

（借）建　　　　　物　24,000,000　（貸）投 資 不 動 産　20,000,000
　　　　　　　　　　　　　　　　　　　　投資不動産評価益　 4,000,000

(b) 投資不動産（帳簿価額：3,000万円）として保有していた建物について販売計画を伴う開発を開始したため，この時点で棚卸資産に振替処理を行った。振替時点における公正価値は2,800万円であった。

（借）棚　卸　資　産　28,000,000　（貸）投 資 不 動 産　30,000,000
　　　投資不動産評価損　 2,000,000

(c) 自己使用不動産である建物（帳簿価額：4,000万円）の自己使用を終了したので，投資不動産に振替処理を行った。振替時点の公正価値は3,500万円であった。なお，再評価剰余金として300万円が積み立てられている。

第1部 資産・負債・持分会計論

```
(借)投 資 不 動 産  35,000,000   (貸)建      物  40,000,000
    再評価剰余金    3,000,000
    投資不動産評価損  2,000,000
```

(d) 棚卸資産（帳簿価額：5,000万円）として保有していた資産について，外部にオペレーティング・リースを開始したので，投資不動産に振替処理を行った。振替時点における公正価値は4,400万円であった。

```
(借)投 資 不 動 産  44,000,000   (貸)棚 卸 資 産  50,000,000
    投資不動産評価損  6,000,000
```

(e) 建設中の建物（帳簿価額：60,000,000）が完成したので，投資不動産に振替処理を行った。振替時点における公正価値は6,100万円であった。

```
(借)投 資 不 動 産  61,000,000   (貸)建 設 仮 勘 定  60,000,000
                                    投資不動産評価益   1,000,000
```

(2) 投資不動産の処分（認識の中止）

投資不動産が処分されたり，恒久的に投資不動産の使用を取り止めたことにより，将来の経済的便益が見込まれなくなった場合には，その認識を中止（財政状態計算書から除去）しなければならない（ＩＡＳ40，66項）。

投資不動産の使用取止めまたは処分から生じる損益は，当該資産の正味売却収入と帳簿価額の差額として算定される。これは，使用取止めまたは処分が行われた期間の損益として認識される（ＩＡＳ40，69項）。

減損，消失または廃棄された投資不動産について第三者から補償を受領した場合には，当該補償金が受領可能となった時点で損益として認識されなければならない（ＩＡＳ40，72項）。

設例2－3：投資不動産の処分

投資不動産（帳簿価額：7,000万円）を6,100万円で売却処分した。

```
(借)現 金 預 金  61,000,000   (貸)投 資 不 動 産  70,000,000
    投資不動産売却損  9,000,000
```

5　財務諸表上の開示

(1) 一般的開示事項

投資不動産に関する一般的開示事項は，次のとおりである（ＩＡＳ40，75項）。

(a) 「公正価値モデル」または「原価モデル」の会計方針

(b) 公正価値モデルを適用する場合に，オペレーティング・リースの下で保有している不動産賃借権が投資不動産として分類・処理されている状況

(c) 分類が困難である場合，自己使用不動産および通常の営業過程における販売目的不動産と区別するために使用している基準

(d) 投資不動産の公正価値の算定に際して採用された方法および重要な前提（公正価値の算定が市場を通じた証拠に基づくものかどうか，または当該資産の特質や比較可能な市場のデータの不足のために市場を通じた証拠以外の要因（企業はこれを開示しなければならない）により多くを依存している場合には，その旨の説明を含む）

(e) 測定・表示された投資不動産の公正価値が，公認の適切な専門的有資格者であり，評価対象となる不動産の所在地・分野に関して最近の実績を有する独立した鑑定人による評価に基づいている度合（評価が行われていない場合には，その旨）

(f) 以下の項目について損益として認識される金額

　（ｉ）　投資不動産から生じた賃貸収益

　（ⅱ）　期間中の賃貸収益に対応して投資不動産から生じた直接営業費（修繕費・維持費を含む）

　（ⅲ）　期間中の賃貸収益に対応しない投資不動産から生じた直接営業費（修繕費・維持費を含む）

　（ⅳ）　「原価モデル」が適用されている資産群から「公正価値モデル」が適用されている資産群への投資不動産の売却によって損益として認識された公正価値の累積的増減額

(g) 投資不動産の売却制限や売却代金の送金制限があれば，その事実と金額

(h) 投資不動産の購入，建設・開発または修繕・維持・改良のための契約上の義務

(2) 公正価値モデルの開示事項

「公正価値モデル」を適用する場合には，投資不動産の期首・期末の帳簿価額の差額について，下記事項を開示する必要がある（ＩＡＳ40，76項）。

(a) 取得による増加と取得後の資本的支出による増加を区分・開示した増加の合計
(b) 企業結合による取得
(c) ＩＦＲＳ５に従って売却目的固定資産または処分グループに含められる資産および他の処分
(d) 公正価値の修正に伴う正味損益
(e) 異なる表示通貨への財務諸表の換算および在外営業活動の報告企業の表示通貨への換算から生じる正味為替差額
(f) 棚卸資産・自己使用不動産への振替および棚卸資産・自己使用不動産からの振替
(g) その他の変動

なお，信頼性をもって公正価値を測定できない場合には，上記情報のほかに，下記事項を開示しなければならない（ＩＡＳ40，78項）。

(a) 投資不動産の説明
(b) 公正価値が信頼性をもって測定できない理由の説明
(c) 可能な場合には，公正価値の見積値の範囲
(d) 公正価値で計上されなかった投資不動産の処分を行った場合には，その事実，販売時の帳簿価額および認識された損益額

(3) 原価モデルの開示事項

「原価モデル」を適用する場合には，以下の事項を開示しなければならない（ＩＡＳ40，79項）。

(a) 減価償却の方法
(b) 耐用年数または減価償却率

(c) 期首・期末の減価償却累計額・減損損失累計額控除前の帳簿価額と減価償却累計額・減損損失累計額
(d) 以下の事項を示す期首・期末の投資不動産の帳簿価額の変動内訳表
　（ⅰ）　取得による増加と取得後の資本的支出による増加を区分・開示した増加の合計
　（ⅱ）　企業結合による取得
　（ⅲ）　ＩＦＲＳ５に従って売却目的固定資産または処分グループに含められる資産および他の処分
　（ⅳ）　減価償却額
　（ⅴ）　ＩＡＳ36に従って期中に認識された減損損失および減損損失戻入額
　（ⅵ）　異なる表示通貨への財務諸表の換算および在外営業活動の報告企業の表示通貨への換算から生じる正味為替差額
　（ⅶ）　棚卸資産・自己使用不動産への振替および棚卸資産・自己使用不動産からの振替
　（ⅷ）　その他の変動
(e) 投資不動産の公正価値（ただし，信頼性をもって公正価値を算定できない場合には，（ⅰ）投資不動産の説明，（ⅱ）信頼性をもって測定できない理由の説明，（ⅲ）可能な場合には公正価値の見積値の範囲）

第 3 章 売却目的固定資産会計

1 売却目的固定資産の意義・種類

「売却目的固定資産」とは,企業によって認識されたすべての固定資産および処分グループのうち,継続的使用ではなく,売却によってその帳簿価額が回収される場合の当該資産をいう（IFRS5,2項）。

固定資産または処分グループが売却目的固定資産に分類されるためには,現況での売却が可能であり,かつ,その可能性が非常に高いことが必要となる（IFRS5,7項）。売却可能性が非常に高いと判断されるためには,下記要件を満たさなければならない（IFRS5,8項）。

(a) 経営者によって売却計画の実行が確約されている。
(b) 売却計画完了のための活発な計画が開始されている。
(c) 販売価格が公正価値の観点から合理的である。
(d) 分類から1年以内にその売却完了のための要件を満たしている。
(e) 売却計画が変更・撤回される見込みが低い。

ただし,上記(d)については,企業によって管理できない事象や状況によって,売却完了までに1年超の期間を要する可能性もある。その場合,売却計画の実行を確約している十分な証拠があれば,当該資産または処分グループを売却目的固定資産から除外する必要はない（IFRS5,9項）。

反対に,取得日時点において上記(d)の条件は満たされているものの,他の要件が満たされていない場合,取得日後短期間（3か月間）でそれらが満たされる可能性が高いと判断されれば,当該資産または処分グループを売却目的固定資産に分類しなければならない（IFRS5,11項）。

2　売却目的固定資産の当初認識・測定（取得原価）

　売却目的固定資産の分類基準は，すでに企業によって認識されているすべての固定資産および処分グループに対して適用される（IFRS5, 2項）。したがって，資産（または処分グループに含まれる資産・負債）の当初認識は，該当するIFRSに従って行われることになると解される。

　売却目的固定資産は，IFRS5の規定によってその当初測定が行われる。ただし，処分グループの中にIFRS5の適用対象となる固定資産とともに，適用対象外の資産・負債が含まれている場合，IFRS5の測定規定は当該処分グループ全体に適用され，IFRS5適用対象外の資産・負債の個々の帳簿価額は，該当するIFRSに従って測定される（IFRS5, 4項）。

　また，繰延税金資産，従業員給付により生じる資産，金融資産，「公正価値モデル」に従って処理された投資不動産，見積販売費用控除後の公正価値で測定された生物資産・農産物，保険契約における契約上の権利の6種類の資産に対しては，これらが個々の売却目的固定資産，または処分グループの一部であるかを問わず，IFRS5の測定規定は適用されない（IFRS5, 5項）。

　売却目的固定資産に分類された資産または処分グループは，「帳簿価額」と「売却費用控除後の公正価値」のいずれか低い金額で当初認識・測定される（IFRS5, 15項）。

　ただし，それらの資産または処分グループ（当該グループに含まれる資産・負債）の帳簿価額は，その分類直前において，それぞれ該当するIFRSに準拠して測定されなければならない（IFRS5, 18項）。すなわち，分類直前に改めて測定された帳簿価額と，売却費用控除後の公正価値のいずれか低い金額によって当初認識・測定が行われる。IFRS5の適用対象資産に生じる，当初またはその後に行う売却費用控除後の公正価値までの評価減は減損損失として処理される（IFRS5, 20項）。

第1部 資産・負債・持分会計論

設例3－1：売却目的固定資産の当初測定

t₁期中に土地の売却計画が決定した。土地の分類以前の決算日における帳簿価額は950,000円（再評価額。ただし再評価剰余金はないものとし、これまで土地評価損が50,000円生じているものとする）、分類直前に再測定された帳簿価額は900,000円、売却費用控除後の公正価値は850,000円であった。

（借）売却目的固定資産 　　　（土　　地）	850,000	（貸）土　　　地	950,000
減 損 損 失	100,000		

なお、売却目的固定資産に分類された資産に対しては、減価償却を行ってはならない（IFRS5, 25項）。

また、処分グループにIFRS5の適用対象外資産が含まれ、当該資産について評価差額が生じていた場合、その処理については明示されていない。とはいえ、IFRS5適用ガイダンス（設例10）では、IFRS5の適用対象外資産の評価減が含まれた処分グループの帳簿価額と再測定帳簿価額との差額は、単に「損失」と呼ばれている。このような表現をとるということは、IFRS5の適用対象外資産に生じた評価減は「減損損失」に含めないことを意味するであろう。したがって、それらの評価差額も、やはり該当するIFRSに従って処理されるものと考えられる。

3　売却目的固定資産の再測定（期末評価）

売却目的固定資産自体が基本的に1年以内の売却を想定したものであるためか、IFRS5に期末評価に関する別段の規定はない。期末に売却目的固定資産が存在する場合には、前述のIFRS5（15項）に従い、期末時点での「帳簿価額」と「売却費用控除後の公正価値」とのいずれか低い金額での再測定が行われることになろう。

当初認識・測定後、当該売却目的固定資産の売却費用控除後の公正価値が増加した場合、その差額を評価益として認識する（IFRS5, 21項）。

ただし、その評価益は、IFRS5またはIAS36に準拠して過去に認識された減損損失累計額の金額を超えて認識することはできない(IFRS5, 21項)。

一方、処分グループの売却費用控除後の公正価値が増加した場合も、グループ内のIFRS5の適用対象となる固定資産について、過去の減損損失累計額を超えない範囲で評価益を認識する（IFRS5, 22項)。処分グループについて認識した評価益は、前節で説明した減損損失と同様、IAS36 (104項, 122項)に従い、グループ内の固定資産に配分し、当該資産の帳簿価額を増額させなくてはならない（IFRS5, 23項)。

設例3－2：売却目的固定資産の再測定

上記 設例3－1 における土地の売却費用控除後の公正価値が、t_1期末に855,000円に増加した。

（借）売却目的固定資産	5,000	（貸）減損損失戻入	5,000
（土　　地）			

4　売却目的固定資産の処分（認識の中止）

当初認識・測定後、前述した売却目的固定資産の定義を満たさなくなった資産（または処分グループ）に対しては、売却目的固定資産として分類することを中止しなければならない（IFRS5, 26項)。その場合、当該資産は、(イ)資産（または処分グループ）が売却目的固定資産に分類される前の帳簿価額に、売却目的に分類されていなければ当該資産に対して認識していた減価償却費や再評価による損益を調整した金額、(ロ)売却中止を決定した時点での回収可能価額のいずれか低い金額で測定される（IFRS5, 27項)。

設例3－3：売却目的固定資産としての分類の中止

t_2期中において、上記 設例3－1, 2 の土地の売却中止が決定し

第1部　資産・負債・持分会計論

た。分類前の帳簿価額に，売却目的に分類していなければ認識されていた再評価による損益を調整した金額は860,000円，回収可能価額は850,000円である。

(借)	土　　　　地	850,000	(貸)	売却目的固定資産 (土　　地)	855,000
	土地評価損	5,000			

　認識の中止に当たり計上される当該固定資産の帳簿価額に対する調整は，売却目的固定資産の要件を満たさなくなった期間の継続事業からの損益に含めなければならない（IFRS5，28項）。ただし，当該固定資産が，売却目的に分類される以前，IAS16または38に従って再評価されていた場合には，当該調整は再評価による増減とみなして処理する（IFRS5，28項）。 設例3-3 の土地は， 設例3-1 から，以前に再評価されていた資産であることがわかる。したがって，IAS16（40項）に準拠して処理を行うものと解される。

　売却目的で保有されている処分グループから特定の資産・負債を除外した場合，残りの資産・負債は，売却目的保有処分グループとしての要件（IFRS5，7～9項）を満たす場合のみ，引き続き処分グループとして測定される。処分グループとして認められない場合には，当該グループの各固定資産のうち，売却目的固定資産としての要件を満たしているものは，帳簿価額と売却費用控除後の公正価値のいずれか低い価額で測定される（IFRS5，29項）。

5　財務諸表上の表示・開示

　売却目的固定資産は，財政状態計算書上，他の資産とは区分して表示しなければならない（IFRS5，38項）。具体的には，流動・固定以外の区分として表示される（IFRS5適用ガイダンス，設例12）。また，処分グループ内の資産・負債を相殺表示してはならない（IFRS5，38項）。

　売却目的固定資産に関連して直接持分の部で認識される損益（たとえば，処分グループ内の売却可能金融資産の再評価によって生じる損益等）がある場合には，こ

れを持分の部において区分表示する（IFRS5, 38項）。

　売却目的固定資産が売却または売却目的に分類された期間の財務諸表では，売却目的固定資産の詳細，売却に至った経緯，売却方法・時期，減損損失・戻入の詳細等が，注記において開示されなければならない（IFRS5, 41項）。

　さらに，売却予定が変更され，売却目的固定資産としての分類が中止された場合，その事実と詳細な経緯・その財務的影響を開示しなければならない（IFRS5, 42項）。

第4章 無形資産会計

1 無形資産の意義・種類

　ＩＡＳ38（8項）によれば，「無形資産」とは，「物的実体のない識別可能な非貨幣性資産」であり，無形資産には，特許権・科学的または技術的知識・著作権・映画フィルム・顧客リスト・輸入割当量・漁業権などが含まれる（ＩＡＳ38, 9項）。

　無形資産の定義を満たすためには，まず，ＩＡＳＢにおける資産の定義を満たしていること，すなわち，「過去の事象の結果として当該企業が支配し，かつ，将来の経済的便益が当該企業に流入することが期待される資源」（「概念フレームワーク」49項）であること，次に，「識別可能であること」の2つの要件を満たさなければならない。

　前者の資産の定義についていえば，「支配」とは，「対象となる資源から生ずる将来の経済的便益を獲得する力を有し，かつ当該経済的便益を他者が利用することを制限できる場合に，資産を支配している」（ＩＡＳ38, 13項）である。無形資産の場合，当該支配は法的権利により立証することができると考えられるが，それ以外の方法によっても将来の経済的便益を支配できるかもしれないことから，法的権利は必ずしも必要十分条件にはならない（ＩＡＳ38, 13項）。また，「将来の経済的便益」とは，無形資産の場合，製品またはサービスの売上収益や費用節減などが考えられる（ＩＡＳ38, 17項）。

　後者の識別可能性についていえば，識別可能であるためには，当該資産が分離可能であること，すなわち，企業から分離，区分，売却，譲渡，ライセンス，賃借，交換できること，または当該資産が契約もしくはその他の法的権利から生じるものであることのいずれかでなければならない（ＩＡＳ38, 12項）。

　したがって，たとえば，企業結合において取得される「のれん」は，企業から分離不可能であるとともに，契約またはその他の法的権利から生じたもので

もないことから，無形資産の定義を満たしておらず，ＩＡＳ38の適用対象からは外れることになる。また，ＩＡＳ32（金融資産），ＩＡＳ２（棚卸資産），ＩＡＳ11（工事契約），ＩＡＳ12（繰延税金資産），ＩＡＳ17（リース契約）は，ＩＡＳ38の適用対象とはならない（ＩＡＳ38，3項）。

2 無形資産の当初認識・測定（取得原価）

無形資産は，その定義を満たし，同時に，次の認識要件を満たす場合に，認識されなければならない（ＩＡＳ38，21項）。

(a) 資産により期待される将来の経済的便益が企業に流入する可能性が高い。
(b) 資産の取得原価が信頼性をもって測定できる。

前者の認識要件，すなわち，将来の経済的便益の高い流入可能性を満たしうるかどうかについて，無形資産の場合には，単独で取得される無形資産および企業結合において取得される無形資産を除き，その判断がきわめて難しい（ＩＡＳ38，ＢＣ17項）。期待される将来の経済的便益の発生可能性を査定するに当たり，資産の耐用年数にわたって存在するであろう一連の経済状況に関する経営者の最善の見積りを表す，合理的で支持しうる前提を基礎としなければならない（ＩＡＳ38，22項）。

後者の認識要件，すなわち，資産の取得原価を信頼性をもって測定できるかどうかについても，無形資産の場合には，活発な市場が存在しないとされる中で当該認識要件をいかに満たしていくかが大きな問題となろう。

いずれにせよ，ＩＡＳ38における無形資産の認識・測定は，取得形態により異なることから，「単独の取得」，「企業結合にともなう取得」，「交換による取得」，「自己創設による取得」について詳細に検討する。

(1) 単独の取得

無形資産を単独で取得する場合，企業は当該無形資産に対して将来の経済的便益の流入を期待し，その期待を反映させた価格で取引をする。したがって，単独で取得する無形資産は上記の認識要件(a)を満たし，かつ，通常，その取得原価を信頼性をもって測定することができることから，上記の認識要件(b)も満

たしている（IAS38, 25～26項）。

IAS38（27～28項）によれば，単独で取得した無形資産の取得原価には次のものが含まれる。

（イ）　購入価格（輸入関税・値引き・リベート等は控除する）
（ロ）　当初の目的どおりに資産を利用できるようにするための原価

上記(ロ)の「資産を利用できるようにするための原価」には，たとえば，資産を環境に適応させるために生じる従業員給付・専門家報酬，試運転費用が含まれる。

他方，IAS38（29項）によれば，広告・販売促進活動など，新製品またはサービスを導入するための費用，職員の訓練費など新たな地域または新たな顧客層における事業をおこなうための費用，管理費および全般的な間接費は，無形資産の取得原価を構成しない。すなわち，ある特定の無形資産よりもむしろ事業全体に係わるような費用は，無形資産の取得原価を構成することはない。

(2)　企業結合にともなう取得

IAS38（33～34項）によれば，企業結合時において，資産の定義および識別可能性を満たす無形資産はすべて「のれん」から区分・認識しなければならない。当該無形資産の取得原価は，取得日現在の公正価値とされる。

しかし，無形資産については活発な市場が存在しないとされる中で，企業結合にともない取得した個々の無形資産をどのように認識し，その公正価値を信頼性をもって測定することができるのだろうか。この点について，IAS38は次のように説明している。

前者については，企業結合で取得した無形資産が関連する有形または無形資産と一体としてしか分離可能でない場合には，取得企業はそれら資産のグループを単一の資産として「のれん」から区分して認識する（IAS38, 36項）。すなわち，必ずしも個々の無形資産を細かく認識する必要はなく，他の資産とグルーピングしたうえで1つの現金生成単位として認識することができる。

後者については，無形資産に活発な市場が存在しない場合，その資産の公正価値は利用できる最善の情報に基づき測定され，たとえば「ロイヤルティ軽減

法」や「DCF法」など，公正価値を間接的に見積もる技法を用いることも認められる（IAS38, 41項）。ただし，当該技法の目的が公正価値を見積もるためのものであり，また，当該技法がその資産を使用する業界の最新の取引・慣行を十分に考慮しなければならない（IAS38, 41項）。

企業結合にともない取得される無形資産には，「仕掛中の研究開発投資」（以下，IPR&D）も含まれる。すなわち，取得企業が企業結合にともないIPR&Dを取得する場合，当該IPR&Dが資産の定義と識別可能性を満たす限り，取得企業は当該IPR&Dを「のれん」から区分して無形資産として認識しなければならない（IAS38, 34項）。

企業結合にともない取得したIPR&Dの事後処理については，他の無形資産と同一の規定が適用される（IAS38, BC84項）。すなわち，後述するように，IPR&Dを取得した後も継続して投資する場合，研究に係る支出額は費用として処理し，開発費に係る支出額のうち，自己創設無形資産の認識要件を満たす支出額についてのみ取得したIPR&Dの帳簿価額に加える（IAS38, 43項）。

設例4－1：IPR&Dの処理

当社は，環境対応の新しい装置を研究開発していたS社を，前期末に子会社として取得した際に，S社のIPR&Dを無形資産として公正価値250万円で認識・測定していたが，S社の取得後も，当該装置を完成させるために研究開発投資を継続している。当期末までに100万円の支出額が発生したが，当該装置は当期中の12月1日の時点で自己創設無形資産の認識要件を満たし，当該装置の回収可能額は300万円と見積もった。当該研究開発投資に係る支出額100万円のうち，12月1日以降に発生した支出額は40万円である。

(借) 研究（開発）費	600,000	(貸) 現 金 預 金	1,000,000
無 形 資 産	400,000		

第1部　資産・負債・持分会計論

(3) 交換による取得

　IAS38 (45項) によれば，交換により取得した無形資産の取得原価は，原則として，当該資産の公正価値で測定される。ただし，引渡資産の公正価値が取得資産の公正価値よりもより明確に入手できる場合には，取得資産の取得原価は引渡資産の公正価値で測定される (IAS38, 47項)。ただし，(a)交換取引が経済的実質を欠く場合，または(b)交換されるいずれの資産の公正価値も信頼性をもって測定することができない場合には，取得した無形資産の取得原価は引渡資産の帳簿価額で測定する (IAS38, 45項)。

　企業結合の場合と同様に，無形資産については比較可能な市場取引が存在しないとされるなかで，交換により取得した無形資産の公正価値をどのように信頼性をもって測定するかが問題となるが，無形資産の公正価値は，(a)公正価値について合理的に見積もった結果，見積りによる誤差がそれほど重要でない場合，または(b)見積りの確実性が合理的に査定・利用できる場合には，信頼性をもって測定可能である (IAS38, 47項)。

(4) 自己創設による取得

　IAS38 (48項) によれば，「自己創設のれん」は無形資産の定義，とりわけ識別可能性を満たさないとして，「自己創設のれんは認識してはならない」と厳格に規定されている。他方で，「のれん」と無形資産の区分はきわめて難しく，「自己創設無形資産」の認識・測定は，その他の取得形態に比べて，とりわけ次の2つの点で論点がある。

　第1には，期待する将来の経済的便益を生成する識別可能資産が存在するかどうか，その存在をどの時点で確認できるかであり，第2には，取得原価を信頼性をもって測定することができるかどうか，企業内部で創出された「のれん」の価値の維持・向上のための費用や日常業務を処理するための費用とどのように区別していくかである (IAS38, 51項)。たとえば，自己創設によるブランド・題字・出版表題・顧客名簿などに対する支出額は，事業全体として発展させる原価と区別することがきわめて難しいことから，IAS38 (63項) に従えば，これらの支出額を自己創設無形資産として認識することはできない。

ＩＡＳ38 (51項) では，自己創設無形資産が認識要件を満たしうるかどうかを判断する目安として，まず，無形資産を創出するプロセスを研究局面と開発局面とに区分し，次に，研究局面に生じた無形資産は認識してはならないが，開発局面に生じた無形資産が特定の要件を満たす場合には認識しなければならない。したがって，研究に係る支出額は発生時に費用として処理し，開発に係る支出額のうち，ある特定要件を満たす無形資産の原価を構成する支出額は，無形資産として認識しなければならない（ＩＡＳ38，54～57項）。

　ここで「研究」とは，新たな科学的または技術的な知識・理解を得る目的で実施される基礎的・計画的調査をいい，「開発」とは，事業上の生産または使用の開始以前における新たなまたは大幅に改良された材料・装置・製品・工程・システム・サービスによる生産のための計画または設計の研究成果または他の知識の応用をいう（ＩＡＳ38，8項）。残念ながら，ＩＡＳ38は，研究と開発を定義し，それぞれの具体的活動例を列挙しているものの，研究局面と開発局面について詳細に説明していないが，「研究局面」と「開発局面」は「研究」と「開発」よりも広義である（ＩＡＳ38，51項）。

　研究活動としては，(a)新知識の入手，(b)研究成果または他の知識の応用の調査・評価・選択，(c)材料・装置・製品・工程・システムまたはサービスに係る代替的手法の調査，(d)新たなまたは改良された材料・装置・製品・工程・システムまたはサービスに係る代替的手法等についての定式化・設計・評価・選択などが挙げられる（ＩＡＳ38，56項）。このような研究局面では，将来の経済的便益を創出する可能性の高い無形資産の存在を証明することはできないと考えられることから，研究に係る支出額は発生時に費用として処理される。

　他方，開発活動としては，(a)生産または使用する以前における試作品・模型に係る設計・建築・テスト，(b)新たな技術を含む工具・治具・鋳型・金型の設計，(c)実験工場の設計・建築・操業，(d)新たなまたは改良された材料・装置・製品・工程・システム・サービスに係る代替的手法の設計・建設・テストなどが挙げられる（ＩＡＳ38，59項）。研究局面よりもより進んだ開発局面においては，将来の経済的便益を創出する可能性の高い無形資産の存在を証明すること

ができると考えられることから，開発局面で生じた無形資産のうち，ある特定の要件を満たすものは無形資産として認識されなければならない。

ある特定の要件とは，次の6つの自己創設無形資産に係る認識要件であり，いずれの要件も開発局面に生じた無形資産が将来の経済的便益を創出する可能性が高いかどうかを問題としている。

(a) 使用または売却可能となるように，無形資産を完成させることの技術上の実行可能性を立証すること
(b) 無形資産を完成させ，さらに，これを使用または売却する企業の意思を立証すること
(c) 無形資産を使用または売却する能力を立証すること
(d) 無形資産が将来の経済的便益を創出する方法を立証すること
(e) 無形資産を完成させ，これを使用または売却するために必要となる技術・財務上の利用可能性その他の資源の利用可能性を立証すること
(f) 開発期間中の無形資産に帰属させうる支出額を信頼性をもって測定できる能力を立証すること

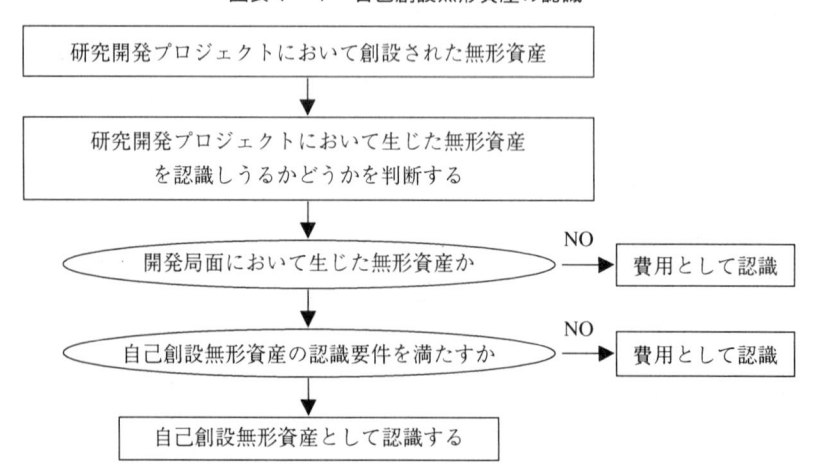

図表4－1　自己創設無形資産の認識

```
┌─────────────────────────────────────┐
│ 研究開発プロジェクトにおいて創設された無形資産 │
└─────────────────────────────────────┘
                  ↓
┌─────────────────────────────────────┐
│ 研究開発プロジェクトにおいて生じた無形資産   │
│ を認識しうるかどうかを判断する          │
└─────────────────────────────────────┘
                  ↓
     ╭─────────────────────╮    NO   ┌──────────┐
    (  開発局面において生じた無形資産か )──→│ 費用として認識 │
     ╰─────────────────────╯         └──────────┘
                  ↓
     ╭─────────────────────╮    NO   ┌──────────┐
    ( 自己創設無形資産の認識要件を満たすか )──→│ 費用として認識 │
     ╰─────────────────────╯         └──────────┘
                  ↓
       ┌─────────────────────┐
       │ 自己創設無形資産として認識する │
       └─────────────────────┘
```

第4章　無形資産会計

　自己創設無形資産の取得原価は，上記6つの認識要件を最初に満たす日以降に発生する支出の合計額である（ＩＡＳ38, 65項）。なお，すでに費用として認識した支出額を無形資産に戻し入れることはできない（ＩＡＳ38, 65項）。無形資産の取得原価には，たとえば，次のような項目が含まれる（ＩＡＳ38, 66項）。

(a) 　無形資産の創出のために使用または費消した材料・サービスの原価
(b) 　無形資産の創出から生じる従業員給付の原価
(c) 　法的権利を登録するための報酬
(d) 　無形資産を創出するために用いられる特許・ライセンスの償却

設例4－2：自己創設無形資産の認識（ＩＡＳ38, 65項参考）

(1) ×1年度期首（1月1日）に新製造工程開発のための研究開発プロジェクトがスタートし，×1年度だけで当該研究開発プロジェクトに係る支出額が120万円に達した。なお，開発中の製造工程は×1年10月1日の時点で，自己創設無形資産としての認識要件を満たし，当該製造工程の回収可能額は50万円と見積もった。当該研究開発プロジェクトに係る支出額120万円のうち，10月1日以降に発生した支出額は40万円である。

(借) 研究（開発）費	800,000	(貸) 現 金 預 金	1,200,000
無 形 資 産	400,000		

(2) ×1年度から開発された新製造工程は×2年度末には完成し，すでに試運転も終えている。×2年度に発生した当該研究開発プロジェクトに係る支出額は80万円であり，当該製造工程の回収可能額は90万円と見積もった。

(借) 無 形 資 産	800,000	(貸) 現 金 預 金	800,000
減 損 損 失	300,000*	無 形 資 産	300,000

＊　(400,000＋800,000)－900,000＝300,000

(3) ×3年度期首において，×1年度から開発し，×2年度末に完成した新製造工程を用いて，新製品の生産・販売が行われた。なお，当該製造

45

工程を耐用年数5年,残存価額ゼロ,定額法により償却を行う。
　　(借)無形資産償却　180,000　(貸)無　形　資　産　180,000

3　無形資産認識後の測定

　無形資産を認識した後の会計処理については,「原価モデル」または「再評価モデル」のいずれかが採用される（ＩＡＳ38, 72項)。再評価モデルを採用する場合には,同じ区分のその他の資産にも,当該資産について活発な市場が存在しない場合を除き,再評価モデルを採用しなければならない。

(1)　原価モデルによる無形資産の再測定

　「原価モデル」によれば,無形資産は,当初認識後,取得原価から償却累計額・減損損失累計額を控除して計上される（ＩＡＳ38, 74項）。さらに,ＩＡＳ36の適用により,減損の兆候がある場合には「減損テスト」を実施しなければならない。

　以下,原価モデルを採用する場合の「償却」について,耐用年数・償却方法・残存価額のそれぞれの観点から説明しておこう。

　まず,無形資産の耐用年数は,当該資産の契約その他の法的権利期間や当該資産の使用方法などの要因を考慮して決定される。「償却」は,当該耐用年数にわたって規則的に実施される。なお,償却は,当該資産が使用可能となった時点から開始し,当該資産が売却目的保有に分類された時点または資産の認識が中止される時点のいずれか早い時点で中止される（ＩＡＳ38, 97項）。

　企業に正味キャッシュ・イン・フローをもたらすと期待される期間を予見できない場合には,当該資産の耐用年数は確定できないものとみなし,償却は実施してはならない（ＩＡＳ38, 89項, 107項）。ただし,「耐用年数を確定できない」とは耐用年数の無限を意味しない点に注意が必要であり,耐用年数を確定できない場合には,毎期,耐用年数を見直さなければならない（ＩＡＳ38, 109項）。耐用年数を確定できない無形資産については,毎年および減損の兆候がある場合はいつでも,減損テストを実施しなければならない（ＩＡＳ38, 108項）。

次に，無形資産の償却方法について，企業は，当該資産の将来の経済的便益を企業が費消すると予想されるパターンを反映するような方法を採用しなければならない（ＩＡＳ38，97項）。ただし，そのようなパターンを信頼性をもって決定できない場合には，定額法を採用しなければならない（ＩＡＳ38，97項）。

最後に，無形資産の残存価額について，通常は，ゼロと推定しなければならない。ただし，(a)耐用年数の終了時点に当該資産を第三者が購入する約定がある場合，または(b)資産に活発な市場が存在し，その市場を参照することにより残存価額の決定が可能であり，かつ，耐用年数の終了時点に当該市場が存在する可能性が高い場合には，無形資産の残存価額を見積もり，償却を実施することができる（ＩＡＳ38，100項）。

(2) 再評価モデルによる無形資産の再測定

「再評価モデル」を採用する場合，無形資産は，再評価日の公正価値から再評価日以降の償却累計額・減損損失累計額を控除した再評価額で認識しなければならない（ＩＡＳ38，75項）。再評価は，決算日における当該資産の帳簿価額が公正価値と大きく異ならないよう十分な規則性をもって行わなければならない（ＩＡＳ38，75項）。

無形資産を再評価した結果，当該資産の帳簿価額が増加する場合，当該増加額は持分の貸方に「再評価剰余金」として表示・計上される。ただし，同一資産の再評価による減少額が過去に「費用」として認識されていた場合には，当該増加額を過去に計上した費用の金額の範囲内で収益として認識しなければならない（ＩＡＳ38，85項）。

反対に，当該資産の帳簿価額が減少する場合，当該減少額は「費用」として認識しなければならない。ただし，同一資産の再評価による増加額が過去に「再評価剰余金」として認識されていた場合には，当該減少額を過去に計上した再評価剰余金の金額の範囲内で再評価剰余金の借方に認識される（ＩＡＳ38，86項）。

4 財務諸表上の開示

　無形資産の種類別に，自己創設無形資産とその他の取得形態により取得した無形資産とに区別して，次の事項を開示しなければならない（ＩＡＳ38, 118項）。

(a)　耐用年数
(b)　償却方法
(c)　期首・期末の償却控除前の帳簿価額・償却累計額
(d)　期首・期末における次の帳簿価額の調整
　①　自己創設による増加・企業結合による増加など，原因別の増加額
　②　売却保有目的に分類された無形資産
　③　再評価による増減額
　④　認識された減損損失の額
　⑤　戻し入れた減損損失の額
　⑥　当期中に認識された償却額
　⑦　財務諸表の表示通貨への換算から生じた正味換算差額
　⑧　当期中の帳簿価額のその他の変動

第 5 章 棚卸資産会計

1 棚卸資産の意義・範囲

　ＩＡＳ２（6項）によれば，棚卸資産とは，(a)通常の営業過程において販売を目的として保有されている資産，(b)このような販売を目的とする生産の過程にある資産，(c)生産過程もしくは役務提供に際して消費される原材料または貯蓄品である。

　棚卸資産には，再販売を目的として保有される土地・その他不動産が含まれる。サービス業の場合には，役務収益を認識していない役務提供に係る原価（役務を提供する業務に直接関係している従業員の労務費・その他の費用，当該業務の管理者の人件費および当該役務に帰属する間接費）は棚卸資産として計上される（ＩＡＳ２, 8項，19項）。

　すなわち，棚卸資産とは，正常な営業過程において販売目的または消費目的で所有されている財貨・用役である，なお，棚卸しを通して，その有高が確定されている費用性資産でもある。

　これらの資産の特質は，直接的または間接的な販売目的資産であるということに求められている。製造途中の資産（仕掛品），原材料・事務用消耗品などのような消費目的資産であっても，最終的に販売目的資産に転化する性質の資産であるという意味で，（第二次的な）販売目的資産であるといえる。

　有形固定資産が長期間にわたって利用目的のために所有されるのに対し，棚卸資産は通常の営業過程の中で販売（または消費）目的のために所有されることを特徴とする。したがって，生産・販売のために取得された材料・その他の財貨が，一部，固定資産の製作のために用いられることがあっても，本来，生産目的で所有されるならば棚卸資産となる。棚卸資産は，消費・販売することを目的として所有されている財貨・用役であり，その資産性は最終的には販売可能性にある。

第1部　資産・負債・持分会計論

なお，未成工事原価（ＩＡＳ11），金融商品（ＩＡＳ32，ＩＡＳ39）および生物資産・農産物（ＩＡＳ41）は棚卸資産関連項目であるが，個別のＩＡＳが作成・公表されているため，ＩＡＳ２の適用を受けない（ＩＡＳ２，2項）。

2　棚卸資産の当初認識・測定（取得原価）

棚卸資産の「取得原価」は，売上原価（または製造原価）および決算日における評価額の算定基礎となるので，その決定は重要である。ＩＡＳ２（10項）によれば，棚卸資産の取得原価には，「購入原価」，「加工費」，棚卸資産が現在の場所および状態に至るまでに発生した「その他の原価」が含まれる。

(1) 購 入 原 価

ＩＡＳ２（10項）は，購入価格に輸入関税・その他の税金，当該資産の取得に直接関係する運送費・荷役費・その他の費用を加算し，値引き・割戻し・その他の類似項目を控除して「取得原価」を決定する。

この場合，取得原価に算入できる付随費用は，棚卸資産が現在の場所および状態に至るまでに発生した直接必要とされる費用に限定され，管理費その他一般的な間接費は，当該資産の取得および現在の場所・状態に至ることに特に要求されないものでない限り，取得原価の構成要素にはならないものと考えられる。

(2) 加　工　費

棚卸資産の加工費には「直接費」と「間接費」があるが，直接労務費のような生産単位に直接関係する費用，原材料を完成品に加工する際に生じる固定・変動製造間接費の規則的な配賦額も含まれる。ちなみに「固定製造間接費」とは，生産量の変動に関係なく，比較的一定して発生する製造間接費（たとえば，工場の建物・設備の減価償却費・維持費，工場の事務管理費）であり，「変動製造間接費」とは，生産量の変動に直接またはほぼ直接に関連して発生する製造間接費（たとえば，間接材料費や間接労務費）である（ＩＡＳ２，12項）。

連産品や副産物が生産され，製品ごとの加工費を個別的に識別できない場合，合理的かつ一貫した方法で加工費を製品に配賦するが，大抵の副産物は重要で

ないので，副産物を正味実現可能価額で測定し，この価額を主製品の原価から控除している（ＩＡＳ２，14項）。

(3) その他の原価

その他の原価は，棚卸資産が現在の場所および状態に至るまでに発生したものに限り，棚卸資産の原価に含められる。たとえば，特定の顧客のために発生する非製造間接費または製品設計費用は棚卸資産の原価に含められる（ＩＡＳ２，15項）。

なお，下記の項目は棚卸資産の原価から除外され，発生した期間の費用として認識される（ＩＡＳ２，16項）。

(a) 材料費・労務費・その他の製造費用のうち，異常仕損費
(b) 保管費用（ただし，次の製造工程に移る前に必要な費用を除く）
(c) 現在の場所・状態に到ることに寄与しない管理部門の間接費
(d) 販売費用

ＩＡＳ23により，限定的な状況において「借入費用」は棚卸資産の原価に含めることができる（ＩＡＳ２，17項）。すなわち，適格資産の取得，建設または製造を直接の発生原因とする「借入費用」は，棚卸資産の取得原価に含めることができる。「適格資産」とは，意図した使用または販売が可能となるまでに相当の期間を必要とする資産をいう。

たとえば，製造設備，発電設備，投資不動産などのように，販売可能な状態になるまで相当の期間を要する資産は適格資産になり得る（すなわち借入費用を資産化できる）が，短期間に反復して大量に生産される棚卸資産，取得時点において意図した使用または販売が可能である資産は適格資産にはならない（ＩＡＳ23，4項，7項）。したがって，現実的には，借入費用を資産化できる適格資産は非常に限定される。

棚卸資産は，一般的に，現在または近い将来に消費・販売に結びつく資産として短期的に所有される点に特徴があるので，借入費用を資産化しても，費用収益対応の面では即時費用化と時間的に大差はない。

3 棚卸資産の原価配分方法

　棚卸資産の取得原価は，期中費消分（売上原価または製造原価）と期末の未費消分（棚卸価額）に配分される。これが棚卸資産の「原価配分」である。

　棚卸資産の取得原価が，同一品目でありながら取得時点の相違により異なる場合，期中の費消価額または期末の在庫資産額はどの原価で取得されたものであるかという問題が生じる。適正な売上原価（または製造原価）を算定するためには，取得原価を当期費用額と次期繰越額に配分する手続きは重要である。この原価配分方法は，当該棚卸資産の性質・種類，物的移動等を斟酌して決定しなければならない。

　IAS2（25項）では，「先入先出法」または「加重平均原価法」が選択適用され，「後入先出法」の採用は認められない。後入先出法は，最新の棚卸資産を最初に売却されるものとして扱い，その結果，残っている棚卸資産は最も古い資産であるかのように認識される。一般的には，後入先出法によれば，棚卸資産の実際の流れが信頼性をもって表現されているとはいえない（IAS2, BC10項）。棚卸資産の流れが「表現の忠実性」を欠いていることから，後入先出法は廃棄された（IAS2, BC19項）。

　また，通常，互換性のない棚卸資産および特定のプロジェクトのために製造・区分されている棚卸資産の取得原価は，「個別法」によって配分されなければならない（IAS2, 23項）。「標準原価法」または「売価還元法」は，その適用結果が原価と近似する場合にのみ，簡便法として利用できる（IAS2, 21項）。

　このように，IAS2は，財務諸表の比較可能性を保持するために，原価配分方法の選択権を縮小し，統一的な方法に限定しようとしている。

　棚卸資産の原価配分法（あるいは評価方法）として，わが国では，個別法，先入先出法，後入先出法，移動平均法，総平均法，単純平均法，売価還元法，最終取得原価法の選択適用が認められ，選択範囲が広く，しかも任意選択である。

　IAS2では，財務諸表の国際的比較可能性を確保するために，その選択幅を縮小し，拘束的な会計処理を要求している。つまり，一定の制約・条件の下

では「個別法」が強制適用され,「標準原価法」または「売価還元法」は便法として利用されるが,原則として,「先入先出法」または「加重平均法」(移動平均法または総平均法)の適用に限定される。

4　棚卸資産の再測定（期末評価）

(1)　原則的評価基準

IAS2 (9項) は,棚卸資産の期末評価基準として「原価と正味実現可能価額の低価法」を強制している。IAS2では,棚卸資産の期末評価に原価主義を適用せず,低価主義を要求した。

「正味実現可能価額」とは,通常の営業過程における予想売価から完成までに要する見積費用および販売に要する見積費用(すなわちアフター・コスト)を控除した額である。「正味実現可能価額」は企業固有の価値であるので,市場で取引の知識のある自発的な買手・売手の間で交換される「公正価値」(販売費用控除後)と等しくなるとは限らない (IAS2, 6～7項)。

棚卸資産の損傷,陳腐化,販売価格の下落によって取得原価以下に価値下落が招来すれば,その棚卸資産から得られるキャッシュ・インフローが取得原価を下回る危険性もある。棚卸資産を原価から正味実現可能価額までに評価減する慣行は,資産は販売または利用によって実現すると見込まれる額を超えて計上されるべきではないという見解と首尾一貫している (IAS2, 28項)。

この場合の低価基準は,予想の損失(未実現損失)の早期計上を図る「保守主義」の適用により容認されているといえるだろう。そこで採られる時価は,現金回収可能額を意味する「正味実現可能価額」と結びつく。

(2)　例外的評価基準

生産目的で保有する「原材料」と「貯蔵品」については,それらを使用して製造される製品が原価以上の金額で販売されると見込まれる場合には,評価減を行う必要はないが,「原材料」の価格下落が製品の正味実現可能価額の下落を示しているときには,その原材料は正味実現可能価額まで評価減される。このような場合,原材料の「再調達原価」が「正味実現可能価額」の最良の入手

可能な測定値として利用されることもある（IAS2,32項）。製造業における「原材料」のような生産目的棚卸資産の再測定には，例外的評価基準として「原価と再調達原価の低価法」が採択できる。

なお，農・林業製品，収穫された農産物，採掘された鉱物資源等は，その販売が先物契約・政府保証により確実である場合，活発な市場が存在するために販売できないリスクがほとんどない場合には，正味実現可能価額で測定され，その変動額は当期の損益として計上される（IAS2, 3～4項）。同様に，販売費用控除後の公正価値で棚卸資産を測定している商品仲買業者は，値洗方式を用いて当該公正価値で評価し，差額を評価損益として当期の損益に算入しなければならない（IAS2, 3項，BC8項）。

(3) 低価法の適用対象単位

低価法を適用する対象単位として，①棚卸資産の一品目ごとに原価と時価を比較する「品目法」(個別商品低価法)，②棚卸資産の各品目を適当なグループにまとめ，グループごとに原価合計と時価合計を比較する「類別法」(グループ別商品低価法)，③棚卸資産の全品目を一括して原価合計と時価合計を比較する「一括法」(一括商品低価法) がある。

IAS2（29項）は，原則として，①品目法の適用を要求しているが，②類別法も容認している。一括法によれば，一部の棚卸資産品目に発生した予想損失と他の品目に発生した未実現利益が相殺されることになる。②類別法，③一括法となるに従い，評価損益が通算されるので，①品目法に比べて評価損は少なく計上される。

設例5－1：品目法と類別法における評価損

下記資料により，(1)品目法と(2)類別法に基づいて商品評価額と商品評価損を計算しなさい（単位：千円）。

(単位：千円)

商品グループ		原　価	正味実現可能価額
Ｘグループ商品	商　品　A 商　品　B 商　品　C	32,197 34,416 37,740	26,643 33,358 37,740
Ｙグループ商品	商　品　D 商　品　E	12,215 13,326	9,486 17,768
合　　　　計		129,894	124,995

(1) 品　目　法

　商品評価額：26,643千円(A)＋33,358千円(B)＋37,740千円(C)
　　　　　　　＋9,486千円(D)＋13,326千円(E)＝120,553千円

　商品評価損：5,554千円(A)＋1,058千円(B)＋2,729千円(D)
　　　　　　＝9,341千円

　(借)商品評価損　9,341,000　　(貸)繰越商品　9,341,000

(2) 類　別　法

　商品評価額：97,741千円(X)＋25,541千円(Y)＝123,282千円

　商品評価損：6,612千円(X)

　(借)商品評価損　6,612,000　　(貸)繰越商品　6,612,000

(4) 洗替え方式の強制適用

　低価法を採用する場合に取得原価と正味実現可能価額を比較するが，次期以降の毎期に，(a)正味実現可能価額について新たな見直しが行われる以前に棚卸資産を原価以下に評価減する原因となった事象がもはや存在しない場合，(b)経済環境の変化により正味実現可能価額の上昇が明らかである証拠がある場合には，評価減の額の戻入れを行う。

　ただし，戻入れは当初の評価減の額を限度とする。この場合，新しい帳簿価額は原価と修正後の正味実現可能価額とのいずれか低い金額となる。たとえば，販売価格が下落したために，正味実現可能価額を帳簿価額とした棚卸資産を次期においても保有し，かつ，その販売価格が上昇した場合には，このような戻

入れを行うことになる（IAS2, 33項）。

IAS2では,「洗替え方式」による低価法が強制適用され,「切放し方式」による低価法は認められていない。

設例5－2：洗替え方式による評価損の戻入れ

(1) 　t₁期中に取得した商品（取得原価120万円）のt₁期末における正味実現可能価額が100万円であった。

| (借) 商 品 評 価 損 | 200,000 | (貸) 繰 越 商 品 | 200,000 |

(2) 　t₂期首に評価損の戻入れを行っていたが，当該商品は未販売のままであり，t₂期末の正味実現可能価額は90万円となっていた。

t₂期首

| (借) 繰 越 商 品 | 200,000 | (貸) 商品評価損戻入益 | 200,000 |

t₂期末

| (借) 商 品 評 価 損 | 300,000 | (貸) 繰 越 商 品 | 300,000 |

5　財務諸表上の開示

財務諸表には，棚卸資産について下記事項が開示されなければならない（IAS2, 36項）。

① 　棚卸資産の原価配分方法，期末評価に採用された会計方針
② 　棚卸資産の帳簿価額の合計額，当該企業に適した分類ごと（たとえば，商品，生産用貯蔵品，原材料，仕掛品，製品）の帳簿価額
③ 　販売費用控除後の公正価値で計上された棚卸資産の帳簿価額
④ 　当期に費用として認識された棚卸資産（売上原価）の金額
⑤ 　正味実現可能価額への評価減・その他すべての損失を当期に費用認識した金額
⑥ 　正味実現可能価額の上昇により生じた評価減の戻入金額
⑦ 　上記評価減の戻入れに至った状況・事象

⑧　負債の担保に提供されている棚卸資産の帳簿価額

当期に費用として認識された棚卸資産の原価以外の金額を開示する様式の包括利益計算書が採用される場合には，費用の性質に基づいて分類表示することになるため，原材料・消耗品，労務費，その他の原価のうち費用として認識された原価は，当期における棚卸資産の純変動額とともに開示されることになる（IAS2，39項）。

第6章 金融商品会計

1 金融商品の意義・種類・分類（再分類）

　「金融商品」とは，一方の企業に「金融資産」を，他方の企業に「金融負債」または「持分金融商品」を生じさせる契約である（ＩＡＳ32, 11項）。金融商品には，たとえば，営業債権・営業債務，貸付金・借入金，保有債券・発行債券，普通株式・優先株式，オプション・先物・スワップ等のデリバティブズ等がある（ＩＡＳ32, ＡＧ4項, ＡＧ13項, ＡＧ15項）。金のオプションや類似するコモディティ契約のような非金融商品の購入・売却の契約は金融商品ではないものの，金融商品と同様に機能するので，金融商品の範囲に含められる（ＩＡＳ32, ＡＧ20項）。

　しかし，(1)子会社・関連会社・ジョイント・ベンチャーに対する投資，(2)従業員給付制度における事業主の権利・義務，(3)保険契約，(4)企業結合における条件付対価に関する契約，(5)株式報酬契約による金融商品・契約・義務は適用範囲から除かれる（ＩＡＳ32, 4項）。

　「金融資産」に該当する資産としては，(a)現金，(b)他の企業の持分金融商品，(c)(ⅰ)他の企業から現金・その他の金融資産を受け取る契約上の権利または(ⅱ)企業にとって潜在的に有利な条件で，他の企業と金融資産または金融負債を交換する契約上の権利のうちのいずれかのもの，(d)企業自身の持分金融商品で決済されるか，または決済される可能性のある契約であり，(ⅰ)可変数の自己の持分金融商品を受け取る義務があるか，またはその可能性がある非デリバティブ契約，(ⅱ)固定額の現金または他の金融資産を固定数の自己の持分金融商品と交換する以外の方法で決済されるか，またはその可能性があるデリバティブ契約（ただし，一定の自己の持分金融商品は除く）のいずれかに該当するものがある（ＩＡＳ32, 11項）。

　「金融負債」に該当する負債としては，(a)(ⅰ)他の企業に現金・その他の金

融資産を引き渡す契約上の義務または(ⅱ)自己にとって潜在的に不利な条件で，他の企業と金融資産または金融負債を交換する契約上の義務のうちのいずれかのもの，(b)企業自身の持分金融商品で決済されるか，または決済される可能性のある契約であり，(ⅰ)可変数の自己の持分金融商品を引き渡す義務があるか，またはその可能性がある非デリバティブ契約，(ⅱ)固定額の現金または他の金融資産を固定数の自己の持分金融商品と交換する以外の方法で決済されるか，またはその可能性があるデリバティブ契約（ただし，一定の自己の持分金融商品は除く）のいずれかに該当するものである（ＩＡＳ32, 11項）。

また，「持分金融商品」とは，企業のすべての負債を控除した後の資産に対する残余持分を証する契約をいう（ＩＡＳ32, 11項）。

金融商品の会計処理は，その分類によって左右される。以下のように，金融資産は4つ，金融負債は事実上2つに分類される（ＩＡＳ39, 9項）。

(a) 公正価値で評価し，評価額の変動を損益計上する金融資産・金融負債

これは，(ⅰ)トレーディング目的で保有するもの，(ⅱ)当初認識において公正価値で評価し，評価額の変動を損益計上するものとして指定した金融資産または金融負債であり，公正価値で測定される。

(b) 満期保有投資

これは，支払額が固定されているかまたは決定可能であって，満期日が確定している金融資産で，かつ，企業が満期日まで保有する明確な意思と能力がある非デリバティブ金融資産であり，「実効利子率法」（以下「利息法」という）による償却原価で測定される。

(c) 貸付金および債権

支払額が固定されているかまたは決定可能であって，活発な市場での公表価格がない非デリバティブ金融資産であり，利息法による償却原価で測定される。

(d) 売却可能金融資産

これは，売却可能と指定されたか，あるいは(c), (b)または(a)に分類されない非デリバティブ金融資産であり，公正価値で測定される。

(e) その他の金融負債 ((a)以外の金融負債であり，これは定義されているわけでは

ない)。

　金融商品について行われた分類を，その後「再分類」することは限定される。上記(a)から他の区分への再分類および(a)以外の区分から(a)への再分類は，行うことがない。ただし，一定の要件を満たすものについては，(a)から(b)および(d)に再分類できる（ＩＡＳ39，50項）。一定の要件を満たす場合，(b)から(d)への再分類ができ，また(d)から(b)への再分類もできる（ＩＡＳ39，51項，54項）。さらに一定の要件を満たす場合，(d)から(c)への再分類も認められる（ＩＡＳ39，50項）。

　(a)から(e)までの分類項目間の再分類ではないが，(a)および(d)の分類項目内で，一定の要件を満たす場合に，測定値を変更することが認められる。持分金融商品について公正価値を信頼性をもって測定できなくなった場合，当該金融商品は原価で測定される。逆に，公正価値を信頼性をもって測定できるようになった場合には，公正価値によって再測定される（ＩＡＳ39，53項，55項）。

図表6－1　金融商品の分類，種類，測定および再分類

	金融商品の分類		金融商品の種類と測定
(a)	公正価値で評価し，評価額の変動を損益計上する金融資産および金融負債（有効なヘッジに指定されていないすべてのデリバティブズを含む）	① 負債，持分，デリバティブズ	[公正価値]
		② 信頼性をもって測定できない持分・持分デリバティブズ	[原価]
(b)	満期保有投資	負債	[償却原価]
(c)	貸付金および債権	負債	[償却原価]
(d)	売却可能金融資産	① 負債	[公正価値]
		② 持分	[公正価値]
		③ 信頼性をもって測定できない持分	[原価]
(e)	その他の金融負債	負債	[償却原価]

　　―――▶：従来から認められていた再分類
　　-----▶：2008年金融危機後に認められた再分類

2 金融商品の当初認識・測定（取得原価）

　金融資産または金融負債は，企業が金融商品の契約上の当事者になった時に限り，財政状態計算書において当初認識される（ＩＡＳ39, 14項）。たとえば，条件付でない債権・債務は，企業が契約上の当事者となった結果，現金を受け取る法的権利，または支払う法的義務を有することになった時に，資産・負債として認識される。先物契約では，決済日ではなく約定時で資産・負債として認識される。しかし，予定取引はどれだけ可能性が高くても，企業が契約上の当事者になっていないので，資産にも負債にもならない（ＩＡＳ39, ＡＧ35項）。

　金融資産または金融負債の当初認識では，それらを公正価値で当初測定しなければならない（ＩＡＳ39, 43項）。ここに「公正価値」とは，独立企業間取引において，取引の知識のある自発的な当事者の間で資産が交換されうるまたは負債が決済されうる金額である（ＩＡＳ39, 9項）。

　金融商品の当初公正価値は通常，取引価格である。取得した金融商品の価値は，通常は授受される対価（取引価格）の公正価値に等しいからである。当初認識では，金融資産・金融負債の取得・発行（または処分）に直接起因する取引費用の処理が必要となる。取引費用には，租税公課やエージェント等への支払手数料・報酬などがある（ＩＡＳ39, 9項，ＡＧ13項）。

　取引費用の処理は，金融資産または金融負債の分類によって異なる。公正価値で評価し，評価額の変動を損益計上する資産・負債として分類されない金融資産または金融負債については，取引費用は当初認識時に公正価値に加算される（ＩＡＳ39, 43項）。満期保有投資であれば，取引費用は実効利子率の計算に含められ，当該商品の期間にわたり損益として償却される。公正価値で評価し，評価額の変動を損益計上する金融資産または金融負債であれば，取引費用は当初認識時に損益処理される。

　市場の規則・慣行により一般に定められる期間内で資産の引渡しを要求する契約による金融資産の購入または売却は，「通常の方法による売買」という。この取引では，取引日（約定日）会計または決済日（引渡日）会計のいずれかを

適用することによって，金融資産の認識(および認識の中止）が行われる（IAS 39，9項，38項)。市場価格のある株式や債券等について，特定の日に実行された取引は，取引日から一定の日数後に決済される仕組みになっているからである。

設例6－1：取引日会計と決済日会計（通常の方法による購入取引）

2月28日（取引日）に，1,000万円（取引費用を含む公正価値）の有価証券の購入を契約した。当該資産は公正価値で評価し，評価額の変動を損益計上する金融資産として分類した。3月31日（決算日）と4月4日（決済日）におけるそれぞれの公正価値は，1,002万円と1,003万円である。

(A) 取引日会計

2月28日（取引日）：

| (借) 有 価 証 券 | 10,000,000 | (貸) 未 払 金 | 10,000,000 |

3月31日（決算日）：

| (借) 有 価 証 券 | 20,000 | (貸) 有価証券評価損益 | 20,000 |

4月4日（決済日）：

| (借) 未 払 金 | 10,000,000 | (貸) 現 金 預 金 | 10,000,000 |
| (借) 有 価 証 券 | 10,000 | (貸) 有価証券評価損益 | 10,000 |

(B) 決済日会計

2月28日（取引日）：

仕訳なし

3月31日（決算日）：

| (借) 未受領有価証券（債権） | 20,000 | (貸) 有価証券評価損益 | 20,000 |

4月4日（決済日）：

(借) 有 価 証 券	10,030,000	(貸) 現 金 預 金	10,000,000
		未受領有価証券	20,000
		有価証券評価損益	10,000

購入した金融資産が「売却可能金融資産」に分類されるならば，決済日までの公正価値変動額は持分（「その他の包括利益」，以下では「持分」と示す）として認識する。また，償却原価で会計処理される金融資産に分類されるならば，決済日までの公正価値変動額は認識されない。

3 金融商品の認識の中止

　金融資産のキャッシュ・フローに対する権利が消滅したか，または金融資産が譲渡され，その譲渡が認識の中止の要件を満たす場合に限り，当該金融資産は認識の中止，すなわち財政状態計算書から除かれる。金融資産の譲渡が認識の中止の要件を満たすかどうかの決定は，「リスク・経済価値テスト」と「支配テスト」との組み合わせによって行われる。まず「リスク・経済価値テスト」が適用され，実質的にすべてのリスクと経済価値を移転も留保もしていない時にのみ「支配テスト」が適用される（ＩＡＳ39，15～37項）。

　「リスク・経済価値テスト」は，金融資産を譲渡する企業が，資産譲渡後も当該資産の所有に関するリスクにさらされているか，または当該資産のベネフィットを享受しているかどうかを決定する。また「支配テスト」は，どの企業が当該資産を支配しているか，すなわち当該資産のベネフィットを実現する方法をどの企業が指示できるかというものである。ＩＡＳ39（ＡＧ36項）では，金融資産の認識中止フロー・チャートが図表6－2のように示されている。

第1部 資産・負債・持分会計論

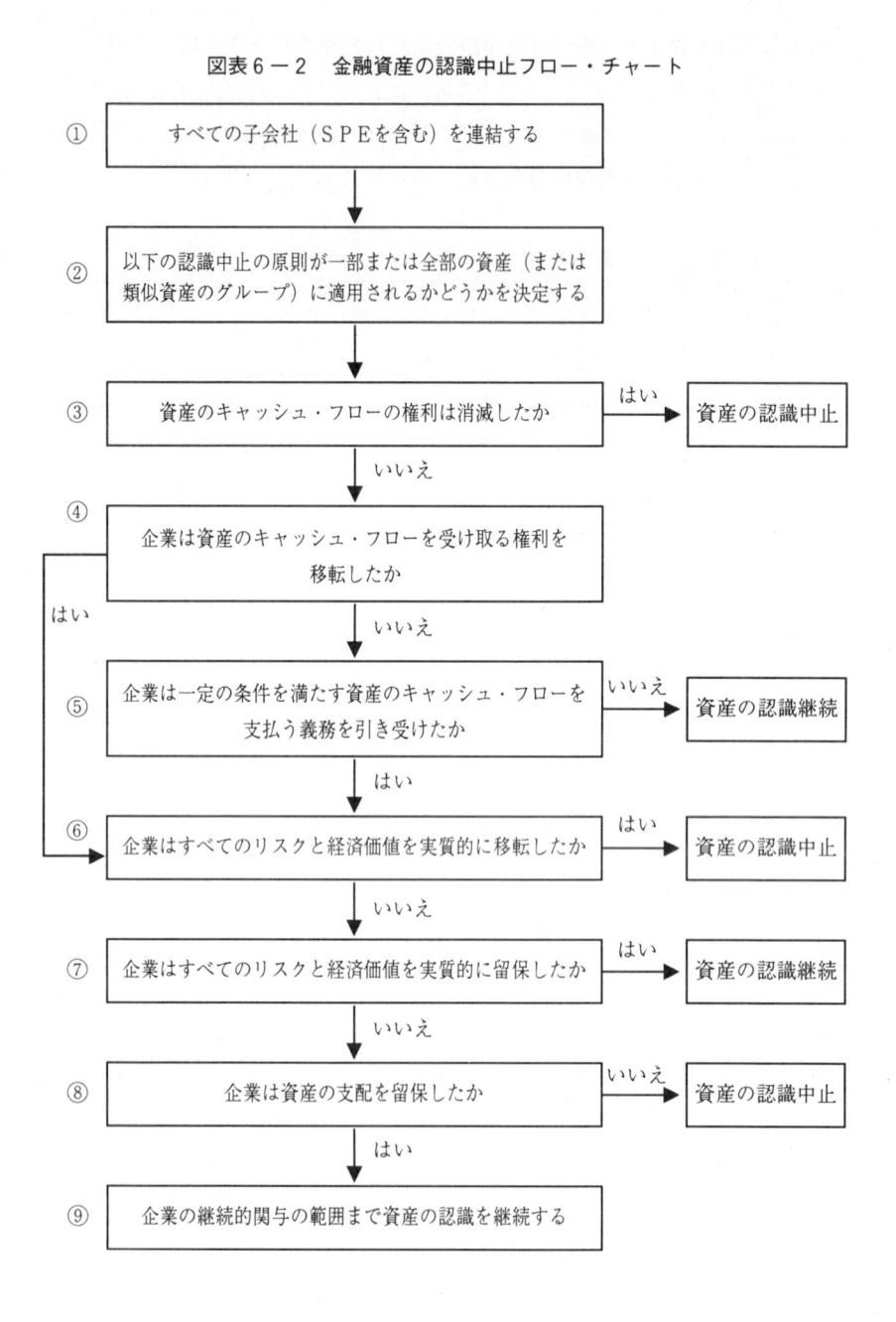

図表6－2　金融資産の認識中止フロー・チャート

① すべての子会社（SPEを含む）を連結する

② 以下の認識中止の原則が一部または全部の資産（または類似資産のグループ）に適用されるかどうかを決定する

③ 資産のキャッシュ・フローの権利は消滅したか　──はい──▶ 資産の認識中止

　　↓いいえ

④ 企業は資産のキャッシュ・フローを受け取る権利を移転したか

　　↓いいえ

⑤ 企業は一定の条件を満たす資産のキャッシュ・フローを支払う義務を引き受けたか　──いいえ──▶ 資産の認識継続

　　↓はい

⑥ 企業はすべてのリスクと経済価値を実質的に移転したか　──はい──▶ 資産の認識中止

　　↓いいえ

⑦ 企業はすべてのリスクと経済価値を実質的に留保したか　──はい──▶ 資産の認識継続

　　↓いいえ

⑧ 企業は資産の支配を留保したか　──いいえ──▶ 資産の認識中止

　　↓はい

⑨ 企業の継続的関与の範囲まで資産の認識を継続する

（④で「はい」の場合は⑥へ）

第6章　金融商品会計

設例6−2：金融資産の一部の認識の中止

×1年1月1日に，社債（額面1,000,000円，償還期限10年）に1,000,000円の投資をした。毎年12月31日に利息75,000円が後払いされる。当該社債を満期保有投資に分類し，償却原価で測定している。×6年1月1日に，残り5回分の金利受領権を銀行に無条件で売却した。この時点の金利受領権の譲渡対価（公正価値）は324,711円，元本の公正価値は783,526円であり，したがって債券の公正価値総額は1,108,237円である。

×6年1月1日：

（借）現　金　預　金	324,711	（貸）満期保有金融資産	292,998*
		満期保有金融資産売却益	31,713

$$* \quad 1{,}000{,}000円 \times \frac{324{,}711円}{1{,}108{,}237円} = 292{,}998円$$

上記 設例6−2 は，図表6−2における②および③に関係する。金利受領権という資産の一部に認識中止が適用され，将来の金利キャッシュ・フローに対する権利が消滅したので，当該資産の認識が中止される。他方，金利受領権以外の資産は，そのリスクと経済価値のすべてが実質的に留保されているので，認識が継続される（この点で⑦にも関係する）。譲渡前の金融資産の帳簿価額は，認識が中止される部分と認識が継続される部分とに，譲渡日における公正価値の比率で按分される（ＩＡＳ39, 27項）。当該社債が売却可能資産として分類されている場合，売却益に当たる金額は持分からリサイクルされる。

設例6−3：認識の中止要件を満たさない金融資産の譲渡

1,000万円の上場貸付証書（発行日×1年1月1日，償還日×5年12月31日）を保有している。毎年12月31日に利息65万円が支払われる。当該債券は満期保有投資に分類し償却原価で測定している。×5年1月1日に，デフォルトについて当企業がすべて遡求義務を負う（フル・リコースする）という

条件で，当該債券をこの時点の公正価値985万円で銀行に売却した。

×5年1月1日：

| (借) 現 金 預 金 | 9,850,000 | (貸) 金 融 負 債 | 9,850,000 |

×5年12月31日：

(借) 貸 付 金	650,000*1	(貸) 受 取 利 息	650,000
(借) 支 払 利 息	800,000	(貸) 金 融 負 債	800,000*2
(借) 金 融 負 債	10,650,000	(貸) 貸 付 金	10,650,000

*1　10,650,000−10,000,000＝650,000（貸付金金利のアキュムレーション）
*2　10,650,000−9,850,000＝800,000（負債金利のアキュムレーション）

　上記　設例6−3　は，図表6−2の⑦に関係する。譲渡資産のすべてのリスクと経済価値を実質的に留保しているために，資産譲渡後も認識の中止にならない場合，譲渡資産の認識を継続し，受け取った対価は金融負債として認識する（IAS39，20項）。

　金融負債では，それが消滅した時にのみ認識が中止される。具体的には，契約に規定される義務が履行されるか，免除されるかまたは失効した時に認識が中止される（IAS39，39項）。債務交換または条件変更される場合，新負債のキャッシュ・フローの現在価値が原負債の残存キャッシュ・フローの現在価値と比べて10％以上乖離する時には，それらは実質的に異なるものとして，原負債を消滅させ，新負債を認識する会計処理を行う（IAS39，40項，AG62項）。

4　金融商品の再測定（期末評価）

(1) 金銭債権

　金銭債権は，「貸付金および債権」として分類される金融資産である。具体的には，貸付金のほかに，売掛金・受取手形等の営業債権等から構成される。金銭債権は当初認識時には公正価値（通常は取引価格）で測定され，その公正価値は当該債権の将来キャッシュ・フローを割り引いた金額を示す。期末時の再測定では，金銭債権は「利息法」による償却原価によって測定され，割引額の償却は受取利息として損益処理される。

「償却原価」とは，金融商品の当初認識額から元本返済額を控除し，当初認識額と満期額との差額について利息法によって計算された償却累計額を加減し，さらに，減損または回収不能額を控除した金額である（ＩＡＳ39，9項）。「利息法」とは，金融商品の帳簿価額に実効利子率を適用し，受取利息・支払利息を関連する期間に配分する方法である。この場合の実効利子率は，金融商品の予想残存期間にわたる将来の現金支払額または受取額の見積額を，当該金融商品の正味帳簿価額まで正確に割り引く利率である。

「償却原価」の定義から判明するように，金融債権に減損が発生した場合，減損損失が認識される。その金額は，帳簿価額と当初の実効利子率で割り引いた将来キャッシュ・フロー見積額の現在価値との差額であり，その額の損失を認識するとともに，帳簿価額を直接または引当金を通じて減額する（ＩＡＳ39，63項）。後の期間になって減損損失額が減少し，その減少が損失計上後に生じた事象（債務者の信用の格上げ等）によることが明らかである場合には，減損は損益に戻し入れられる。ただし，帳簿価額は，減損が認識されていなかったと仮定した場合の償却原価を超えてはならない（ＩＡＳ39，65項）。

設例 6 − 4：貸付金の再測定と減損

×1年1月1日に100万円の貸付（期間5年，毎年12月31日に25万円ずつ返済を受ける）を行った。契約がすべて履行される前提で貸付時点に算定した実効利子率は，7.93％である。しかし，×2年1月1日に，借手の業績見通しの悪化に符合する信用格付けの格下げにより，×4年と×5年の各25万円は回収できないと予測し，減損を認識する（×2年・×3年の各25万円は回収可能）。

×1年1月1日：

(借) 貸　付　金　1,000,000　　(貸) 現　金　預　金　1,000,000

×1年12月31日：

(借) 貸　付　金　79,300　　(貸) 受　取　利　息　79,300*

第1部　資産・負債・持分会計論

* 利息法による償却原価：829,300円＝1,000,000円＋79,300円－250,000円

| （借）現　金　預　金 | 250,000 | （貸）貸　　付　　金 | 250,000 |

×2年1月1日：

| （借）減　損　損　失 | 383,056* | （貸）貸　　付　　金 | 383,056 |

* 改訂後の帳簿価額：446,244円＝250,000円÷1.0793＋250,000円÷1.0793^2
　減損損失：383,056円＝829,300円－446,244円

(2) 有価証券

有価証券は，次のように3区分され，それぞれ異なる会計処理が行われる（ＩＡＳ39, 66項）。

① 公正価値で評価し，評価額の変動を損益計上する金融資産

これは，トレーディング目的保有資産および有効なヘッジ手段として指定していないデリバティブ資産であり，公正価値で測定される。評価額の変動は損益計上されるが，減損の適用はない。しかし，活発な市場における市場価格がなく，公正価値が信頼性をもって測定できない持分金融商品は原価で測定され，減損が適用されるものの，その戻入れは行わない。

② 満期保有投資

これは，負債性金融商品等から構成され，契約上の取り決めにより金利および元本返済などの保有者への支払額および支払日が定められている金融商品であり，利息法による償却原価で測定される。「貸付金および債権」と同様に，減損が適用され，減損の戻入れが行われる。

③ 売却可能金融資産

これは，上記①に指定されなかった持分金融商品，活発な市場のある負債性金融商品および流動性目的で保有するその他の金融資産であり，公正価値で測定される。評価額の変動による損益は持分に計上される。持分に累積された損益は売却時または減損時に包括利益計算書にリサイクルされ，その期の損益として認識される。活発な市場における市場価格がなく，公正価値が信頼性をもって測定できない持分金融商品の場合には，原価で測定される。持分金融商

品には減損が適用されるものの，その戻入れは行わない。負債性金融商品の金利は利息法によって計算され，損益処理される。負債性金融商品には減損が適用され，戻入れが行われる。

設例6－5：売却可能金融資産の再測定とリサイクル

×1年1月1日にゼロクーポン債（公正価値95万円，取引費用5万円）を取得し，売却可能金融資産として分類する。当該債券は×5年12月31日に償還額130万円で償還される。取引費用を含めた実効利子率は5.39％である。×1年12月31日の当該債券の公正価値は103万円である。×2年12月31日に，公正価値108万円で当該債券を売却した。

×1年1月1日（取得日）：

| (借) 売却可能金融資産 | 1,000,000 | (貸) 現 金 預 金 | 1,000,000 |

×1年12月31日（決算日）：

| (借) 売却可能金融資産 | 53,900 | (貸) 受 取 利 息 | 53,900 |
| (借) その他の包括利益 | 23,900 | (貸) 売却可能金融資産 | 23,900* |

*　公正価値1,030,000円－簿価(1,000,000円＋53,900円)＝23,900円

×2年12月31日（売却日）：

(借) 売却可能金融資産	56,805	(貸) 受 取 利 息	56,805*
(借) その他の包括利益	6,805	(貸) 売却可能金融資産	6,805
(借) 現 金 預 金	1,080,000	(貸) 売却可能金融資産	1,080,000
(借) 損　　　益	30,705	(貸) その他の包括利益	30,705

*　56,805円＝(1,000,000円＋53,900円)×5.39％

上記 **設例6－5** における売却可能金融資産は「負債性金融商品」であり，金利は利息法により計算され，公正価値によって再測定される。公正価値変動によって生じる損益は直接持分として認識される。×1年および×2年の12月末にはいずれも損失が発生している。×2年12月末の売却時では，持分に累積された損失額は損益額にリサイクルされる。

第1部 資産・負債・持分会計論

5 複合金融商品会計

「複合金融商品」は，発行者側から捉えた場合，負債部分と持分部分とにより構成される非デリバティブ金融商品である（ＩＡＳ32, 28項）。たとえば，一定数量の持分金融商品に転換できる債券（転換社債）は，金利を支払い現金で債券を償還しなければならない金融負債と，保有者に債券を一定数量の普通株式に転換する権利を与える売建コール・オプション（持分金融商品）とによって構成される。また，発行者の裁量で配当が支払われる強制償還可能優先株式は，現金で株式を償還する契約上の義務である金融負債と，保有者に配当を受領できる権利を与える持分金融商品とによって構成される（ＩＡＳ32, ＡＧ37項）。

非デリバティブ金融商品の発行者は，当該金融商品が負債部分と持分部分とに分離可能かどうかを当初認識時に判断し，分離できる場合，負債部分と持分部分を別個に財政状態計算書に表示する。このような「区分処理」では，まず負債部分の公正価値を決定し，それを負債部分の当初帳簿価額とする。続いて金融商品全体の公正価値から負債部分の公正価値を控除し，残余価額を持分部分の価額とする（ＩＡＳ32, 31項）。

負債部分の当初認識時の公正価値は，クーポンと償還に必要な契約上の将来キャッシュ・フローを，転換権がない同じような信用リスク，キャッシュ・フロー，年限の金融商品に適用される市場利子率で割り引いた現在価値である（ＩＡＳ32, 32項）。このような負債部分の公正価値と持分部分の価額の合計額は，金融商品全体の公正価値と常に等しくなるから，当初認識時に利得または損失が発生することはない。

―――― 設例6－6：転換社債の区分処理 ――――

額面1,000ユーロの転換社債2,000単位を額面発行する（期間3年，確定利率6％後払い）。総受取金額は2,000,000ユーロである。当該転換社債は満期日までに250株に転換できる。社債発行時における転換権がない同条件

の社債の市場利子率は9％である（単位：ユーロ）。

（借）現 金 預 金	2,000,000	（貸）転 換 社 債	1,848,122*1
		新 株 予 約 権	151,878*2

＊1　$(120,000 \div 1.09) + (120,000 \div 1.09^2) + (2,120,000 \div 1.09^3) = 1,848,122$
＊2　$2,000,000 - 1,848,122 = 151,878$

6　デリバティブズ会計

「デリバティブズ」とは，以下の3つの特徴を有し，IAS39の適用範囲内にある金融商品その他の契約をいう（IAS39, 9項）。

(a)　特定の金利，金融商品の価格，コモディティ相場，外国為替相場，物価や金利の指数，信用格付や信用指数，または類似する原商品・基礎数値の変動（ただし，非金融商品項目の変数については契約当事者に特有のものでないもの）に応じて価値が変動する。

(b)　当初純投資を必要としない，または必要とされるとしても，市場の要因の変動に対して類似の反応を示すことが予想される他の種類の契約について必要な当初純投資より少額である。

(c)　将来のある日に決済される。

デリバティブズは，「公正価値で評価し，評価額の変動を損益計上する金融資産および金融負債」として分類されるので，公正価値によって評価され，公正価値の変動部分は損益に計上される。ただし，一定の有効なヘッジ関係においてヘッジ手段として指定されているデリバティブズは除く（IAS39, 9項）。

デリバティブ取引には，たとえば，①スワップ取引，②オプション取引，③先物取引および④先渡取引等がある。①には，金利，通貨，コモディティ，エクイティ・スワップ取引等があり，②には，国債，通貨，株式，コモディティ・オプション取引等がある。また，③には国債，通貨，コモディティ先物取引等があり，④には，国債，通貨，株式，コモディティ先渡取引等がある。

設例6－7：先物取引の会計処理

×1年3月1日に，金利の上昇が予想されるので，債券先物1億円（6月限月）を単価125円で売り建て，委託証拠金300万円を差し入れた。3月31日時点の当該先物の時価は123円である。決算日は3月31日である。

×1年3月1日：

(借) 先物取引証拠金　3,000,000　　(貸) 現　金　預　金　3,000,000

×1年3月31日：

(借) デリバティブズ　2,000,000　　(貸) デリバティブ損益　2,000,000*

＊ （125円－123円）÷100円×100,000,000円＝2,000,000円

上記 設例6－7 では，デリバティブズとして債券先物取引が取り上げられている。先物契約時点では約定金額と時価は等しいので，先物取引の価値はゼロである。このため，契約時点では証拠金の支払のみが記録される。決算日には，先物取引は公正価値で評価され，評価差額は損益として計上される。

7　ヘッジ会計

「ヘッジ会計」とは，リスク回避を目的として，ヘッジ対象の損益の認識のタイミングと同一のタイミングでヘッジ手段の損益を認識する会計である。完全なヘッジが行われる時には，ヘッジ手段とヘッジ対象の損益は完全に相殺される（ＩＡＳ39, 85項）。

ヘッジ会計の適用にあたっては，ヘッジ会計の開始時にヘッジ手段とヘッジ対象が個別に指定されなければならない。また，ヘッジ関係が高度に有効であると考えられ，一定の定量的範囲において実際に有効である必要がある。ヘッジ関係に非有効性が存在する場合，すなわちヘッジ手段とヘッジ対象が完全に相殺しえない部分が存在する場合には，当該部分は損益認識される。

ＩＡＳ39 (86項) では，(1)公正価値ヘッジ，(2)キャッシュ・フロー・ヘッジおよび(3)在外営業活動体（たとえば，在外子会社）に対する純投資ヘッジという3種類のヘッジ関係が挙げられている。

(1) 公正価値ヘッジ

「公正価値ヘッジ」とは，認識されている資産・負債または未認識の確定約定の全体，あるいはそのような資産・負債または未認識の確定約定の特定された一部分の公正価値の変動に対するエクスポージャーのうち，特定のリスクに起因し，かつ，純損益に影響しうるもののヘッジである（IAS39, 86項）。たとえば，金利の変動による固定金利負債性金融商品（借入金等）の公正価値の変動に対するエクスポージャーのヘッジがある。このほかに，債券投資等の固定金利資産，持分証券への投資，固定価格で非金融商品を購入・売却する確定約定の公正価値の変動に対するエクスポージャーのヘッジがある。

ヘッジ会計の要件を満たす「公正価値ヘッジ」は，次のように会計処理される（IAS39, 89項）。

(a) ヘッジ手段を公正価値で再測定することによって生じた損益（デリバティブズがヘッジ手段の場合）または帳簿価額のうち外国通貨要素を再測定することによって生じた損益（非デリバティブズがヘッジ手段の場合）は損益として認識される。

(b) ヘッジされたリスクに起因するヘッジ対象に関する損益は，ヘッジ対象の帳簿価額を修正するようにして認識される。これは，(イ)公正価値で測定し，公正価値の変動を持分に直接計上する売却可能資産がヘッジ対象とされる場合，(ロ)原価で測定される売却可能資産がヘッジ対象とされる場合に適用される。

ヘッジ手段が失効，売却，解除または行使された場合，ヘッジがヘッジ会計の要件を満たさなくなった場合，ヘッジ関係の指定を取り消した場合には，公正価値ヘッジ会計は将来に向かって中止する（IAS39, 91項）。

設例6－8：固定金利負債性金融商品の公正価値ヘッジ

1月1日に，固定金利社債10億円（固定金利7％，5年満期）を発行し，金利リスクをヘッジするために，固定金利受取・変動金利支払の金利ス

ワップ契約を締結し，これを公正価値ヘッジとして指定した。6月30日と12月31日時点の当該債券の公正価値は10億1,000万円および10億700万円である。また，6月30日と12月31日時点のスワップの公正価値は1,000万円および700万円である。

1月1日：

(借) 現 金 預 金 1,000,000,000　(貸) 社　　　　　債 1,000,000,000

6月30日：

(借) 社 債 評 価 損 10,000,000　(貸) 社　　　　　債 10,000,000
(借) デリバティブズ 10,000,000　(貸) デリバティブヘッジ利益 10,000,000

12月31日：

(借) 社　　　　　債 3,000,000　(貸) 社 債 評 価 益 3,000,000
(借) デリバティブヘッジ損失 3,000,000　(貸) デリバティブズ 3,000,000

上記 設例6－8 において，スワップ契約時には約定金額と時価は等しいので，スワップ取引の価値はゼロである。6月30日と12月31日では，損益へのネットの影響額がゼロである。これは，スワップの公正価値変動が指定されたリスクについての債券の公正価値変動を完全に相殺しているからである。

(2) キャッシュ・フロー・ヘッジ

「キャッシュ・フロー・ヘッジ」とは，キャッシュ・フローの変動に対するエクスポージャーのうち，認識されている資産・負債に関連する特定のリスク（たとえば，変動金利債務に関する将来の金利支払の全部または一部）または可能性の非常に高い予定取引に起因し，かつ，損益に影響しうるものに対するヘッジである（ＩＡＳ39，86項）。

このヘッジの例としては，変動金利債務を固定金利債務に変換する金利スワップがある。キャッシュ・フローの変動は金利のリセットによって生じるが，このようなヘッジによって負債の金利キャッシュ・フローの将来の変動は減少する。キャッシュ・フロー・ヘッジの対象となるものとしては，たとえば，借

入金や債券投資等の変動金利金融商品,可能性が高い固定金利負債の発行予定や可能性が高い将来の売却・購入等の予定取引がある。

ヘッジ会計の要件を満たす「キャッシュ・フロー・ヘッジ」は,次のように会計処理される(ＩＡＳ39, 95項)。

(a) ヘッジ手段の損益のうちヘッジとして有効な部分は,株主持分計算書を通して持分に直接認識される。

(b) ヘッジ手段の損益のうち非有効部分は,損益として直ちに認識される。

具体的には,(a)ヘッジ対象に関する独立の持分構成要素は,(ⅰ)ヘッジの開始時点からのヘッジ手段に関する累積損益,(ⅱ)ヘッジの開始時点以後のヘッジ対象に関する予想将来キャッシュ・フローの公正価値(現在価値)の累積変動額のいずれか小さい方に(絶対額で)修正し,(b)ヘッジ手段に係る残りの損益(ヘッジの非有効部分)は損益に含められる。

ヘッジ手段が失効,売却,解除または行使された場合,ヘッジがヘッジ会計の要件を満たさなくなった場合,予定取引の発生がもはや見込まれない場合,ヘッジ関係の指定を取り消した場合には,キャッシュ・フロー・ヘッジ会計は将来に向かって中止する(ＩＡＳ39, 91項)。

設例6－9:予定取引のキャッシュ・フロー・ヘッジ

×1年8月31日に,×2年2月1日に予定している25トンのパルプの販売をヘッジするために,短期の先物契約を締結した。当該契約では,指定された商品取引所でのパルプに対する将来の直物価格と1,000,000ポンドとの差額として算定された現金での純額決済が定められている。当該パルプは別の地方市場で販売される予定である。当該取引にキャッシュ・フロー・ヘッジ会計を適用するが,×1年12月31日(決算日)現在,パルプの直物価格は地方市場と取引所の双方で上昇し,地方市場での上昇の方が取引所の上昇を上回っている。地方市場での販売で予想されるキャッシュ・インフローの現在価値(公正価値)は1,100,000ポンドであり,先物

第1部　資産・負債・持分会計論

契約の公正価値はマイナス85,000ポンドである（単位：ポンド）。
×1年12月31日：

| (借) デリバティブ損益 | 85,000 | (貸) デリバティブズ | 85,000 |
| (借) その他の包括利益 | 85,000 | (貸) デリバティブ損益 | 85,000 |

　上記 設例6－9 における先物契約（ヘッジ手段）の公正価値の累積変動額は85,000ポンドであり，ヘッジ対象に対する予想将来キャッシュ・フローの公正価値の累積変動額は100,000ポンドである（絶対額での比較）。ヘッジ対象に対する公正価値の累積変動額がヘッジ手段の公正価値の累積変動額を上回っているから，先物契約の公正価値の変動額全額が持分として認識される。これによれば，ヘッジの非有効性部分15,000（＝100,000－85,000）ポンドは損益として認識されないことになる。この点が公正価値ヘッジと異なるキャッシュ・フロー・ヘッジの特徴である。

　当該設例において，仮に，先物契約の公正価値の累積変動額はマイナス95,000ポンドであり，ヘッジ対象に対する予想将来キャッシュ・フローの公正価値の累積変動額は70,000ポンドであるとしてみよう。絶対額では，ヘッジ対象の公正価値の累積変動額は先物契約のそれよりも下回っているので，ヘッジの非有効性部分である，ヘッジ手段の公正価値の累積変動額相当分25,000ポンドは損益として認識される。この場合には，次のように会計処理される。

| (借) デリバティブ損益 | 95,000 | (貸) デリバティブズ | 95,000 |
| (借) その他の包括利益 | 70,000 | (貸) デリバティブ損益 | 70,000 |

　ヘッジされている予定取引により後に非金融資産・非金融負債が認識されることになる場合（あるいは，非金融資産・非金融負債の予定取引について，公正価値ヘッジ会計が適用される確定約定となった場合），持分として繰り延べた損益に関して，採用した会計方針は首尾一貫して適用することを条件に，次のいずれかを会計方針として採用することができる（ＩＡＳ39，99項）。

(a) 持分に計上された関連損益は，取得資産または引受負債が損益に影響を与える期間（たとえば減価償却費や売上原価の計上期間）と同一期間に損益を振り戻す。
(b) 持分として繰り延べられた関連損益を消去し，資産または負債の当初原価またはその他の計上価額に含める（「ベーシス・アジャストメント」といわれる）。これにより，対象項目が償却または売却された時に自動的に損益に反映される。

設例6－10：確定約定のキャッシュ・フロー・ヘッジ

A社の機能通貨はユーロであり，確定約定に関する為替リスクのヘッジをキャッシュ・フロー・ヘッジとして扱っている。×1年1月に，事業用機械購入契約を米国のX社（機能通貨はドル）と契約額1,000ドルで締結し，同年7月1日に納品される。A社はユーロ対ドルの為替リスクを回避するため，1,000ドルを900ユーロで7月1日に購入する契約を銀行と締結した（ユーロ対ドルの6か月先物レート：1ドル＝0.90ユーロ）。A社にとって納品時点での先物契約の公正価値は50ユーロのプラスである（直物レート：1ドル＝0.95ユーロ）。

(A) ベーシス・アジャストメントを行う場合（単位：ユーロ）

×1年7月1日：

(借) デリバティブズ	50	(貸) その他の包括利益	50
(借) 現 金 預 金	50	(貸) デリバティブズ	50
(借) 機　　　　械	950	(貸) 現 金 預 金	950
(借) その他の包括利益	50	(貸) 機　　　　械	50

(B) ベーシス・アジャストメントを行わない場合（単位：ユーロ）

×1年7月1日：

(借) デリバティブズ	50	(貸) その他の包括利益	50
(借) 現 金 預 金	50	(貸) デリバティブズ	50
(借) 機　　　　械	950	(貸) 現 金 預 金	950

上記 設例6-10 において，×1年1月時点の確定約定は認識されず，また，先物契約は公正価値がゼロであるので，仕訳はない。×1年7月1日時点では，先物契約の公正価値の変動額に関してヘッジの非有効性が発生していないので，変動額は持分として認識され，決済される。また，直物レートで約定金額1,000ドルの確定約定の決済を認識する。ここまでの会計処理は(A)・(B)ともに共通しているが，(A)では，さらに，持分として認識されていた先物契約の公正価値変動額50ユーロは，ヘッジ取引から生じる機械の帳簿価額から減額される。

(3) 在外営業活動体に対する純投資ヘッジ

「在外営業活動体に対する純投資ヘッジ」は，報告企業が在外営業活動体の純資産について有する持分の変動についての外貨エクスポージャーのヘッジであり，キャッシュ・フロー・ヘッジと同様に会計処理される（IAS39, 102項）。

8 財務諸表上の表示・開示

(1) 財務諸表上の表示（IAS32における表示）

IAS32（18項）によれば，金融商品の発行企業は，金融商品の法的形式ではなく契約の実質に基づいて，金融商品（またはその構成部分）を金融負債または持分金融商品に分類する必要がある。

金融負債として分類する場合の判断の基礎は，金融商品に現金またはその他の資産を引き渡す契約上の義務があることである（IAS32, 17項）。金融負債である金融商品（またはその構成部分）に関連する利息，配当および損益は当期の損益として認識する。これに対して，持分金融商品の保有者に対する分配は持分に直接借方計上される（IAS32, 35項）。

金融資産と金融負債を相殺して純額で表示することが要求されるのは，以下の2つの条件がいずれも満たされた場合である（IAS32, 42項）。

(a) 金融資産と金融負債を相殺する法的強制力のある権利を有している。
(b) 相殺した純額で決済する，または金融資産と金融負債との同時決済を行う意図がある。

したがって，単一の金融商品の特性に似せるために複数の異なる金融商品が利用される合成商品の場合，金融資産またはその他の資産がノンリコースの金融負債の担保に供せられる場合等では，相殺は認められない（ＩＡＳ32, 49項）。認識中止の要件を満たさない金融資産の譲渡では，譲渡資産と関連する負債は相殺できない（ＩＡＳ32, 42項）。また，相殺から損益は生じない（ＩＡＳ32, 44項）。

(2) 財務諸表上の開示（ＩＦＲＳ７における開示）

① 開示内容の具体的種類

ＩＦＲＳ７（１項）は，(a)財政状態・業績に対する金融商品の重要性，(b)期間中および決算日に，企業がさらされている金融商品から生じるリスクの性質と程度，当該リスクの管理方法を財務諸表利用者に評価できるように，財務諸表上の開示を要求する。

換言すれば，ＩＦＲＳ７によれば，「財務諸表に関連する開示」と「リスク管理に関連する開示」がすべての企業に対して要求される。財務諸表に関連する開示は，「財政状態計算書および包括利益計算書に関する開示」，「ヘッジ会計に関する開示」および「公正価値に関する開示」に分類され，またリスク管理に関連する開示は「定性的開示」と「定量的開示」に分類される。

② 財政状態計算書に関連する開示

(イ) 金融資産および金融負債

金融資産・負債については，金融商品の分類ごとに帳簿価額が，財政状態計算書本体または財務諸表注記のいずれかで開示される（ＩＦＲＳ７, 8項）。このような開示は，分類された金融商品の売買・保有等に関する経営者の評価を可能にする。なお，金融資産・負債は，本章第１節で示したように分類される。

(ロ) 貸付金・債権と金融負債

貸付金・債権を当初認識時に公正価値で評価し，評価額の変動を損益計上するものとして指定した場合，信用リスクの変化による公正価値変動が財務諸表に重要な影響を与える可能性がある。このため，(a)信用リスクに

対する最大エクスポージャー，(b)信用デリバティブズまたは類似する金融商品による信用リスクの軽減金額，(c)信用リスクの変化による公正価値の変動額（期中変動額と累積変動額），(d)上記(c)の変動額の計算方法を開示する（IFRS7，9項）。

当初認識時に公正価値で評価し，評価額の変動を損益計上するものとして指定した金融負債の場合，財務諸表利用者が企業の信用リスクの変化による損益への影響を誤って解釈することを軽減する必要がある。このためには，(a)信用リスクの変化による公正価値の変動額（期中変動額と累積変動額），(b)上記(a)の変動額の計算方法を開示する（IFRS7，10項）。

(ハ) 再 分 類

金融資産について，公正価値による測定から原価・償却原価への再分類，またはその逆の再分類がある場合には，再分類の理由とともに，分類項目間の振替額の開示が行われる（IFRS7，12項）。再分類が測定に対して重要な影響を与え，業績評価に影響するからである。

(ニ) 認識の中止

認識中止の要件を満たさない金融資産の譲渡の場合，(a)当該資産の性質，(b)残存するリスクと経済価値の性質，(c)継続的関与の範囲で認識し続けている時は，資産の当初帳簿価額と企業が認識を継続する資産の金額および関連する負債の帳簿価額の開示が必要である（IFRS7，13項）。これらの開示によって，譲渡取引の重要性等を評価することができる。

(ホ) 担 保

担保として提供した（現金以外の）金融資産については，当該金融資産の帳簿価額と担保に関する契約条件を開示する。また，担保として提供を受けた金融資産については，(a)担保の公正価値，(b)売却または再担保済みの担保の公正価値，(c)担保の使用に関する契約条件が開示される（IFRS7，14～15項）。

(ヘ) 貸倒引当金

金融資産が貸倒れによって減損した時に，減損額を資産の帳簿価額から

直接控除せずに引当金勘定に計上する場合には，期間中の引当金の変動の調整表を開示する（IFRS7，16項）。
　（ト）　複合金融商品
　価値が相互依存する複数の組込デリバティブを内包する複合金融商品の発行者については，これらの特性を開示する（IFRS7，17項）。
　（チ）　契約不履行および契約違反
　決算日現在の借入金について，当期中の当該借入金の元本，利息，減債基金または償還条件に関する契約違反の詳細，決算日現在で債務不履行になっている借入金の帳簿価額等を開示する（IFRS7，18項）。
③　包括利益計算書に関連する開示
　（イ）　金融資産・金融負債の純利得または純損失
　金融商品の分類ごとの純利得または純損失が，包括利益計算書本体または財務諸表注記のいずれかで開示される。売却可能金融資産に関しては，当期において「その他の包括利益」に認識された金額，当期において損益にリサイクルされた金額は分けて開示する（IFRS7，20項）。
　（ロ）　受取利息および支払利息
　公正価値で評価し，評価額の変動を損益計上する金融商品以外の金融資産または金融負債については，実効利子率を用いて算定された受取利息・支払利息の各合計額を開示する（IFRS7，20項）。
　（ハ）　受取手数料および支払手数料
　公正価値で評価し，評価額の変動を損益計上する金融商品以外の金融資産または金融負債から生じる受取手数料・支払手数料で実効利子率の算定に含まれないものが開示される（IFRS7，20項）。これには，提供された役務や重要な活動の実施による受取手数料等がある。
　（ニ）　減損損失
　金融資産の種類ごとに減損損失の金額を開示する（IFRS7，20項）。このような金額の開示は，貸倒引当金勘定について要求される開示とまとめて開示することもできる。

④ ヘッジ会計に関する開示

ヘッジ会計に関しては，ヘッジの種類ごとに，(a)ヘッジの説明，(b)ヘッジ手段とされた金融商品の説明およびその公正価値，(c)ヘッジ対象のリスクの性質を開示する（IFRS7，22項）。

ヘッジ対象の将来キャッシュ・フローの予測に関して重要な判断が求められるので，キャッシュ・フロー・ヘッジについて追加の開示が必要である。また，キャッシュ・フロー・ヘッジでは，「その他の包括利益」での認識と損益へのリサイクルが要求されるので，金額の透明性も求められる。たとえば，下記の項目が開示される（IFRS7，23項）。

(a) キャッシュ・フローの予想発生期間とそれが損益に影響する期間
(b) ヘッジ会計が以前適用されていたが，もはや発生することが見込まれない予定取引の説明
(c) 当期において「その他の包括利益」で認識された金額
(d) 当期の損益にリサイクルされた金額

公正価値ヘッジについては，(a)ヘッジ手段に関する利得または損失，(b)ヘッジ対象のリスクに起因する利得または損失が開示される。

⑤ 公正価値に関する開示

一定の場合を除き，金融資産・負債の各種類について，資産・負債の種類ごとの公正価値を帳簿価額と比較できる方法で開示する（IFRS7，25項）。この場合には，下記事項の開示が行われる（IFRS7，27項）。

(a) 評価技法が使用された場合は，その方法，資産・負債の種類ごとに公正価値値を算定する時に用いられた仮定
(b) 全体としてまたは部分的に，活発な市場における相場価格により直接決定したか，または評価技法を用いて見積もられたかの旨
(c) 全体としてまたは部分的に，財務諸表において認識・開示された公正価値が観察可能な市場データに基づくのではなく，その時点の同一商品市場取引価格に裏付けられていない仮定による評価技法を用いて算定されているかどうかの旨

(d) (c)が適用された場合，評価技法を使用して見積もられた公正価値の変動のうち，当期に損益計上された金額

⑥ リスク管理に関連する開示

IFRS7 (31項) では，期間中および決算日に，企業がさらされている金融商品から生じるリスクの性質と程度を評価できる必要な情報を財務諸表利用者に提供する。金融商品から生じるリスクおよびこれらのリスクの管理方法について，「定性的開示」および「定量的開示」のいずれも行う。

(イ) 定性的開示

金融商品から生じるリスクの種類ごとに，(a)リスクに対するエクスポージャーおよびリスクがどのように生じたか，(b)リスクを管理する目的，方針，手続およびリスクの測定に使用される方法，(c)上記(a)および(b)に関する過年度からの変更に関する情報を開示する（IFRS7, 33項）。

(ロ) 定量的開示

経営者に内部的に提供される情報に基づき，決算日現在のリスク・エクスポージャーに関する定量的情報をリスクの種類（信用リスク・流動性リスク・市場リスク）ごとに開示する。このような情報が明確でない場合には，リスクの集中に関する情報を開示する（IFRS7, 34項）。

ちなみに「信用リスク」とは，金融商品の契約当事者の一方が債務を履行しないことによって，他の一方に金融損失を引き起こすリスクである（IFRS7, 付録A）。信用リスクの開示は，金融資産の正味のリスク・ポジションと将来に減損する可能性の高い金融資産の範囲を示すことにある。このため，信用リスクについて，金融資産の種類ごとに信用リスクの最大エクスポージャーを表す金額（相殺要件を満たさない担保等の金額は除く），担保その他信用補完を開示する（IFRS7, 36項）。延滞または減損に関する金融資産については，減損していないが延滞している金融資産の年齢分析，個別に減損していると判断した金融資産に対するその判断の要因分析等を開示する（IFRS7, 37項）。

「流動性リスク」とは，企業が金融負債に関連する債務を履行する際に困難に直面するリスクである（IFRS7, 付録A）。流動性リスクは予定より早く金融

第1部　資産・負債・持分会計論

負債の支払が求められる可能性によって生じるので，流動性リスクに関して，すべての金融負債の残存契約期間に基づく満期分析が開示される。満期分析とともに流動性リスクの管理方法の説明も開示される（ＩＦＲＳ７，39項）。

　「市場リスク」とは，金融商品の公正価値または将来キャッシュ・フローが市場価格変動によって変動するリスクであり，これには通貨リスク，金利リスク，その他価格リスクがある（ＩＦＲＳ７，付録Ａ）。市場リスクについては，市場リスクごとの感応度分析が開示される。感応度分析では，決算日現在で損益および持分がどの程度影響され，その分析で使用された方法・仮定，さらに方法・仮定に関して変更していれば，その旨，当該変更の理由について開示する（ＩＦＲＳ７，40項）。

第7章 引当金会計

1 引当金の意義・種類・設定規準

　ＩＡＳ37（10項）は，引当金を「支払時期または金額が未確定の負債」と定義している。この定義には，次のように2つの含意がある。

(A) 期間損益計算の観点から引当金を将来発生費用の相手勘定とするのではなく，企業が抱える財務リスクを表示するための負債項目とする。

(B) 特定資産の評価勘定である評価性引当金を引当金の範囲から除外する（評価性引当金は資産会計の領域で扱われる）。

　引当金を負債の一種として位置づけるのであれば，まず負債の意味を明確にする必要がある。この点に関してＩＡＳ37（10項）は，「負債とは過去の事象から発生した企業の現在の債務であり，これを履行するために経済的便益を有する資源が企業から流出すると予想されるもの」と定義している。

　そしてこの定義から引当金の認識規準が演繹されている。すなわち，(a)企業が過去の事象の結果として，現在の債務（法的あるいは推定的）を有し，(b)当該債務を決済するために経済的便益をもつ資源が流出する可能性が高く，(c)債務の金額について信頼性の高い見積りができる場合，引当金を認識しなければならない（ＩＡＳ37，14項）。

2 引当金の認識

(1) 法的債務と修繕支出

　引当金は将来の資源の流出（支出）に備えて設定されるが，その原因である債務は決算日にすでに存在していなければならない。その点で，修繕引当金は引当金の設定要件を欠く。なぜなら，将来，修繕を実施するまで，企業は外部者（修繕業者等）に対していかなる債務も負わないからである。

　たとえば，3年に1度の点検整備が法的に義務化されている航空機を×1年

度期首に90億円で購入し（耐用年数18年，定額法），初回の点検整備に必要な支出額を9億円と予測していたとする。

×1年度末～×3年度末：初回点検で交換される部分の減価償却（単位：千円）

| (借) 減 価 償 却 費 | 300,000* | (貸) 減価償却累計額 | 300,000 |

＊ 取得原価9億円÷3年＝3億円

このケースで対象としている将来の点検整備はあくまでも経営上の計画であり，期末に債務が存在しない。そのため，引当金を設定することはできない。代わりに点検整備コストの見積額9億円を初回の点検によって交換される資産部分の取得原価とみなし，これを減価償却する（ＩＡＳ37，設例11Ｂ）。

×1年度末～×18年度末：本体部分の減価償却（単位：千円）

| (借) 減 価 償 却 費 | 450,000* | (貸) 減価償却累計額 | 450,000 |

＊ （90億円－9億円）÷18年＝4.5億円

先の仕訳で計上されている減価償却費3億円は，航空機の全構成要素のうち，3年後の点検整備によって交換される部分の償却費である。したがって，航空機本体の減価償却は，取得原価総額90億円から点検整備費の見積額9億円を控除した81億円に基づいて行われることになる。

次に，初回の点検整備を行ったとき，実際の支出額が12億円であったとしよう。この場合，12億円を点検によって交換した資産部分の取得原価と考え，次回の点検整備までに償却する。その仕訳は次のとおりである。

×4年度末～×6年度末（単位：千円）

| (借) 減 価 償 却 費 | 400,000 | (貸) 減価償却累計額 | 400,000 |

(2) 不利な契約と引当金

企業が不利な契約を有しているならば，その契約による現在の債務を引当金として認識・測定しなければならない（ＩＡＳ37，66項）。「不利な契約」とは，契約上の債務を履行するために不可避の費用が，契約による経済的便益の受取見込額を超過する契約をいい，「不可避な費用」とは，契約履行のための費用と契約不履行によって発生する補償又は違約金のいずれか低い方をいう（ＩＡＳ37，68項）。

第7章　引当金会計

設例7−1：不利な契約

オペレーティング・リースで工場を借り，利益を上げてきたが，×1年度末に当該工場の操業を新工場に移管する。旧工場のリース料は月額100万円である。リース契約は，今後4年間解約不能であり，転貸しも認められていない。中途で契約を解除する場合には，残存リース期間のリース料を一括して支払わなければならない。なお，貨幣の時間価値を考慮しない。

（借）契約損失引当金繰入　48,000,000　　（貸）契約損失引当金　48,000,000

上記 設例7−1 の場合，賃貸借契約に署名したことで法的債務が発生し，その契約が不利になったため，以後の賃借料支払義務を引当金として認識している。

(3) 推定的債務と引当金

引当金は過去の事象から発生した期末時点の債務だが，その債務は法的債務に限定されない。企業の行動が生み出す「推定的債務」も引当金の対象である。具体的には，広く知られた企業の実務慣行が存在する場合，あるいは文書の公表や記者会見等により一定の責務を受諾すると表明した場合，外部者は企業がそれらの責務を果たすであろうと当然期待する。その場合，企業にはその責務を果たす以外に現実的な選択肢がない。それによって企業から資源が流出する点は法的債務が存在する場合と同じである。この種の責務は「推定的債務」と呼ばれ，引当金の認識対象にされる（IAS37,10項）。

設例7−2：返金方針

顧客が購入製品に満足しなかった場合，3か月以内であれば返品を認める営業方針が，販売地域で広く認知されており，契約書に返金の規定はないが，顧客の要求を拒否することは事実上不可能である。顧客が返金を求めてきた場合，代金を全額払い戻し，戻り品は中古品として売却することを前提に正味売却価額で評価している。決算日前3か月の売上高は15億円，

予想返品率は3％，戻り品の原価は売価の6割，正味売却可能価額は原価の5割である。

 (借)返品引当金繰入 31,500,000* (貸)返 品 引 当 金 31,500,000

 * 返品予想額45,000千円（＝売上高15億円×返品率3％）－戻り品評価額13,500千円（＝売上高15億円×返品率3％×原価率60％×評価率50％）

そして，予想返品率どおりに返金をした翌期に次の仕訳をする。

 (借)返 品 引 当 金 31,500,000 (貸)現 金 45,000,000
   戻 り 品 13,500,000

上記 設例7－2 では，返品方針が推定的債務を生み出しているため，過去3か月間の販売額に対する返品見込額（将来の支出見込み額）に基づいて引当金を設定する。その場合，わが国の返品調整引当金のように売上総利益部分だけを調整するのではなく，「返金コストの最善の見積額」（ＩＡＳ37，設例4）を引当金の金額とする。

設例7－3：汚染された土地

化学薬品メーカーが工場の操業によって周辺の土地を汚染してきたが，その浄化を求める法律はない。しかし，健康被害を理由に提訴され，最高裁まで争ってきた。×1年度末時点において判決の行方は不明である。×2年度に汚染物質と健康被害の因果関係が証明されたため，敗訴の可能性が極めて高い。その場合の損害賠償金は20億円になる見込みである。消費者団体も不買運動の呼びかけを始めたため，×3年度末に急遽記者会見を開き，法の要請はないが，自主的に汚染土壌の浄化作業を開始すると発表した。そのコストの見積額は70億円である。なお，この記者会見は全国的に報道された（単位：百万円）。

×1年度末：

仕訳なし

×2年度末：
(借) 損害賠償引当金繰入   2,000   (貸) 損害賠償引当金   2,000
×3年度末：
(借) 土地浄化引当金繰入   7,000   (貸) 土地浄化引当金   7,000

上記 設例7－3 では，×1年度末時点でいかなる法的債務も推定的債務も負っていない。したがって引当金を認識しない。×2年度末現在，これまで土地を汚染してきた結果として，損害賠償義務を負っていることがほぼ確実である。その義務を果たすために資源が流出する可能性が高くなったため，損害賠償義務を引当金として認識する。×3年度末現在，依然として土地の浄化を要求する法律は存在しないが，自主的な浄化作業の実施を広く社会に公表したため推定的債務が発生している。したがって，土地の浄化に備えた引当金を設定する。

(3) リストラクチャリング

「リストラクチャリング」とは，経営者によって立案され，かつ，統制されている計画であり，企業が遂行している事業の範囲や事業の運営方法を著しく変更させるものをいう（IAS37, 10項）。この定義に示されているように，リストラクチャリングは計画であって，法的債務を生み出す契約ではない。したがって，リストラクチャリングを対象に引当金を設定する場合，その根拠は推定的債務の存在に求めることになる。その推定的債務は，次の場合にのみ発生する（IAS37, 72項）。

(a) リストラクチャリングについて，少なくとも(i)関連する事業または事業の一部，(ii)影響を受ける主要な地区，(iii)解雇により補償の対象となる従業員の勤務地，職種，その概数，(iv)支出負担額，(v)計画の実施時期，を明確にした正規の計画を有している。

(b) リストラクチャリング計画を実行に移すことによって，また影響を受ける人々にリストラクチャリングの主要な特徴を公表することによって，人々に，企業がリストラクチャリングを実行するであろうという正当な期

待を抱かせている。

この推定的債務を引当金として認識する場合，その金額はリストラクチャリングから直接発生する支出でなければならず，その支出とは(a)リストラクチャリングに必然的に伴うものであり，かつ，(b)企業の継続的活動には関連しないものである（ＩＡＳ37, 80項）。

設例７－４：事業部の閉鎖

×１年度末に，取締役会はＡ事業部の閉鎖を決定した。その詳細な計画が取締役会で承認された後，顧客に対してその旨を通知し，Ａ事業部の従業員には解雇通知を送った。従業員への解雇手当等，事業部の閉鎖に直接必要なコストは180億円と見積もられている（単位：百万円）。

（借）リストラクチャリング引当金繰入	18,000	（貸）リストラクチャリング引当金	18,000

上記 **設例７－４** では，顧客，従業員へのＡ事業部閉鎖の通知により推定的債務が発生している。したがって，当該事業部の閉鎖に必要なコスト180億円を繰り入れて引当金を認識する。

3　引当金の測定

(1)　最善の見積り

引当金の金額は，決算日に存在する債務を決済するために要する支出の最善の見積りでなければならない。その最善の見積りとは，決算日の債務を決済するため，または決算日に債務を第三者に移転するために企業が合理的に支払う金額である（ＩＡＳ37, 36～37項）。

引当金が大きな母集団の債務を対象にしている場合，債務の金額は起こり得る結果をそれぞれの発生確率によって加重平均した「期待値」によって測定する（ＩＡＳ37, 39項）。これに対して，引当金が単一の債務を対象とする場合，見積もられた個々の結果のうち，最も発生確率の高いものがその最善の見積り

となる（IAS37, 40項）。

設例7－5：製品保証と工事補償

(1) 顧客に対し，販売後1年以内に生じた欠陥について無償で修理や交換を行う製品保証をしている。×1年度に販売した製品は1,000台であり，すべての販売製品に軽微な欠陥が生じれば500万円，中程度の欠陥が生じれば2,000万円，重大な欠陥が生じれば5,000万円の修理費用が発生する。企業の過去の経験と将来の予測によれば，次年度には，90％の販売製品に欠陥はなく，5％に軽微な欠陥が生じ，3％に中程度の欠陥が生じ，2％に重大な欠陥が生じると見込まれている。この場合，引当金の対象は販売製品1,000台という大きな母集団をもつ債務であることから，その測定には次の期待値を用いる。

（0万円×90％）＋（500万円×5％）＋（2,000万円×3％）＋（5,000万円×2％）＝185万円

（借）製品保証引当金繰入　1,850,000　（貸）製品保証引当金　1,850,000

(2) G社は顧客の注文に応じて建物を建設し，前年度（×0年度）に引渡しを完了したが，当年度になって顧客から建物に欠陥があるとの指摘を受けた。補償期間が5年であるため，目下，修理の程度について顧客と交渉中だが，工事の程度とそれに伴うコスト，その発生確率は次のとおりである。

(a) 外壁の耐震補強工事，コスト1億円，発生確率40％
(b) 建物の一部に対する鉄筋の追加工事，コスト3億円，発生確率50％
(c) 基礎工事の一部やり直し，コスト12億円，発生確率10％

単一の債務を対象にした引当金の測定を取り扱っているので，期待値ではなく，生じうるシナリオの中から，発生確率が最も高いものを選択する（単位：千円）。

（借）工事補償引当金繰入　300,000　（貸）工事補償引当金　300,000

(2) リスクと不確実性

引当金の最善の見積りに到達する過程で，多くの事象・状況に必然的に付随するリスクと不確実性を考慮する必要がある（ＩＡＳ37，42項）。リスクは結果の多様性を意味しており，その調整によって負債額が増加することがある。不確実な状況下で判断する場合，収益・資産の過大計上，費用・負債の過小計上を避けなければならないが，不確実性は過大な引当金の設定や，故意による負債の過大表示を正当化するものではない。リスクと不確実性に対する二重の修正によって引当金が過大に計上されないように注意する必要がある（ＩＡＳ37，43項）。

(3) 現在価値

貨幣の時間価値の影響が重要性をもつ場合，引当金の金額は債務の決済に必要と見込まれる支出の現在価値でなければならない（ＩＡＳ37，45項）。割引率は，貨幣の時間価値に関する現時点の市場評価と，その負債に固有のリスクを反映した税引前の割引率とする。割引率は，将来キャッシュ・フローの見積額の修正を通じてすでに織り込まれているリスクを反映してはならない（ＩＡＳ37，47項）。

将来の支出の割引現在価値によって引当金を設定した場合，時の経過とともに引当金の金額が増加する。その増加額は，利子費用として認識する（ＩＡＳ37，60項）。

設例７－６：設備の除却

当社が使用してきた建物の中に大量のアスベストを使用したものがある。×１年度に法律が制定され，建物の解体時に法の定めた方法によってアスベストを完全に除去することが義務付けられた。当該建物を今後25年間使用し，その後に解体する予定である。その場合に必要なアスベスト除却費用は820,302,997円と見込まれている。割引率を２％とする（単位：千円）。

×１年度末：

| (借)建　　　　物 | 500,000* | (貸)建物除却引当金 | 500,000 |

＊　アスベスト除却費用の現在価値：820,302,997円÷（１＋0.02）^{25}
　　　　　　　　　　　　　　　　　　＝500,000,000円

×２年度末：

| (借)支　払　利　息 | 10,000* | (貸)建物除却引当金 | 10,000 |

＊　支払利息：500,000,000円×２％＝10,000,000円

　以後，期首の引当金残高に利子率を乗じた金額を支払利息として計上していく。

(4) 将来の事象

　債務の決済に必要となる金額に影響を与える将来の事象は，それらが起こるであろうという十分な客観的証拠がある場合には，引当金の金額に反映しなければならない（ＩＡＳ37, 48項）。

(5) 弁　　済

　企業が引当金（債務）を決済することにより，その支出の一部あるいは全部が他人から弁済されることがほぼ確実である場合に限り，その弁済金を別個の資産（例えば未収金）として認識しなければならない。弁済金として認識される金額は，引当金の金額を超えてはならない（ＩＡＳ37, 53項）。

　包括利益計算書では，引当金繰入額と弁済金の認識額を相殺した純額で表示してもよい（ＩＡＳ37, 54項）。

4　財務諸表上の表示・開示

　ＩＡＳ37は引当金，偶発債務，偶発債権の種類ごとに下記の開示を求めている。

(1) 引当金自体の増減額（ＩＡＳ37, 84項）

　①期首と期末の金額，②既存の引当金の増加額及び期中に追加された引当金，③期中の引当金使用額，④期中に戻し入れた未使用額，⑤時の経過による割引

現在価値の増加額と割引率の変更の影響額。

(2) **引当金の関連情報**（IAS37, 85項）

①債務の性質とそれによる経済的便益の予想流出時期に関する簡潔な説明，②経済的便益の流出額や時期に関する不確実性の兆候。適切な情報を提供する必要がある場合には，企業が将来事象に関して行った主要な仮定，③予想される払戻金額とそれに対して認識した資産の金額。

(3) **偶 発 債 務**（IAS37, 86項）

決済のための流出の可能性がほとんどない場合を除き，①決算日に存在する偶発債務の種類別に，それぞれの性質に関する簡潔な説明，そして実行可能ならば，②引当金の測定規準（IAS37, 36～52項）によって測定された偶発債務の財務的影響額，③資源流出の金額と時期に関する不確実性の兆候，④払戻しの可能性。

(4) **偶 発 債 権**（IAS37, 89項）

経済的便益の流入可能性が高い場合には，①決算日に存在する偶発債権の性質に関する簡潔な内容，そして実行可能なら，②引当金の測定規準（IAS37, 36～52項）によって測定された偶発債権の財務的影響の見積額。

なお，きわめて稀なケースとして，上記の情報の開示が引当金，偶発債務または偶発債権に関して他者と係争中の企業の立場を著しく侵害すると予想される場合，その情報を開示する必要はない。ただしその場合には，係争の一般的内容，情報を開示しなかった事実，およびその理由を開示しなければならない（IAS37, 92項）。

第 8 章 偶発債権・債務会計

1 偶発債権・債務の意義・種類

「偶発債権」とは，過去の事象から発生し得る資産のうち，企業が必ずしも支配可能な範囲にあるとはいえない将来の1つまたは複数の不確実な事象が発生するか，または発生しないことによってのみ，その存在が確認されるものをいう（IAS37, 10項）。

一方，「偶発債務」とは，以下のいずれかの債務をいう（IAS37, 10項）。

(a) 過去の事象から発生し得る債務のうち，企業が必ずしも支配可能な範囲にあるとはいえない将来の1つまたは複数の不確実な事象が発生するか，または発生しないことによってのみ，その存在が確認される債務

(b) 過去の事象から発生した現在の債務であるが，(イ)債務決済のために経済的便益をもつ資源の流出が必要となる可能性が高くないか，(ロ)債務の金額が十分な信頼性をもって測定できないという理由でいまだ認識されないもの

この偶発債務は，引当金の認識規準に合致しないため，負債として認識されない（IAS37, 12項）。

2 偶発債権・債務の認識・測定

(1) 偶発債権の認識

企業は，偶発債権を認識してはならない。「偶発債権」は，計画外あるいは予想外の事象から発生し，企業に経済的便益の流入をもたらすものである。たとえば，法律手続きによって訴求中のものの，その結果は不確実であるが，請求権が発生するものがある（IAS37, 31～32項）。

しかし，これらは未実現利益を計上する可能性があるため，財務諸表上では偶発債権を認識しない。ただし，その実現がほとんど確実になった場合には，

偶発債権ではなく，適切な資産として財務諸表上で認識しなければならない（ＩＡＳ37，33項）。

　経済的便益の流入の可能性が高い場合には，この経済的便益の流入の進展状況が適切に財務諸表に反映されるようにするために，継続的に評価しなければならない。経済的便益の流入の発生がほとんど確実になった場合，資産と関連する収益は当該変化が発生した期の財務諸表で認識される。経済的便益の流入の可能性が高くなった場合には，偶発債権の開示が求められている（ＩＡＳ37，34～35項）。

(2) 偶発債務の認識

「偶発債務」は，次のいずれかの理由によって，負債として認識されていないものである（ＩＡＳ37，13項）。

(a) 可能性のある債務であるが，企業が経済的便益を持つ資源の流出を引き起こす現在の債務を有しているか否かをまだ確認していない。

(b) ＩＡＳ37の認識規準に合致しない（債務の決済に経済的便益をもつ資源の流出が必要となる可能性が高くないか，または，債務金額に十分に信頼できる見積りができない）現在の債務である。

　この債務の決済に経済的便益をもつ資源の流出の可能性が高いとは，事象の起こる確率が起こらない確率よりも高いという意味である（ＩＡＳ37，23項）。

　企業は，偶発債務を認識してはならない（ＩＡＳ37，27項）。ただし，経済的便益をもつ資源の流出の可能性がほとんどない場合を除き，後述するような開示が行われる（ＩＡＳ37，28項）。

　また，企業が共同連帯責任を負っている場合には，当該債務のうち他の者が決済すると見込まれる部分は偶発債務として取り扱う（ＩＡＳ37，29項）。偶発債務として取り扱った項目に関して，将来の経済的便益の流出の可能性が高くなった場合，その可能性が変化した期の財務諸表中で引当金を認識しなければならない。したがって，経済的便益をもつ資源の流出の可能性が高くなったか否かを継続的に検討する必要がある（ＩＡＳ37，30項）。

第8章 偶発債権・債務会計

> **設例8－1：訴訟事件**
>
> 　x1年8月に，夏祭りの会場で集団食中毒が発生し，2名が死亡し，100名が被害を受けた。A社が当日販売した弁当が原因であると指摘され，被害者から損害賠償を請求され，係争中である。A社がx1年12月31日の年次財務諸表を発行するまでは，A社の顧問弁護士は，A社に責任はないとされる可能性が高いと報告した。しかし，その後，裁判が長引き，x2年12月31日の年次財務諸表を作成している段階では，顧問弁護士は被害者に損害賠償を支払わなければならない可能性が高いと報告している。
>
> (1)　x1年12月31日現在：
> 　x1年12月31日現在で利用可能であった証拠によれば，過去の事象に起因した債務はないので，引当金は設定されない。当該事案は，資源の流出の可能性がほとんどない場合を除き，偶発債務として開示される。
> (2)　x2年12月31日現在：
> 　x2年12月31日現在で利用可能な証拠によれば，現在の債務があると判断できる。また，経済的便益をもつ資源の流出の可能性は高い。したがって，この債務を決済するための最善の見積りに対し，引当金を設定する。

3　財務諸表上の表示・開示

(1)　偶発債権の表示・開示

　経済的便益の流入の可能性が高い場合，決算日において偶発債権の簡潔な内容を開示しなければならない。また，実行可能な場合には，偶発債権の財務上の影響の見積額を開示しなければならない（ＩＡＳ37,89項）。

　偶発債権の開示に関しては，収益発生の可能性の兆候として誤解されることを避けるべきである（ＩＡＳ37,90項）。開示することが実行不可能かまたは開示することによって当該企業の立場を著しく不利にすると予測される場合には，その情報を開示する必要はない。しかし，その開示しなかった旨や理由を開示

第1部　資産・負債・持分会計論

しなければならない（ＩＡＳ37, 91～92項）。

図表8－1　偶発債権の一覧（ＩＡＳ37, 付録Ａ）

過去の事象の結果として，必ずしも企業が支配可能な範囲にない1つもしくは複数の不確実な将来の事象の発生，または不発生によってのみ確認される可能性のある資産が存在する場合		
経済的便益の流入がほとんど確実である。	経済的便益の流入の可能性は高いが，ほとんど確実だとはいえない。	流入の可能性が高くない。
資産は偶発債権でない。（ＩＡＳ37, 33項）	資産は認識されない。（ＩＡＳ37, 31項）	資産は認識されない。（ＩＡＳ37, 31項）
—	開示が必要である。（ＩＡＳ37, 89項）	開示は必要とされない。（ＩＡＳ37, 89項）

(2) 偶発債務の表示・開示

　決済における経済的便益の流出の可能性がほとんどない場合を除き，企業は決算日における偶発債務を種類ごとに，偶発債務の内容については簡潔な説明を開示しなければならない。さらに，実行可能であれば，(a)偶発債務の財務上

図表8－2　引当金および偶発債務の一覧（ＩＡＳ37, 付録Ａ）

過去の事象の結果として，将来の経済的便益を有する資源が(a)現在の債務または(b)この存在は必ずしも企業が支配可能な範囲にない1つもしくは複数の不確実な事象の発生または不発生によってのみ確認される可能性のある債務の決済のために流出するかもしれない場合		
資源の流出が必要となる可能性が高い現在の債務がある。	資源の流出が必要となる可能性は高くはないが，必要となるかもしれない可能性のある債務または現在の債務がある。	資源の流出の可能性がほとんどない債務または現在の債務がある。
引当金が認識される。（ＩＡＳ37, 14項）	引当金は認識されない。（ＩＡＳ37, 27項）	引当金は認識されない。（ＩＡＳ37, 27項）
引当金についての開示が必要である。（ＩＡＳ37, 84～85項）	偶発債務については開示が必要である。（ＩＡＳ37, 86項）	開示は必要とされない。（ＩＡＳ37, 86項）

第8章 偶発債権・債務会計

の影響の見積額，(b)流出の金額または時期に関する不確実性の内容，(c)返済の可能性の情報も開示しなければならない（IAS37, 86項）。

どの偶発債務が同一種類のものとして合算できるのかを決定するに当たっては，上述の(a)偶発債務の財務上の影響の見積額，(b)流出の金額または時期に関する不確実性の内容の開示要求を単一の記述で開示できる程度に合算される項目の性質が十分に類似しているか否かを考慮する必要がある。たとえば，通常の製品の保証に関わる金額と訴訟によって左右される保証の金額とを単一種類として取り扱うことは適切ではない（IAS37, 87項）。

第7章の引当金と本章の偶発債務の主たる認識要件を要約すれば，**図表8－3**のようになる。

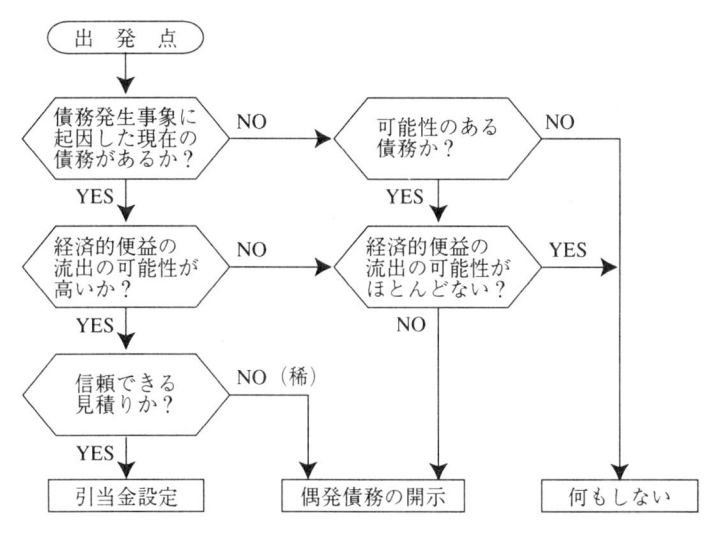

図表8－3　引当金処理と偶発債務処理の判定（IAS37, 付録B参照）

```
                       出 発 点
                          │
                          ▼
              債務発生事象に     NO      可能性のある     NO
              起因した現在の ──────→    債務か？       ──────┐
              債務があるか？                                 │
                  │YES                    │YES              │
                  ▼                       ▼                 │
              経済的便益の     NO      経済的便益の     YES  │
              流出の可能性が ──────→  流出の可能性が  ─────┐│
              高いか？                 ほとんどない？        ││
                  │YES                    │NO              ││
                  ▼                        │                ││
              信頼できる                   │                ││
              見積りか？                   │                ││
                  │       NO（稀）          │                ││
                  │──────────────┐        │                ││
                  │YES            │        │                ││
                  ▼               ▼        ▼                ▼
              引当金設定     偶発債務の開示              何もしない
```

99

第9章 ストック・オプション等会計

1 株式報酬の意義

　ＩＦＲＳ２（付録A）によれば，「株式報酬」とは，企業が財貨またはサービスを取得する対価として，持分金融商品を発行したり，何らかの持分金融商品の価格を基礎とした金額を支払うことをいう。

　株式報酬取引は決済手段の違いに基づき，大きく次の２つに区分することができる。１つは，企業が自社の持分金融商品（株式またはストック・オプションを含む）を発行する対価として財貨・サービスを取得する取引であり，「持分決済型の株式報酬取引」と呼ばれる。いま１つは，企業が自社の株式その他持分金融商品の価格を基礎とする金額で財貨・サービスの提供者に対し負債を負うことにより財貨・サービスを取得する取引であり，「現金決済型の株式報酬取引」と呼ばれる。

　ＩＦＲＳ２（２項）では，これら「持分決済型の株式報酬取引」と「現金決済型の株式報酬取引」，そして「発行企業ないし財貨・サービスの提供者が決済手段の選択権を有している取引」を適用対象としている。

　このように，ＩＦＲＳ２では，ストック・オプションなどの持分金融商品を付与する取引だけではなく，自社の株価を基礎とした現金（その他資産）を決済に用いるような取引も対象としている。ストック・オプションの場合，そのもらい手は権利行使して取得した株式を売却することで，当該株式の売却価額と取得価額の差額を現金として手に入れることができる。一方，現金決済型報酬の場合，決済に際して財貨・サービスの提供者は企業から直接に当該差金相当分の現金を受け取ることになる。一般に，こうした現金決済型の株式報酬には株式増価受益権やファントム・ストックと呼ばれるものが含まれる。

　また，企業が株式報酬の対価として取得する財貨には，棚卸資産，消耗品，有形固定資産，無形資産，その他の非金融資産が含まれる。ただし，ＩＦＲＳ３

が適用される「企業結合」において，株式報酬により財貨を取得する取引は適用対象外となる。さらに，IAS32・IAS39の適用範囲に含まれる金融商品契約に従って，財貨・サービスを取得する取引も適用対象外となる（IFRS2，5～6項）。

このように，IFRSの適用で対象となる株式報酬取引にはいくつかのタイプがあるが，紙幅の都合上，ストック・オプションに代表される主要な株式報酬である持分決済型に焦点を当てて解説していく。

2　費用認識

(1)　会計処理のフレームワーク

「持分決済型の株式報酬取引」については，原則として，取得した財貨・サービスの「公正価値」を直接に測定し，その取得時点で認識しなければならない。ここでいう「公正価値」とは，取引の知識がある自発的な当事者間で，独立企業間取引条件により，資産が交換され，負債が決済され，または付与した持分金融商品が交換されうる金額をいう（IFRS2，付録A）。

ただし，信頼性をもって測定できない場合は，付与した持分金融商品の公正価値を参照して間接的に測定することになる（IFRS2，10項）。一見すると，いずれの公正価値の信頼性が高いのかを比較する必要があるように読める。

しかし，実際には他方の取引当事者が従業員であるのか，あるいは従業員以外であるのかにより区分することになる。ここでいう「従業員」とは，(a)法律または税務の目的上従業員とみなされている個人，(b)法律または税務の目的上従業員とみなされている個人と同様に企業の指示下で働く個人，(c)提供するサービスが従業員の提供するサービスと類似している個人を指す（IFRS2，付録A）。これには，非執行取締役を含む，すべての管理職員が含まれる。

従業員との取引の場合，無条件に，付与した持分金融商品の公正価値をもって測定しなければならない（IFRS2，11項）。これは，従業員との取引ではサービスを取得するケースが大半であり，信頼性をもってその公正価値を測定することができないためである。一方，従業員以外との取引の場合，反証可能

な前提がない限り、原則どおり、取得した財貨・サービスの公正価値を用いることになる（IFRS2, 13項）。

また、従業員との取引では「付与日」（企業と他方の取引当事者が株式報酬契約に合意した日であり、その時点で両者が当該契約の条件について理解を共有する日）に持分金融商品の公正価値を測定するのに対し、従業員以外との取引では「サービスを取得した日」に取得した財貨・サービスの公正価値を測定しなければならない。なお、現金決済型報酬の場合には、付与日だけでなく決済日までの各期末時点で公正価値を再測定し続けなければならない（IFRS2, 30項）。

このように、取引当事者の相違により公正価値の測定対象と測定日が異なるのに対し、その認識はいずれも財貨・サービスを取得した時点で行われる。その際、取得した財貨・サービスが資産としての認識要件を満たしていない場合には費用として認識しなければならない（IFRS2, 7～8項）。たとえば、棚卸資産のような資産としての認識要件を満たした財貨を取得する場合、取得時には資産として計上し、以後、費消に応じて費用処理されることになる。他方、対価としてサービスを取得する場合、取得時点で即座に費用処理する必要がある（IFRS2, 9項）。一般に、株式報酬取引では対価としてサービスを取得するケースが多いため、結果として費用計上を求められるケースが大半となる。なお、持分決済型取引の場合、認識される費用に対応する貸方勘定は持分の増加として処理されるのに対し、現金決済型取引では負債の増加として処理される（IFRS2, 7項, 30項）。

図表9－1　持分決済型取引の会計処理

取引相手	測定対象	認識日	測定日	相手勘定
従業員	付与した持分金融商品	財・サービスを取得した日	付与日	持分の増加
従業員以外	取得した財・サービス	財・サービスを取得した日	サービスを取得した日	持分の増加

(2) 権利確定条件

ストック・オプションのように従業員を他方の当事者とした「株式報酬取

引」では，通常，一定期間にわたってサービスを取得することになる。そのため，費用もサービスの取得に応じて認識される。

IFRS2（14~15項）では「権利確定」という概念を用いて，サービスの取得期間を判断する。ここでいう「権利確定」とは，他方の当事者が有資格者となることであり，事前に特定されている「権利確定条件」（相手方の取引当事者が企業の現金その他の資産または持分金融商品を受領する権利を付与されるために，満たさねばならない条件）の達成により確定する。また，権利確定条件は「勤務条件」と「業績条件」から構成される。

「勤務条件」とは，他方の取引当事者に一定期間の継続勤務を要求するものである。たとえば，今後2年間の継続勤務を条件としたストック・オプションを付与した場合，当該報酬の権利は従業員が付与日から2年間継続して勤務した時点で確定する。一方，「業績条件」とは事前に定められた何らかの目標達成を求めるものである。そうした目標には，売上や利益といった財務指標だけでなく，株価や投資利益率が用いられる場合もある。さらに，全社的な目標以外にも，所属部門や個人に課せられた目標が用いられる場合もある。

これら権利確定条件のすべてを満たすために必要な期間を「権利確定期間」という。ストック・オプションに多く見られるように，権利確定条件として勤務条件が付されている場合は，当該権利確定期間中にサービスを取得するものと推定される。したがって，付与日に測定した持分金融商品の公正価値は，「権利確定期間」にわたって費用配分されていくことになる。また，権利確定条件が付されていないなど，付与した持分金融商品が直ちに確定する場合は，すでに取得した財・サービスに対する付与であるため，付与日時点で一括して費用計上しなければならない（IFRS2，14~15項）。なお，権利確定期間はストック・オプションの権利行使期間や契約期間とは異なる点に注意する必要がある。

(3) **権利確定数量の見積り**

権利確定条件が付された「持分決済型の株式報酬」である場合，その費用は条件の履行期間にわたって認識されるが，最終的に権利確定するまでは，その

間に認識されるいかなる費用も暫定的なものに過ぎない。そのため，権利確定条件の達成状況が当初の予定と異なる場合には，事後的に調整を行う必要がある。

たとえば，3年間の継続勤務を条件としたストック・オプションを従業員100人に付与し，付与日から3年が経過するまでの間に20人が離職した場合，離職した20人にかかるストック・オプションの公正価値は条件未達成と判断され，最終的に費用認識されない（IFRS2，19項）。したがって，権利確定日までに認識される費用の累計額は，付与日に測定した公正価値（単価）に権利確定した数量を乗じた金額に等しいことになる。

権利確定するか否かは，事後的にしか判明しない。そのため，企業は各期末時点で確定数量に関して最善の見積りを行う必要がある。費用の見積累計額から，権利確定期間のうち既経過分を当期の費用として包括利益計算書に計上する。また，権利確定数量に関する見積りは勤務条件が付されている場合だけでなく，業績条件が付されている場合についても同様に行わなければならない。ただし，権利確定条件のうち株価条件だけは数量に反映させず，単価である公正価値に反映しなければならない。

なお，いったん権利が確定した後は，たとえ権利行使されずに失効したとしても事後的に調整を行うことはない。ただし，持分項目間での振替処理は認められる。事後的な調整が認められているのは，後述する株式報酬の条件を変更した場合だけである。

設例9－1：持分決済型取引の会計処理

t_1の期首に500人の従業員に対して，それぞれ100単位のストック・オプションを付与した。当該オプションには3年間の継続勤務が権利確定条件として付されている。付与日における当該オプション1単位当たりの公正価値は1,500円である。1年目の退職者は20人であり，t_1期末において権利確定までの離職者が15％に達すると見積もった。t_2期はさらに22人が

退職し，離職者の見積もりを15％から12％に修正した。t₃期はさらに15人が退職した。

t₁期末：

(借) 株式報酬費用　21,250,000*¹　(貸) 持　　　分　21,250,000

＊1　当期末までの費用累計額：$1,500 \times 500 \times 100 \times 85\% \times \dfrac{1}{3} = 21,250,000$

t₂期末：

(借) 株式報酬費用　22,750,000*²　(貸) 持　　　分　22,750,000

＊2　当期末までの費用累計額：$1,500 \times 500 \times 100 \times 88\% \times \dfrac{2}{3} = 44,000,000$
　　　当期計上額：44,000,000 − 21,250,000 = 22,750,000

t₃期末：

(借) 株式報酬費用　22,450,000*³　(貸) 持　　　分　22,450,000

＊3　当期末までの費用累計額：$1,500 \times 100 \times (500 - 20 - 22 - 15) = 66,450,000$
　　　当期計上額：66,450,000 − 21,250,000 − 22,750,000 = 22,450,000

3　公正価値の測定

　前述したように，従業員を相手に「持分決済型の株式報酬取引」を行う場合，付与した持分金融商品の公正価値に基づいて測定する。その際，市場価格が利用可能であれば，公正価値は市場価格に基づいたものでなければならない。市場価格が存在しなければ，一般に認知されている評価技法に基づき，かつ，知識ある自発的な市場参加者が考慮するであろう要素を織り込んで測定しなければならない（ＩＦＲＳ２，16〜17項）。

　そのため，従業員に対してストック・オプションを付与するようなケースでは，いわゆる「オプション価格算定モデル」を用いてストック・オプションそのものの公正価値を測定する（ＩＦＲＳ２，Ｂ４項）。これは，通常，ストック・オプションは譲渡不能であり，類似条件を有するオプションが一般に取引されていないことから，その市場価格を利用できないためである。

第1部　資産・負債・持分会計論

　ＩＦＲＳ２（B17項，BC152項）では，ストック・オプションの公正価値評価の利用可能な価格算定モデルとして，「ブラック＝ショールズ＝マートン算式」と「二項モデル」が例示されている。「オプション価格算定モデル」の利用に当たっては，最低限，(a)オプションの行使価格，(b)オプションの存続期間，(c)原株式の現在価格，(d)株価の予想ボラティリティ，(e)当該株式の予想配当および(f)オプションの存続期間についての無リスク利子率が考慮されなければならない（ＩＦＲＳ２，B6項）。

　上記要因のうち，(a)行使価格と(c)原株式の現在価格だけは客観的情報として入手できるが，他の要因の多くは見積りに依拠しており，主観的情報にならざるを得ない。とはいえ，多くの場合，(b)オプションの存続期間（予想残存期間），(d)予想ボラティリティおよび(e)予想配当については，一定幅での合理的予想である可能性が高い。そのような場合には，範囲内の各金額をそれぞれの発生確率で加重平均して期待値を計算しなければならない（ＩＦＲＳ２，B12項）。

　また，一般に過去の経験に基づいて将来の予想を立てることになるが，場合によっては事業再編により過去の実績が適切でなかったり，あるいは新規上場企業など，そもそも過去の実績が得られないケースも存在する。そのため，過去の経験が将来を合理的に予想するための材料として，どの程度期待されるのかを考慮しなければならない。したがって，単純に過去の実績に基づくことはできない（ＩＦＲＳ２，B13～15項）。

　上記要因のうち，(b)オプションの存続期間と(d)株価の予想ボラティリティは「公正価値」に大きく影響を及ぼす。ＩＦＲＳ２（B17項）では，「存続期間」として契約上の最長期間ではなく，権利行使までの予想残存期間の利用が認められている。これは，ストック・オプションは譲渡不能であり，権利行使が唯一のヘッジ手段であることから，従業員が契約上の満期まで保有することなく，早期に行使する可能性が高いという特徴を反映するためである。なお，その予想残存期間を見積もる際には，権利行使行動が比較的同質である従業員をグルーピングすることが重要である（ＩＦＲＳ２，B19～20項）。

　一方，「ボラティリティ」とは，ある期間における連続複利での株式リター

ンの標準偏差であり，年換算値で表現される。ボラティリティの推計に際して，自社の個別株オプションが発行されていれば，それらのインプライド・ボラティリティを考慮に入れなければならない（IFRS2，B25項）。ただし，個別株オプションの限月（取引期限の月）までの期間は相対的に短いため，実際には自社株式のヒストリカル・ボラティリティも考慮に入れる必要がある。その際には，予想残存期間に概ね対応する直近期間にわたるボラティリティを用いなければならない。また，新規上場企業や未公開企業など，十分な過去データを入手できない企業には，類似企業のヒストリカル・ボラティリティを参考にすることができる（IFRS2，B26～30項）。

ただし，権利確定条件として株価条件（自社の株価や自社株式が含まれている株価指数に基づく特定の目標の達成を条件とする権利確定条件）が付されている場合には，数量でなく公正価値に反映させなければならない（IFRS2，21項）。換言すれば，株価条件以外の権利確定条件は公正価値に反映されず，数量に織り込まれることになる。付与日に測定した公正価値は以後見直さないため，たとえ株価条件が達成されなかったとしても，過年度に計上した費用は戻し入れられない。

なお，IFRS2（24項）では，持分金融商品の公正価値が信頼性をもって測定できない場合，「本源的価値」に基づいた会計処理を適用することができる。「本源的価値」とは，原株式の時価から権利行使価格を控除した値である。本源的価値に基づく方法を採用する場合，企業は付与日から決済日（権利行使日だけでなく失効日をも含む）までの各期末時点での本源的価値を測定し，当該期末までの費用累計額について，その変動部分を費用として認識しなければならない。

4　条件変更時の取り扱い

当初に設定した権利確定条件を達成する見込みが乏しくなった場合に，企業は持分金融商品の条件を緩和する場合がある。また，状況の変化により，付与そのものを取り消すこともある。さらに，現金その他の対価を支払って中途に

おいて清算する場合もある。

　ＩＦＲＳ２（27項・Ｂ42〜44項）によれば，取消しや清算を含む「付与条件の変更」を行った場合でも，企業は，最低限，当初の条件のもと認識したはずの金額を計上しなければならない。すなわち，条件変更の結果として株式報酬の公正価値が減少しても，計上される費用が減少することはない。一方，公正価値が増加するような条件変更を行った場合，当該増分価値を追加的に費用として認識しなければならない。また，そこでいう公正価値の増減とは，条件変更日時点で見積もった，条件変更後における持分金融商品の公正価値と，当初の持分金融商品の公正価値との差額である。

　増分価値が生ずる条件変更を権利確定期間中に行った場合は，追加費用を条件変更日から条件変更後の権利確定日までの期間にわたって配分することになる。ただし，そうした条件変更を権利確定後に行った場合は，追加費用を直ちに一括して認識しなければならない。

　また，株式報酬の取消しや清算を権利確定期間中に行った場合，権利確定の前倒しとして処理する。残りの期間で費用認識したであろう金額を直ちに認識しなければならない。何らかの対価を支払って株式報酬の取消し・清算を行う場合には，支払った額を持分の控除として処理することになる。さらに，取消し・清算日時点における公正価値を超過して支払って金額については，追加的に費用計上しなければならない。

設例９−２：条件変更時の会計処理

　t_1期首に500人の従業員にそれぞれ100単位のストック・オプションを付与した（権利確定条件は３年間の継続勤務，付与日の公正価値は1,500円）。t_1期末までに株価が下落したため，t_2期首に行使価格を引き下げ，権利確定期間も１年延長した。条件変更日時点において当初付与したストック・オプションの公正価値は１単位500円であり，条件変更後の公正価値は800円と見積られた。

第9章 ストック・オプション等会計

t_1期末：

(借) 株式報酬費用　25,000,000*1　(貸) 持　　　分　25,000,000

＊1　当期末までの費用累計額：$1,500 \times 50,000 \times \dfrac{1}{3} = 25,000,000$

t_2期末：

(借) 株式報酬費用　30,000,000*2　(貸) 持　　　分　30,000,000

＊2　当初条件下での費用累計額：$1,500 \times 50,000 \times \dfrac{2}{3} = 50,000,000$
　　　条件変更に伴う追加費用累計額：$(800-500) \times 50,000 \times \dfrac{1}{3} = 5,000,000$
　　　当期計上額：$(50,000,000 + 5,000,000) - 25,000,000 = 30,000,000$

t_3期末：

(借) 株式報酬費用　30,000,000*3　(貸) 持　　　分　30,000,000

＊3　当初条件下での費用累計額：$1,500 \times 50,000 = 75,000,000$
　　　条件変更に伴う追加費用累計額：$(800-500) \times 50,000 \times \dfrac{2}{3} = 10,000,000$
　　　当期計上額：$(75,000,000 + 10,000,000) - 55,000,000 = 30,000,000$

t_4期末：

(借) 株式報酬費用　5,000,000*4　(貸) 持　　　分　5,000,000

＊4　当初条件下での費用累計額：$1,500 \times 50,000 = 75,000,000$
　　　条件変更に伴う追加費用累計額：$(800-500) \times 50,000 = 15,000,000$
　　　当期計上額：$(75,000,000 + 15,000,000) - 85,000,000 = 5,000,000$

5　財務諸表上の開示

　ＩＦＲＳ２（45～51項）は，最低限，以下の３種類の開示を要求している。

(1)　年度中に存在した株式報酬契約の内容と範囲

　(a)　株式報酬契約の具体的内容（各契約の権利確定条件，権利行使期間が終了するまでの契約期間，決済方法などの全般的な契約条件。なお，同種の株式報酬契約を有している場合は集約開示することが認められている。）

　(b)　オプション数と加重平均行使価格（なお，オプション数は，（ⅰ）期首残高，（ⅱ）期中の付与，（ⅲ）期中の失効，（ⅳ）期中の行使，（ⅴ）期中の消滅，（ⅵ）期末

残高，(vii)期末現在の行使可能残高のグループごとに開示しなければならない。)
(c) 期中に権利行使されたストック・オプションについて，権利行使日時点の加重平均株価（なお，期中に一定のペースで行使された場合には，期中の加重平均株価でもよい。)
(d) 期末に残存するストック・オプションについては，行使価格の範囲と残存契約年数の加重平均値

(2) 持分金融商品の公正価値を測定した場合には，公正価値の算定方法
(a) 期中に付与されたストック・オプションについて，測定日時点の加重平均公正価値とその算定方法に関する情報（後者については，使用したオプション価格算定モデルとパラメータ，予想ボラティリティの算定方法，株価条件などの特徴が公正価値評価に織り込まれているか否かおよびその方法)
(b) 期中に付与されたストック・オプション以外の持分金融商品について，測定日時点の加重平均公正価値とその算定方法に関する情報（後者については，公正価値が市場価格に基づいていない場合はその算定方法，予想配当が公正価値評価に織り込まれているか否かおよびその方法，他の特徴が公正価値評価に織り込まれているか否かおよびその方法)
(c) 期中に条件変更があった場合には，変更に関する説明，増分公正価値，その算定方法（取得した財貨・サービスの公正価値を直接に測定している場合には，当該公正価値の算定方法)

(3) 株式報酬取引が財務諸表に与える影響
(a) 株式報酬取引から生じた，当期に認識された費用の総額
(b) 株式報酬取引から生じた，期末現在の負債の帳簿価額の合計および当期末までに確定した負債の期末現在の本源的価値の合計

第2部 損益会計論

第10章 収益会計

1 収益の意義・範囲

「概念フレームワーク」(92項) によれば,「収益」とは,会計期間中の資産の流入・増価または負債の減少の形をとる経済的便益の増加である。この定義が収益と利得の両方を含んだ広義のものであるため,ＩＡＳ18は前者の収益を取り扱っている。ＩＡＳ18 (7項) によれば,「収益」とは,持分参加者からの拠出に関連するもの以外で,持分の増加をもたらす一定期間中の通常の活動過程で生ずる経済的便益の総流入である。

ただし,ＩＡＳ18はすべての収益をその対象としているわけではない。その適用範囲は,(a)物品の販売,(b)役務の提供,(c)利息・ロイヤルティ・配当を生ずる企業資産の第三者による利用から生ずる収益の会計処理に限定されている (ＩＡＳ18, 1項)。

上記(a)における物品には,販売目的で生産された製品,小売業者により購入された商品,再販売目的で所有される土地・その他の資産が含まれる (ＩＡＳ18, 3項)。(b)の役務の提供についての契約には,たとえばプロジェクトの管理者や設計者の役務に関する契約のように,直接的に工事契約に関連するものも含まれるが,これらの契約から生ずる収益はＩＡＳ18の対象とはならず,ＩＡＳ11に従い処理される (ＩＡＳ18, 4項)。

さらに,次のものから生ずる収益は取り扱われない。すなわち,(a)リース契約,(b)持分法により会計処理される投資から生ずる配当,(c)ＩＦＲＳ４の範囲に含まれる保険契約,(d)金融資産・負債の公正価値の変動またはそれらの処分,

(e)その他の流動資産の価値変動，(f)生物資産の当初認識と公正価値の変動，(g)農産物の当初認識，(h)鉱物の採取である（ＩＡＳ18, 6項）。

2　収益の認識・測定

　収益に関する会計における主要な論点は，いつ，その収益を認識するかである。収益は，将来の経済的便益が企業に流入する可能性が高く，これらの便益を信頼性をもって測定できるときに，認識される（「概念フレームワーク」83項，92項）。

　一方，収益は，受領したまたは受領可能な対価の公正価値により測定される（ＩＡＳ18, 9項）。ただし，売上税・物品税・サービス税・付加価値税の金額，代理店が回収した金額のうち本人当事者の受取額，値引き・割戻しは収益に含めてはならない（ＩＡＳ18, 8項，10項）。

　また，ＩＡＳ18 (11項) によれば，対価である現金・現金同等物の流入が繰り延べられ，かつ，当該繰延に関わる契約が実質的に金融取引を構成する場合，対価の公正価値は将来のすべての入金を「みなし利率」により割り引いて決定される。このとき使用されるみなし利率は，次の２つのうちより明確に決定可能なものである。

(a)　類似の信用格付けを有する発行者の類似した金融商品に対する一般的な利率
(b)　その金融商品の名目額を物品または役務の現金販売価格へ割り引くときの利率

　この場合，対価の公正価値と名目額との差額は「利息収益」として認識・測定される。

　なお，物品または役務が同様の性質および価値をもつ物品または役務と交換されるとき，当該交換は収益を生み出す取引とはみなされない。一方，異種の物品や役務と交換するために物品が販売されまたは役務が提供される場合には，当該交換が収益を生み出す取引とみなされる。この場合，当該収益は，受領される物品または役務の公正価値により測定され，同時に受領される現金または

現金同等物があれば，その額だけ修正される。受領される物品または役務の公正価値を信頼性をもって測定できない場合，当該収益は，譲渡された物品または役務の公正価値により測定され，同時に，受領される現金または現金同等物があれば，その額だけ修正される。

3 取引の識別と各取引の処理

(1) 取引の識別

IAS18における認識要件は，通常，それぞれの取引ごとに適用される。ただし，取引によっては，その実質を反映するために，1つの取引の中で個別に識別可能な構成部分ごとに認識要件を適用することが必要となる。たとえば，製品の販売価格が，その後発生する役務提供についての識別可能な額を含む場合，その額は繰り延べられ，役務が提供される期間にわたり収益として認識される（IAS18, 13項）。

逆に，その経済的な効果が一連の取引として把握しないと理解できない場合には，当該複数取引を一体として認識要件を適用する。たとえば，物品を販売し，同時に，その物品を後買い戻すという契約を結んで，その取引の実質的効果を打ち消すことがあるが，このような場合，2つの取引は一体として取り扱う（IAS18, 13項）。

(2) 物品の販売

物品販売からの収益は，以下の条件すべてが満たされたときに認識しなければならない（IAS18, 14項）。

(a) 物品の所有に伴う重要なリスクと経済価値を企業が買手に移転した。
(b) 販売された物品に対して，所有と結びつく継続的管理上の関与・有効な支配を保持していない。
(c) 収益の額を信頼性をもって測定できる。
(d) 当該取引に関する経済的便益が企業に流入する可能性が高い。
(e) 発生した，または発生する原価を信頼性をもって測定できる。

通常，物品の所有に伴う重要な「リスクと経済価値」の移転は，法律上の所

有権や占有の買手への移転と同時に発生する。ただし，発生時点が異なる場合があり，次のような具体例が示されている（ＩＡＳ18, 16項）。

(a) 通常の保証条項ではカバーされない不十分な履行に対する義務を留保している場合
(b) 売手が特定の販売からの収益を受け取るために，買手がその物品の販売によって収益を得ることが条件となっている場合
(c) 物品の据付けが必要な状態で出荷され，その据付けが契約の重要な部分であり，据付けがまだ完了していない場合
(d) 販売契約に明記された理由により，買手が購入を取り消す権利を有し，返品の可能性が不確実である場合

所有に伴うリスクのうち重要でないものだけを留保している場合，当該取引を販売とみなし，収益を認識する（ＩＡＳ18, 17項）。また，すでに収益として認識された額の回収可能性について不確実性が生ずる場合，回収不能または回収の可能性が高くなくなった額は，当初認識した収益額の修正としてではなく，費用として認識されなければならない（ＩＡＳ18, 18項）。

さらに，同一取引その他事象に関連する収益・費用は，同時に認識されるが，当該費用を信頼性をもって測定できない場合，当該収益も認識することができない。その場合，物品の販売についてすでに受領した対価は負債として認識される（ＩＡＳ18, 19項）。

設例10－1：通常の掛販売

Ａ社はＢ社に商品100万円（原価60万円）を×１年７月１日に販売し，代金は×１年９月30日に現金で受け取ることとした。なお，この取引に適用されるみなし利率は年利3.6%とする。商品の原価は，販売の都度，売上原価に振り替える。

×１年７月１日（販売時）：

(借) 売　掛　金　　991,080[*1]　(貸) 売　　　　上　　991,080

*1　$1,000,000円 \div (1+0.036 \times \frac{3}{12}) = 991,080円$

| (借) 売 上 原 価 | 600,000 | (貸) 商　　　品 | 600,000 |

×1年9月30日（回収時）：

| (借) 現　　　金 | 1,000,000 | (貸) 売　掛　金 | 991,080 |
| | | 利 息 収 益 | 8,920*2 |

*2　$991,080円 \times (0.036 \times \frac{3}{12}) = 8,920円$

ＩＡＳ18（ＩＥ8項）によれば，割賦販売では，収益が販売時に認識される。つまり，販売基準による収益認識が義務づけられている。

設例10－2：割賦販売

A社はB社に商品100万円（原価60万円）を×1年7月1日に販売し，代金は×1年7月31日から毎月末日に25万円ずつ4回の分割現金払いで受け取ることとした。なお，この取引に適用されるみなし利率は年利3.6%とする。

×1年7月1日（販売時）：

| (借) 売 掛 金 | 992,567*1 | (貸) 売　　　上 | 992,567 |

*1　$250,000円 \div (1+0.036 \times \frac{1}{12}) + 250,000円 \div (1+0.036 \times \frac{2}{12})$
　　 $+ 250,000円 \div (1+0.036 \times \frac{3}{12}) + 250,000円 \div (1+0.036 \times \frac{4}{12})$
　　 $= 992,567円$

| (借) 売 上 原 価 | 600,000 | (貸) 商　　　品 | 600,000 |

×1年7月31日（第1回回収時）：

| (借) 現　　　金 | 250,000 | (貸) 売　掛　金 | 247,022 |
| | | 利 息 収 益 | 2,978*2 |

*2　$992,567円 \times (0.036 \times \frac{1}{12}) = 2,978円$

×1年8月31日（第2回回収時）：

(借) 現　　　　金　　250,000　　(貸) 売　掛　金　　247,763
　　　　　　　　　　　　　　　　　　利　息　収　益　　2,237*3

*3　(992,567円−247,022円)×(0.036×$\frac{1}{12}$)＝2,237円

(3) 役務の提供

役務提供に関する取引の成果を，信頼性をもって見積もることができる場合には，その取引に関する収益は，決算日現在のその取引の進捗度に応じて認識しなければならない。取引の成果は，以下のすべての条件が満たされる場合に，信頼性をもって見積ることができる（ＩＡＳ18, 20項）。

(a) 収益額を信頼性をもって測定できる。
(b) 当該取引に関する経済的便益が企業に流入する可能性が高い。
(c) 決算日に，当該取引の進捗度を信頼性をもって測定できる。
(d) 当該取引に関して発生した原価および取引の完了に要する原価を信頼性をもって測定できる。

信頼性ある見積りを行うためには，取引の相手方と次の諸事項について合意が必要である（ＩＡＳ18, 23項）。

(a) 各取引当事者により提供され，受領される役務の執行権
(b) 交換される対価
(c) 決済の方法とその条件

さらに，取引の進捗度の測定に関しては下記事項が含まれなければならない（ＩＡＳ18, 24項）。

(a) 提供した役務の調査
(b) 現時点までに提供済みの役務が，提供しなければならない役務の全体に占める割合
(c) 現時点までの発生原価の累計が見積総原価に占める割合

実務上，役務が特定期間に不確定数の活動により実行され，その進捗度の測定が困難な場合，収益は当該期間にわたって定額法により認識される。また，

特定の著しく重要な行為がある場合には，収益の認識は当該行為が実行されるまで延期される（ＩＡＳ18，25項）。

設例10－3：役務の提供による収益の認識（進行基準）

Ａソフトウェア開発(株)（決算日：12月31日）は，Ｂ社からの依頼により，特別仕様のソフトウェアを開発した。契約内容は次のとおりであり，資金の受払いはすべて現金で行った。

契約期間：t_1年11月1日～t_2年2月28日

開発料（総額）：2,000万円

t_1期末における見積総原価：1,000万円

t_1期の発生原価：750万円

t_2期の発生原価：320万円

支払条件：開発着手時：1,000万円

開発完了時：1,000万円

t_1期：

（借）仕　掛　品	7,500,000	（貸）現　　　金	7,500,000
（借）現　　　金	10,000,000	（貸）前　受　金	10,000,000
（借）売　上　原　価	7,500,000	（貸）仕　掛　品	7,500,000
（借）前　受　金	10,000,000	（貸）売　　　上	15,000,000*1
売　掛　金	5,000,000		

＊1　$20,000,000円 \times \dfrac{7,500,000円}{10,000,000円} = 15,000,000円$

t_2期：

（借）仕　掛　品	3,200,000	（貸）現　　　金	3,200,000
（借）現　　　金	10,000,000	（貸）前　受　金	10,000,000
（借）売　上　原　価	3,200,000	（貸）仕　掛　品	3,200,000
（借）前　受　金	10,000,000	（貸）売　　　上	5,000,000*2
		売　掛　金	5,000,000

＊2　20,000,000円－15,000,000円＝5,000,000円

(4) 利息・ロイヤルティ・配当

利息・ロイヤルティ・配当を生む資産の第三者による利用から生ずる収益は，以下の条件がすべて満たされた場合に認識される（ＩＡＳ18, 29項）。

(a) 取引に関連する経済的便益が企業に流入する可能性が高い。
(b) 収益の額を信頼性をもって測定できる。

この場合，それぞれの収益は，次の基準に従って認識されなければならない（ＩＡＳ18, 30項）。

(a) 利息は「実効利子率法」（利息法）により認識される。
(b) ロイヤルティは，関連する契約の実質に従って発生基準で認識される。
(c) 配当は，支払を受ける株主の権利が確定したときに認識される。

なお，利付投資の取得以前に経過利息が発生している場合には，その後の利息収入を取得前と取得後の期間とに配分し，取得後の期間の部分のみを収益として認識する。また，取得以前の利益から持分証券に対する配当が宣言されたときには，当該配当を当該証券の原価から控除する。当該配分を恣意的に行わないことが困難である場合には，当該持分証券の原価部分の回収を明らかに表している場合を除き，当該配当を収益として認識する（ＩＡＳ18, 32項）。

設例10－4：利息の認識

Ａ社（決算日：12月31日）は，Ｂ社発行の普通社債を t_1 年9月30日に次の条件で取得した。なお，資金の受払いはすべて現金で行った。

額面金額：1,000,000円
償還期限：t_3 年12月31日
取得金額：997,000円
利払日：12月31日
年利：4％

t_1期（取得時）：

| (借)満期保有投資 | 967,000 | (貸)現　　　　金 | 997,000 |
| 有価証券利息 | 30,000*1 | | |

*1　経過利息：$1,000,000円 \times 4\% \times \dfrac{9}{12} = 30,000円$

t_1期（利息受取時）：

| (借)現　　　　金 | 40,000 | (貸)有価証券利息 | 40,000 |

t_1期（決算時）：

| (借)満期保有投資 | 3,626*2 | (貸)有価証券利息 | 3,626 |

*2　実効利回り r：$967,000円 \times (1 + \dfrac{1}{4} \times r) \times (1 + r)^2 = 1,000,000円$
　　　$r = 1.5\%$　　$967,000円 \times 0.015 \times \dfrac{1}{4} = 3,626円$

t_2期（利息受取時）：

| (借)現　　　　金 | 40,000 | (貸)有価証券利息 | 40,000 |

t_2期（決算時）：

| (借)満期保有投資 | 14,559*3 | (貸)有価証券利息 | 14,559 |

*3　$(967,000円 + 3,626円) \times 0.015 = 14,559円$

t_3期（償還ならびに利息受取時）：

| (借)現　　　　金 | 1,000,000 | (貸)満期保有投資 | 1,000,000 |
| (借)現　　　　金 | 40,000 | (貸)有価証券利息 | 40,000 |

t_3期（決算時）：

| (借)満期保有投資 | 14,815*4 | (貸)有価証券利息 | 14,815 |

*4　$(967,000円 + 3,626円 + 14,559円) \times 0.015 = 14,815円$
　　$(967,000円 + 3,626円 + 14,559円) \times 0.015 = 14,778円$であるが，このままでは最終の満期保有投資価額が999,963円となるため，償還額との差額37円を調整している。

4 収益会計に関する開示

企業は，収益会計に関して，以下の事項を開示する（ＩＡＳ18, 35項）。

(a) 収益の認識に対して採用された会計方針（役務の提供において取引の進捗度を決定するために採用された方法を含む）

(b) 期間中に認識された収益の重要な区分ごとの額で，以下を含む

① 物品の販売

② 役務の提供

③ 利息

④ ロイヤルティ

⑤ 配当

(c) 収益の重要な区分に含まれている，物品等の交換から生じた収益の額

第11章 国庫補助金等収入の会計

1 国庫補助金と政府援助の意義

　ＩＡＳ20（3項）によれば，「国庫補助金」とは，政府による援助であり，企業の営業活動に関する一定の条件を過去において満たしたことまたは将来において満たすことの見返りとして，企業に資源を移転する形態をとったものである。ここにいう「政府」とは，地方，国家または政府機関およびそれに類似する機関をいう。国庫補助金には，現金で交付される補助金以外にも，土地のような非貨幣性資産，債務免除のような財政援助なども含まれる。

　国庫補助金には，(a)補助金を受ける資格を有する企業が固定資産を購入し，建設し，またはその他の方法で取得しなければならないことを主要な条件とする「資産に関する国庫補助金」と，(b)それ以外の「収益に関する国庫補助金」とがある（ＩＡＳ20，3項）。

　わが国の国庫補助金では，一般に，固定資産の建設のために受領するものとしての性格が強いが，ＩＡＳ20では，これに比べて国庫補助金の範囲が広く捉えられている。

　「政府援助」とは，一定の条件を満たした特定の1企業または一定数の企業に対し，経済的便益を供与することを目的とした政府の活動である（ＩＡＳ20，3項）。政府援助は，それがなければ企業が通常行わないであろう行動を，企業が行うよう推奨することを目的とするものである（ＩＡＳ20，4項）。

　合理的に価値を定められない特定の政府援助の形態および企業の通常の商取引と区別できない政府との取引は，「国庫補助金」に含まれず，「政府援助」の範囲となる（ＩＡＳ20，34項）。前者の形態例としては，無償の技術的援助，マーケティング活動援助および保証の供与があり，後者の取引例としては，企業の売上の一部に貢献する政府の物資調達政策がある（ＩＡＳ20，35項）。

　なお，一般的な交通網や通信網の改善による社会基盤整備，地域社会全体の

便益のために継続的に利用し得る灌漑や水路のような設備の改善は政府援助に含めない（ＩＡＳ20, 38項）。

2　国庫補助金等収入の認識・測定

　国庫補助金は，公正価値により測定される非貨幣資産による補助金を含め，下記事象について合理的な保証が得られるまでは認識してはならない（ＩＡＳ20, 7項）。

　⒜　企業が補助金交付のための条件を満たす。

　⒝　補助金が受領される。

　ただし，国庫補助金の受領自体は，条件が満たされたことの確定的な証拠とはならない。つまり，国庫補助金は，企業が補助金交付のための条件を満たし，補助金を実際に受領することについての合理的な保証が得られるまでは認識されないことになる（ＩＡＳ20, 8項）。

　国庫補助金は，その補助金による補填が意図される関連支出が費用として認識される期間にわたって，規則的に利益として認識されるべきである（ＩＡＳ20, 12項）。つまり，補助金を損益外（株主持分に貸方計上）とする「キャピタル・アプローチ」ではなく，補助金を1期または数期にわたって利益として認識する「インカム・アプローチ」が採用されている。「インカム・アプローチ」が支持される論拠は，以下のとおりである（ＩＡＳ20, 15項）。

　⒜　国庫補助金は，株主から受け入れたものではないから，直接，株主持分に貸方計上すべきではない。すなわち，適切な期間にわたり利益として認識すべきである。

　⒝　国庫補助金が無償で供与されることは稀である。企業は，補助金交付の条件に従い，与えられた責務を果たすことにより，補助金の交付を受ける。したがって，補助金は，その補助金による補填が意図されている関連支出が費用として認識される期間にわたって，利益として認識されるべきである。

　⒞　法人税・その他の租税が費用とされるのであるから，財政政策の延長上

にある国庫補助金もまた損益で処理するのが理論的である。

このアプローチは，国庫補助金の金額を繰延利益として，補助金が補填の対象とする関連支出と対応させ，毎期収益に戻し入れようとする手法であり，「費用収益対応の原則」に則した考え方である。

なお，すでに発生した費用または損失に対する補填として，または企業に対して緊急に財政的支援を与える目的で交付された国庫補助金であり，将来の関連支出を伴わないものは，受領することになった期の利益として認識しなければならない（ＩＡＳ20, 20項）。

3　国庫補助金等収入の測定規準

(1)　資産に関する国庫補助金

「資産に関する国庫補助金」は，公正価値により測定される非貨幣資産による補助金を含め，(a)繰延利益として計上する「繰延利益法」，(b)補助金額を控除して資産の帳簿価額を算定する「原価控除法」のいずれかによって，財政状態計算書において表示しなければならない（ＩＡＳ20, 24項）。

「繰延利益法」は，補助金を繰延利益に計上し，その資産の耐用年数にわたって規則的に利益として認識する方法である（ＩＡＳ20, 26項）。「原価控除法」は，資産の取得原価から補助金を控除してその帳簿価額を算定する方法である（ＩＡＳ20, 27項）。わが国で実務化されている「圧縮記帳法」に類似する「原価控除法」は，資産の取得原価から補助金を直接減額することにより，補助金相当額が当該償却資産の耐用年数にわたって，減価償却費の減少という形で利益として認識されることになる。

設例11－1：繰延利益法と原価控除法

t_1期首に，国庫補助金2,000万円を受領し，機械装置（耐用年数4年，残存価額0，定額法による）を6,000万円で取得し，期末に減価償却した。

(A) 繰延利益法

　t₁期首（取得時）：

（借）現　　　　　金	20,000,000	（貸）国庫補助金受贈益	20,000,000
国庫補助金受贈益	20,000,000	繰延国庫補助金受贈益	20,000,000
（借）機　械　装　置	60,000,000	（貸）現　　　　　金	60,000,000

　t₁期末（償却時）：

（借）減 価 償 却 費	15,000,000	（貸）減価償却累計額	15,000,000
（借）繰延国庫補助金受贈益	5,000,000	（貸）繰延国庫補助金受贈益取崩額	5,000,000

(B) 原価控除法

　t₁期首（取得時）：

（借）現　　　　　金	20,000,000	（貸）国庫補助金受贈益	20,000,000
（借）機　械　装　置	60,000,000	（貸）現　　　　　金	60,000,000
（借）国庫補助金受贈益	20,000,000	（貸）機　械　装　置	20,000,000

　t₁期末（償却時）：

（借）減 価 償 却 費	10,000,000	（貸）減価償却累計額	10,000,000

　期末の財政状態計算書において，上記 設例11－1 の(A)繰延利益法では，機械装置の帳簿価額は4,500万円，繰延国庫補助金受贈益（負債）1,500万円が計上され，(B)原価控除法では，機械装置の帳簿価額は3,000万円と計上される。どちらの方法でも，トータルの損益は1,000万円となり同額である。

　資産に関する国庫補助金を返還しなければならなくなった際の会計処理としては，(a)繰延利益法を採っていた場合には，繰延利益（繰延国庫補助金受贈益）の残高から当該返還額を控除し，(b)原価控除法を採っていた場合には，資産の帳簿価額を当該返還額分だけ増額させる。さらに，補助金がなかったならば現在までに費用として認識されてきたはずの臨時減価償却費（過年度修正）は，直ちに費用として認識しなければならない（ＩＡＳ20，32項）。

第11章　国庫補助金等収入の会計

設例11－2：国庫補助金の返還

上記 設例11－1 の機械装置の一部について，t_2期末に補助金交付の条件に適合しない部分があることが判明したため，600万円返還した。

(A) 繰延利益法

t_2期末（返還および償却時）：

(借) 繰延国庫補助金受贈益	9,000,000*1	(貸) 現　　　　　　金	6,000,000
		繰延国庫補助金受贈益取崩額	3,000,000
(借) 減 価 償 却 費	15,000,000	(貸) 減価償却累計額	15,000,000

＊1　6,000,000円＋｛(15,000,000円－6,000,000円)÷3年｝＝9,000,000円

(B) 原価控除法

t_2期末（返還および償却時）：

(借) 機 械 装 置	6,000,000	(貸) 国庫補助金受贈益	6,000,000
国庫補助金受贈益	6,000,000	現　　　　　　金	6,000,000
(借) 臨時減価償却費	1,500,000	(貸) 減価償却累計額	13,000,000
減 価 償 却 費	11,500,000*1		

＊1　(40,000,000円＋6,000,000円)÷4年＝11,500,000円

(2) 収益に関する国庫補助金

「収益に関する国庫補助金」は，別建掲記，または「その他の収益」のような一般的な科目をもって，包括利益計算書の貸方項目として表示される方法がある。さらに，当該補助金を関連費用から控除・報告する方法もある（ＩＡＳ20,29項）。

前者の方法の支持者によれば，収益項目と費用項目を相殺するのは適切ではなく，補助金を費用から区分することにより，補助金の影響を受けない費用との比較が容易になる。後者の方法に関しては，補助金が交付されなかったならば，その費用は企業に発生することがなかったということも十分ありえるため，補助金と相殺せずにその費用を表示することは誤解を生じさせるかもしれないと主張される（ＩＡＳ20,30項）。

IAS20では，この2つの方法はどちらも「収益に関する国庫補助金」の表示として容認されている。補助金に関する開示は，財務諸表を適切に理解するために必要である。別個に開示することが要求されている収益項目または費用項目に及ぼす補助金の影響額は，通常，開示することが適切である（IAS20, 31項）。

4 財務諸表上の開示

国庫補助金等収入に関して，財務諸表には次の事項を開示しなければならない（IAS20, 39項）。

(a) 国庫補助金に関して採用された会計方針（財務諸表における表示方法を含む）
(b) 財務諸表に計上された国庫補助金の性質と範囲，他の形態の政府援助で企業が直接便益を受けたもの
(c) 認識した政府援助に付随する未履行の条件およびその他の偶発事象

第12章 工事契約の会計

1 工事契約・工事契約収益・工事契約原価の意義

　ＩＡＳ11（3項）によれば，「工事契約」とは，単一の資産，またはその設計，技術および機能もしくはその最終的な目的・用途が密接に相互関連または相互依存している複数の資産の組み合わせの建設工事のために特別に取り決められる契約をいう。その契約の種類としては，「固定価格契約」と「原価加算契約」がある。

　「固定価格契約」とは，一般的な建設工事に見られるような請負価格が施工者または単位出来高をもとに固定される契約（ただし，発生原価に基づいて事後の価格修正条項が付される場合あり）をいう。「原価加算契約」とは，一定の上限が付された原価またはその他の方法による原価に一定率または固定の報酬額を加えたものが施工者に支払われる特殊な工事契約をいう（ＩＡＳ11，3項）。

　「固定価格契約」の特徴としては，請負価格が固定されているので，施工者による原価管理・予算管理が適正に行われていないと，工事損失が発生する。逆に，原価低減の努力により利益の幅に違いが出てくる点も経営的には留意を要する。

　「原価加算契約」の場合には，一定の利益率が見込める点で安定した契約といえる。したがって，従来型の工事契約というよりも新規開発型案件等，原価の発生見込みに明確な予算設定が困難な工事契約に適している契約形態である。原価低減努力によるメリットはない。

　いずれの契約形態においても適正な原価管理が求められることに違いはない。

　工事契約の主たる要素となる「工事契約収益」は，（イ）工事契約で合意された当初の収益額，（ロ）建設工事の契約内容の変更によるものやクレームおよび報奨金のうち収益となる可能性が高く，かつ，信頼性をもって測定できるものにより構成されている（ＩＡＳ11，11項）。

第2部　損益会計論

　「工事契約内容の変更」とは，発注者の指示により契約の下で実施すべき工事範囲の変更とされ，具体的には，仕様・設計の変更，工事契約期間の変更等が挙げられる（ＩＡＳ11, 13項）。さらに「クレーム」とは契約価格に含まれていない原価補償を指し，発注者が原因となった工事の遅延，仕様・設計の誤謬，工事契約内容の変更を巡る係争により発生したものが挙げられる（ＩＡＳ11, 14項）。「報奨金」は，契約で事前に定められた履行基準に基づき，工事の早期完了により施工者に支払われる追加額をいう（ＩＡＳ11, 15項）。

　一方，工事契約の主たる要素となる「工事契約原価」は，(イ)特定の契約に直接関連する原価，(ロ)請負業務全般に帰属させることができ，かつ，その契約に配分できる原価，(ハ)契約の条件により発注者に個別に請求できるその他の原価から成る（ＩＡＳ11, 16項）。

　上記(イ)特定の契約に直接関連する原価は，現場の労務費，材料費，減価償却費等の経費，設備・材料の移設・移送費，設備の賃借料，工事契約に直接関連する設計料・技術援助料，工事内容等の調整および工事履行保証等の保証作業に起因する見積原価（予測可能な補償の原価を含む），施工者の原因による工事に関する第三者からのクレームにより生じる直接原価で構成される（ＩＡＳ11, 17項）。

　上記(ロ)特定の契約に配分できる共通費は，保険料，特定の工事契約に直接関連しない設計・技術援助料，工事間接費で構成され，ＩＡＳ23「借入費用」の処理による金利の原価算入部分も含まれる（ＩＡＳ11, 18項）。

　また，(ハ)その他の原価は，契約上発注者に請求可能な範囲の一般管理費，ソフトウエア開発のような開発型工事契約等における研究開発費により構成される（ＩＡＳ11, 19項）。

　なお，工事契約上で支払いが特定されていない一般管理費や研究開発費，販売費全般，遊休の工場・設備の減価償却費は，その性質上，工事契約原価には含まれない（ＩＡＳ11, 20項）。

2 工事契約収益・工事契約原価の認識・測定

　ＩＡＳ11（22項）によれば，工事契約収益・工事契約原価が，工事契約の結果を信頼性をもって見積もることができる場合には，当該工事契約に関連した収益と原価には，その請負業務の決算日現在の進捗度に応じて，期間的収益・費用として認識する「工事進行基準」が適用される。

　「工事契約の結果が信頼性をもって見積もることができる場合」とは，「固定価格契約」と「原価加算契約」に分け，それぞれの条件がすべて満たされた場合を指す。

　まず，「固定価格契約」の場合には，次の4つの条件が示されている（ＩＡＳ11, 23項）。

　(a)　工事契約収益の合計額が信頼性をもって測定できる。
　(b)　契約に関連した経済的便益が当該企業に流入する可能性が高い。
　(c)　契約の完了に要する工事契約原価と決算日現在の契約の進捗度の両方が信頼性をもって測定できる。
　(d)　契約に帰属させることができる工事契約原価が実際発生した工事契約原価を従前の見積りと比較できるように明確に識別でき，かつ，信頼性をもって測定できる。

　信頼性をもった見積りを行う上で，工事契約で決定される必要がある事項として，(1)建設される資産に関する当事者の執行可能な権利，(2)交換される対価，(3)決済の方法・条件の3つがある。また，契約後の必要な見積修正に際しては，企業の有効な内部的財務予算・報告システムの構築が必要となる（ＩＡＳ11, 29項）。

　「固定価格契約」における「契約の進捗度」に関しては，複数の方法を許容する中で，施工企業にとって，行った工事について信頼性をもって測定できる方法が選択されなければならない。なお，その方法には下記事項（工事契約原価を計算要素としたものおよび工事の工学的・技術的要素によるものに大別できる）が含まれる（ＩＡＳ11, 30項）。

(a) 実施した工事に対して，その時点までに発生した工事契約原価が契約の見積総工事契約原価に占める割合
(b) 実施した工事の調査
(c) 契約に基づく工事の物理的な完成割合

なお，請負工事契約の場合，取引慣行として，発注者から中間金や前受金の支払いを受けるのが一般的であるが，それらの金額は実施した工事の進捗度を反映しないことが多いため適当とはいえない。

信頼性をもって測定できる収益側の問題は，契約当事者間に適切な契約関係が存在する場合，施主の財務安全性の問題等がキーになると思われる一方，コスト側の測定に関しては，請負業者側の問題として，施工能力・工事原価管理能力等が問われることになる。

次に，「原価加算契約」の場合には，以下の2つの条件が示されている（IAS 11, 24項）。

(a) 契約に関連した経済的便益が当該企業に流入する可能性が高い。
(b) 契約に帰属させることができる工事契約原価が個別に支払われるか否かに係わらず，明確に識別でき，かつ，信頼性をもって測定できる。

上記(a)の条件は，収益認識の大前提であることから，固定価格契約条件における(b)とも共通する。原価加算契約における信頼性の確保では，その契約内容の特徴から，工事契約原価の適正な測定が重要になってくる。つまり，契約に帰属することができる工事原価の範囲を明確に識別することがポイントになる。

いずれの契約形態においても，上記の諸条件を具備した場合には，信頼性をもって工事収益の測定が可能であるため，「工事進行基準」の適用によって，工事契約収益はその進捗度に到達するまでに発生した工事契約原価と対応し，工事の完了部分に帰属する利益を報告することが可能となる。工事契約に対する工事進行基準適用により，期間中の請負業務の程度と業績に関する有用な情報が提供されている（IAS11, 25項）。そこには，「費用収益対応の原則」に基づく期間損益計算の適正化の思考が見て取れる。

第12章　工事契約の会計

設例12－1：工事進行基準

商業施設の建設について，請負価額24億円の固定価格契約（工期3年）を結んだ。見積総工事契約原価は15億円である。各期の発生工事原価は以下のとおりであり，実行予算により遂行された。

第1期：発生工事原価6億円

(借)　完成工事未収入金　960,000,000*　　(貸)　完 成 工 事 高　960,000,000

* 工事進捗率：6億円÷15億円＝40%
  第1期完成工事高：24億円×40%＝9億6千万円

第2期：発生工事原価6億円

(借)　完成工事未収入金　960,000,000*　　(貸)　完 成 工 事 高　960,000,000

* 工事進捗率：(6億円＋6億円)÷15億円＝80%
  第2期完成工事高：24億円×80%－9億6千万円＝9億6千万円

第3期：発生工事原価3億円

(借)　完成工事未収入金　480,000,000*　　(貸)　完 成 工 事 高　480,000,000

* 工事進捗率：(6億円＋6億円＋3億円)÷15億円＝100%
  第3期完成工事高：24億円－9億6千万円－9億6千万円＝4億8千万円

なお，工事契約の成果が信頼性をもって見積もることができない場合には，以下のように処理される（ＩＡＳ11, 32項）。

(a) 収益は，発生した工事契約原価のうち回収可能性が高い部分についてのみ認識する。

(b) 工事契約原価は，発生した期間に費用として認識しなければならない。

すなわち，工事契約収益・工事契約原価は，工事契約の結果が信頼性をもって見積もることができないが，発生した工事契約原価を施工者が回収する可能性が高い場合には，発生した原価が回収可能であろうと予想される部分についてのみ工事契約収益は認識される（ＩＡＳ11, 33項）。したがって，その場合には利益は認識されない点に留意する必要がある。

ただし，契約の結果について信頼性のある見積りを妨げていた不確実性が取り除かれた場合には，その時点より「工事進行基準」に基づいて工事収益を認

識する（ＩＡＳ11, 35項）。このようなケースでは，工事契約原価相当額の回収可能性は高いものの，工事収益額の見積りが信頼性をもってできない状況，たとえば，工事内容の複雑性等の事由から契約初期のタイミングにおいて適正な実行予算が組めない等の現状では，工事契約原価相当額をもって収益を計上する。その後，当該障害が取り除かれた場合には，その時点より「工事進行基準」を適用する。ただし，この場合は，「工事進行基準」を当初より適用した場合に比し，各期の同工事の利益率にボラティリティが生じる点に留意する必要がある。

設例12－2：工事契約原価回収法

　商業施設の建設について，請負価額24億円の固定価格契約（工期3年）を結んでいる。各期の工事収益の算定については工事収益の信頼性ある見積りができないため，工事契約原価相当額を完成工事収益高として計上したが，その後，第2期において信頼性のある見積りが可能となったため，「工事進行基準」を適用した。見積総工事契約原価は15億円であり，各期の発生工事原価は以下のとおりである。

　第1期：発生工事原価6億円

　（借）完成工事未収入金 600,000,000 　（貸）完 成 工 事 高 600,000,000

　第2期：発生工事原価6億円

　（借）完成工事未収入金 1,320,000,000* （貸）完 成 工 事 高 1,320,000,000

　＊　工事進捗率：（6億円＋6億円）÷15億円＝80%
　　　第2期完成工事高：24億円×80%－6億円＝13億2千万円

　第3期：発生工事原価3億円

　（借）完成工事未収入金 480,000,000* 　（貸）完 成 工 事 高 480,000,000

　＊　工事進捗率：（6億円＋6億円＋3億円）÷15億円＝100%
　　　第3期完成工事高：24億円－6億円－13億2千万円＝4億8千万円

さらに，回収可能性が高いとはいえない工事契約原価については，直ちに各期の費用として認識される（ＩＡＳ11, 34項）。そのようなケースとしては，（イ）完全な執行力がなく，その有効性に重大な疑義がある工事契約，（ロ）契約の完了が係争中の訴訟や未決定の立法措置の結果に左右される工事契約，（ハ）収用もしくは接収されそうな資産に関する工事契約，（ニ）財務状況等の事由から発注者や施工者が工事契約上の義務の履行を行うことができない工事契約が該当する。

3　予想される損失の認識

ＩＡＳ11（36項）によれば，総工事契約原価が総工事契約収益を超過する可能性が高いときには，予想される損失はただちに費用として認識しなければならない。当該工事損失は，（イ）契約に基づき工事が既に着手されているか否か，（ロ）請負業務の進捗度，（ハ）単一の工事契約として取り扱われないことになった場合のほかの契約から生じると見込まれる利益の額に係わりなく，計上される（ＩＡＳ11, 37項）。

したがって，受注後における実行予算の見積り誤り等の場合はもちろん，受注時における赤字工事を前提とした入札等においても，「工事損失引当金」が計上される。

設例12－3：工事損失引当金の計上

公共工事（請負金額100億円，工事期間3年）を受注し，当初，当該工事の総工事契約原価を85億円と見積もっていたが，第1期末において見積りに誤りのあることが判明した。なお，修正後の見積額は90億円である。

（借）工事損失引当金繰入　500,000,000　　（貸）工事損失引当金　500,000,000*

＊　90億円－85億円＝5億円

4 財務諸表上の表示・開示

　工事契約に関する会計方針について，下記事項を開示する必要がある（IAS 11, 39項）。
　(a)　当会計期間に収益として認識された工事契約収益の額
　(b)　当会計期間に認識された工事契約収益を決定するために用いた方法
　(c)　進行中の工事契約の進捗度を決定するために用いられた方法
　さらに，決算日に現在進行中の工事契約に関しては，以下の事項の開示が求められる（IAS11, 40項）。
　(a)　発生した原価および認識された利益（認識された損失を控除する）の現在までの総額
　(b)　前受金の額
　(c)　支払留保金の額
　上記(c)は，契約上の条件が充足するまで，または工事の欠陥等の修復が終了するまで支払いが保留されている請負金額を意味する（IAS11, 41項）。
　なお，工事契約に関する債権・債務に関する事項に関して，下記事項を開示しなければならない（IAS11, 42項）。
　(a)　資産として，契約に基づく工事の発注者に対する債権総額
　(b)　負債として，契約に基づく工事の発注者に対する債務総額
　当該債権・債務総額は，完成工事高が中間請求額（損失計上額を含む）を超える進行中の工事契約に関して，その貸借差額として計上される（IAS11, 43～44項）。

第13章 従業員給付会計

1 従業員給付会計の意義・範囲

IAS19 (7項) によれば,「従業員給付」とは,従業員が提供した勤務と交換に,企業が与えるあらゆる形態の対価をいう。「従業員」には,常勤の勤務を提供する者のほか,契約による従業員,取締役その他の役職者も含められる (IAS19, 6項)。

従業員給付の種類には,(a)短期従業員給付,(b)退職給付,(c)その他の長期従業員給付および(d)解雇給付が含められる (IAS19, 4項)。従業員給付会計では,これら従業員給付にかかわる処理全般を対象とし,個別に会計処理を規定している。

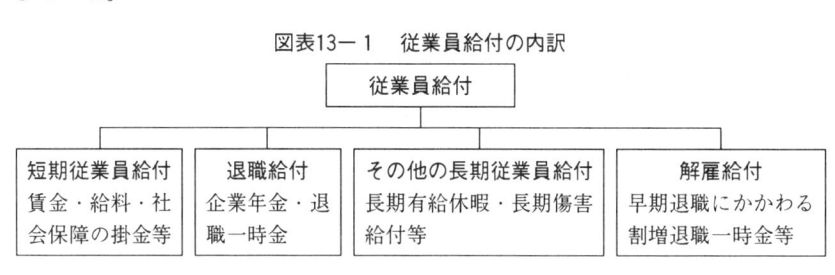

図表13－1　従業員給付の内訳

従業員給付			
短期従業員給付 賃金・給料・社会保障の掛金等	退職給付 企業年金・退職一時金	その他の長期従業員給付 長期有給休暇・長期傷害給付等	解雇給付 早期退職にかかわる割増退職一時金等

2 短期従業員給付

(1) 短期従業員給付の意義

「短期従業員給付」とは,従業員が当該勤務を提供した期末後12か月以内に,期日が到来する従業員給付 (解雇給付を除く) をいう (IAS19, 7項)。具体的には,(a)賃金・給料・社会保障の掛金,(b)従業員が当該勤務を提供した期間の期末から12か月以内に利用される短期有給休暇,(c)従業員が当該勤務を提供した期間の期末から12か月以内に行うべき利益分配・賞与,(d)従業員への非貨幣性給付 (医療給付・住宅手当等) が含まれる (IAS19, 8項)。

第2部　損益会計論

(2) 短期従業員給付の会計処理

　従業員が勤務を提供した場合，原則として，当該勤務の見返りに支払うと見込まれる「短期従業員給付」の総額が費用として認識される。なお，期中に既に支払った金額と認識された費用額との差額は，未払費用（負債）または前払費用（資産）として認識される（IAS19, 10項）。

　有給休暇に係る費用は，有給休暇の性質（累積・非累積）に応じて適切な時期に認識する。累積有給休暇の場合には，将来付与される有給休暇の権利を増加させる勤務が提供される期間に認識する（IAS19, 11項）。この有給休暇は，当期中に使用されない場合にも，次期以降に繰り越して使用することができる。また，確定・未確定を問わず，当該勤務の発生に伴い認識される（IAS19, 13項）。非累積有給休暇の場合には，有給休暇が発生した期間に，当該有給休暇に係る費用が認識される（IAS19, 11項）。

　利益分配・賞与に係る短期従業員給付は，従業員の勤務により生じるので，利益処分とは異なり，費用として認識される（IAS19, 21項）。これらは，その法的債務・推定的債務が現時点で存在し，かつ，当該債務について合理的な金額の見積りが可能である場合にのみ認識される（IAS19, 17項）。

　ここに「推定的債務」とは，たとえば賞与を支払う法的債務が存在しなくても，慣行上，賞与を支払う以外に現実的な選択肢がない場合に，企業が負う債務をいう（IAS19, 19項）。また，「合理的な金額の見積りが可能である場合」とは，(a)利益分配・賞与制度について給付額決定の算定式が規定されている場合，(b)支払金額を財務諸表の承認前に企業が決定する場合，(c)過去の慣行により推定的債務の金額につき明確な証拠が示されている場合のいずれかに限定される（IAS19, 20項）。

設例13－1：短期従業員給付の会計処理

　従業員の給料500万円，勤務に付与される来年度使用可能の有給休暇に係る費用10万円を認識し，当座預金より500万円を支払った。

(借)短期従業員給付	5,100,000	(貸)当 座 預 金	5,000,000
		未払短期従業員給付	100,000

3 退職給付

(1) 退職給付の意義・分類

「退職給付」とは，退職後に支払われる従業員給付（解雇給付を除く）をいう（IAS19，7項）。退職給付には，(a)年金・退職一時金等の退職給付，(b)その他の退職給付（退職後生命保険・退職後医療給付等）が含まれる（IAS19，24項）。

退職給付制度は，契約条件の経済的実質によって「掛金建制度（日本では，確定拠出型制度と呼ばれる）」または「給付建制度（日本では確定給付型制度と呼ばれる）」に分類される（IAS19，25項）。なお，「複数事業主制度」，「公的制度」および「保険付給付」については，制度の経済的実質にあわせて「掛金建制度」あるいは「給付建制度」として会計処理を行う（IAS19，28項）。

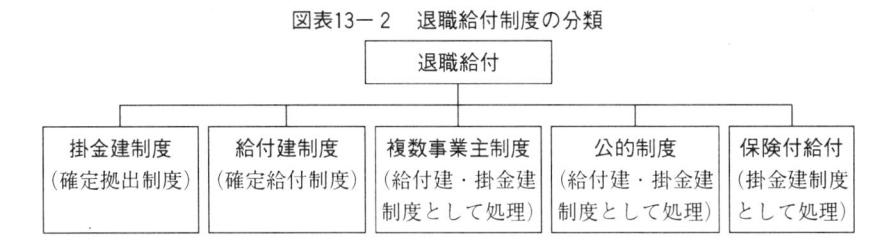

図表13－2　退職給付制度の分類

```
                          退職給付
   ┌──────┬──────┬──────┬──────┬──────┐
 掛金建制度  給付建制度  複数事業主制度  公的制度   保険付給付
(確定拠出制度)(確定給付制度)(給付建・掛金建(給付建・掛金建 (掛金建制度
                          制度として処理) 制度として処理) として処理)
```

(2) 掛金建制度

① 掛金建制度の意義

「掛金建制度」とは，退職給付制度のうち，一定掛金を別事業体の「基金」に拠出することによって，たとえ基金が従業員の退職後に給付を行うに当たって十分な資産を保有していなかったとしても，企業は，掛金以外の追加拠出義務（法的債務・推定的債務）を負わない制度をいう（IAS19，7項）。

② 掛金建制度の会計処理

従業員が勤務を提供した場合には，当該勤務の見返りとして制度に支払うべ

き掛金額が費用として認識され，当該金額と実際の拠出額との差額は，負債（未払費用）または資産（前払費用）として認識される。ただし，前払費用として認識できる金額は，当該前払額が将来の支払額の減少または現金の返還となる範囲に限定される（ＩＡＳ19，44項）。

なお，費用額は，通常，割引計算されないが，従業員が当該勤務を提供した期末後12か月以内に拠出に係る期日が到来しない場合には，当該債務を割り引いて測定される（ＩＡＳ19，45項）。

設例13－2：掛金建制度の会計処理

従業員に対して，当期の給料300万円を支払うとともに，掛金建制度に対して15万円を拠出した。

（借）短期従業員給付	3,000,000	（貸）当　座　預　金	3,150,000
退職給付費用	150,000		

---

(3) 給付建制度

① 給付建制度の意義

「給付建制度」とは，上記(2)の掛金建制度以外の退職給付制度をいう（ＩＡＳ19，7項）。この制度において退職給付として支払われる金額は，通常，従業員の報酬・勤務年数に基づき算定・確定される（ＩＡＳ19，ＢＣ5項）。つまり，企業は，確定した給付を行う義務を負い，拠出資産が給付を行うために必要な金額を下回った場合には，追加拠出の義務を負う等，「保険数理上のリスク」や「投資リスク」を実質的に負担している。

② 給付建制度の会計処理

(ⅰ) 会計処理の概要

給付建制度における債務・費用を測定するためには，保険数理上の仮定が必要であり，会計処理の手順は以下のとおりである（ＩＡＳ19，48項，50項）。

(a) 保険数理上の技法を使用し，当期および前期以前の勤務の対価として従業員が稼得した給付の信頼できる見積額を求める。

(b) 退職給付債務の現在価値および現在勤務費用（以下，勤務費用という）を算定するために，予測単位積増方式を使用して退職給付見込額を割り引く。
(c) 制度資産（以下，年金資産という）があれば，公正価値で算定する。
(d) 保険数理差損益（以下，数理計算上の差異という）の合計額・当該保険数理計算上の差異のうち，認識すべき金額を算定する。
(e) 制度導入・改善時には，それにより生じた過去勤務費用（以下，過去勤務債務という）を算定する。
(f) 制度の縮小・清算時には，それにより生じた損益を算定する。

(ⅱ) 財政状態計算書上の退職給付引当金の認識

給付建制度では，法的債務のみならず，慣行等により生ずる推定的債務についても認識される（ＩＡＳ19, 52項）。財政状態計算書に計上される退職給付負債（以下，退職給付引当金という）は，下記算式により計算される（ＩＡＳ19, 54項）。

退職給付引当金＝退職給付債務の現在価値±未認識数理計算上の差異
　　　　　　　＋未認識過去勤務債務－年金資産の公正価値

なお，この金額が負の値，すなわち年金資産が退職給付債務等を上回った場合には，未認識の数理計算上の差異の正味累計額および過去勤務債務の金額と制度からの返還，あるいは制度への将来の拠出額を減少させる経済的便益の現在価値との合計額を，当該資産超過額と比較しいずれか低い金額によって退職給付引当金に代わり前払年金費用（資産）を認識する（ＩＡＳ19, 58項）。

(ⅲ) 包括利益計算書上の退職給付費用の認識

退職給付費用として包括利益計算書に計上される金額は，次の算式により計算される（ＩＡＳ19, 61項）。

退職給付費用＝勤務費用＋利息費用－年金資産の期待運用収益±数理計算上の差異
　　　　　　の損益処理額＋過去勤務債務の費用処理額±縮小・清算による影響額

(iv) 退職給付債務の現在価値および勤務費用・利息費用の認識・測定

「退職給付債務の現在価値」とは，当期および前期以前の従業員の勤務により生じる債務を決済するために必要な将来予測支払額の現在価値をいう。「勤務費用」とは，当期中の従業員の勤務により生じる退職給付債務の現在価値の増加額をいう。また，「利息費用」とは，給付が決済期に一期近づくために生ずる，退職給付債務の現在価値の期中増加額をいう（ＩＡＳ19，7項）。

退職給付債務の現在価値は，発生給付評価方式の「予測単位積増方式」（わが国では，「期間基準」と呼ばれる）を使用して決定する（ＩＡＳ19，64項）。「予測単位積増方式」とは，一会計期間を受給権の追加的な増加分として捉え，最終的な債務額を算定するために個々の期間の退職給付を測定する方法である（ＩＡＳ19，65項）。なお，給付が将来の期間にわたる雇用を条件としている場合（受給権が確定していない場合）でも，従業員の勤務によって退職給付にかかわる債務・費用（推定的債務）が発生する（ＩＡＳ19，69項）。

「予測単位積増方式」に基づくと，期末の退職給付債務と期首債務との現在価値の差額は，基本的に，当期の勤務に帰属する給付額の現在価値である勤務費用と利息費用とに配分される（ＩＡＳ19，65項，82項）。

設例13－3：退職給付債務増加額の配分

期首の退職給付債務が320万円，期末の退職給付債務が480万円であり，現在利用されている割引率が10％である場合，勤務費用と利息費用を計算しなさい。

利息費用：320万円×10％＝32万円

勤務費用：480万円－320万円－32万円＝128万円

(v) 数理計算上の差異の認識・測定

勤務費用と利息費用の算定の基礎となる退職給付債務の現在価値は，保険数理上の仮定に基づいて算定される。保険数理上の仮定は，大別すれば，「受給資格保有者の推定」と「財務上の仮定」で構成される。特に，「財務上の仮定」

は決算日における市場予測に基づいている（ＩＡＳ19, 72～73項, 77項）。

　財務上の仮定の代表的なものは，「割引率」や「将来の給与水準」等の予測である。「割引率」は，決算日現在のリスク・フリーレート（優良社債の市場利回り）を参照して決定する（ＩＡＳ19, 78項）。この「割引率」は，貨幣の時間的価値を反映しているが，投資にかかわるリスク・リスクプレミアム等は反映していない（ＩＡＳ19, 79項）。

　また，退職給付債務の測定には，次の項目を反映させる必要がある。すなわち，測定は(a)将来の昇給の見積り，(b)決算日現在の制度の条件で算定される給付，(c)支払うべき給付に影響する公的給付水準の変更，の影響を受ける（ＩＡＳ19, 83項）。

　これらの仮定に基づいて退職給付債務を測定するに当たり，前期末現在における未認識の数理計算上の差異の正味累計額が(a)前期末現在の退職給付債務の現在価値の10％または(b)前期末現在で年金資産があればその公正価値の10％のいずれか大きい方の金額を超える場合には，数理計算上の差異の一部を収益または費用として処理する（ＩＡＳ19, 92項）。具体的には，個々の制度の数理計算上の差異を，加入している従業員の予想平均残存勤務期間で割った金額（例外として，数理計算上の差異を早期に認識する結果となるような規則的な方法によることもできる）となる（ＩＡＳ19, 93～93Ａ項）。

　なお，数理計算上の差異は結果として相殺される可能性がある。したがって退職給付債務の見積額は，最善の見積りの近似値の範囲，すなわち「回廊」（プラスあるいはマイナスの10％）で認識することが許容される（ＩＡＳ19, 95項）。

(ⅵ)　**過去勤務債務の認識・測定**

　「過去勤務債務」とは，退職給付債務を導入するとき，あるいは現存する退職給付債務の下で支払うべき給付を変更する際に発生する差額であり，当該給付の権利が確定するまでの期間にわたる従業員の勤務の対価であり，その対象とされた勤務の帰属期間にかかわらず，認識する（ＩＡＳ19, 96項）。

　これは，改定された給付によって生じる負債は，給付の権利が確定するまでの平均期間にわたり定額法で償却し，その予定表を作成する（ＩＡＳ19, 99項）。

第2部　損益会計論

(vii)　年金資産の認識・測定

「年金資産」とは，(a)長期の従業員給付基金が保有している法的に企業から分離された退職給付のためだけに存在している事業体（基金）によって保有されている資産，および(b)企業が関連当事者ではない保険会社の発行した，当該保険による保険金が給付建制度の退職給付にのみ利用できる保険証券が含まれる（IAS19, 7項）。

「年金資産の公正価値」は，退職給付債務の現在価値から控除して退職給付引当金の財政状態計算書価額を決定するために利用する。公正価値は，市場価額により測定されるが，それが入手できない場合には，適切な割引率を使用して，予想されるキャッシュ・フローを割り引いて見積もる（IAS19, 102項）。なお，年金資産が不足し，確定している給付を決済できない場合において，第三者（例えば保険会社）がその一部あるいはすべての支出を補填することが確実な場合には，その権利を年金資産と同様の性質を持つものとして，年金資産以外の資産として認識し，公正価値で測定する（IAS19, 104A項）。

年金資産の運用による期待収益は，保険数理上の見積りであり，年金資産の実際収益との間に差異が生じた場合には，それを数理計算上の差異として認識する。年金資産の期待収益は，退職給付費用の算定に利用される（IAS19, 105項）。

(viii)　縮小・清算の影響の認識・測定

給付建制度の縮小・清算を行った際は，それによる影響額を損益として認識する。この際，影響を決定する前に，現在の保険数理上の仮定を使用して，退職給付債務および年金資産の再測定を行う（IAS19, 109～110項）。

たとえば，従業員Aは，×1年度期首に入社し，5期後の×5年度期末に退職し，退職金2,000万円を受け取る場合，1期勤務することにより，退職金は400万円ずつ積増されていると仮定すれば，×1年度期末の退職給付債務の金額は下記算式のようになる。なお，割引率を4％とし，端数は四捨五入する。

$$(20,000,000円 \div 5年) \times \frac{1}{(1+0.04)^4} = 3,419,217円$$

×1年度期末の退職給付に係る仕訳処理は，次のようになる。

（借）退職給付費用　3,419,217　（貸）退職給付引当金　3,419,217

なお，×1期中に，340万円を基金に拠出した場合，次の仕訳処理が行われる。

（借）退職給付引当金　3,400,000　（貸）現　金　預　金　3,400,000

したがって，財政状態計算書上の退職給付引当金の額は，19,217円となる。

次に，×2年度における年金資産の期待運用収益率が4.5%である場合，退職給付費用は次のように計算される。

×2年度期末の退職給付債務：$8,000,000円 \times \dfrac{1}{(1+0.04)^3} = 7,111,971円$

したがって，退職給付債務額の期中増加額は，3,692,754円（=7,111,971円−3,419,217円）である。なお，この内訳は，勤務費用3,555,985円と利息費用136,769円（=期首退職給付債務3,419,217円×4%）とに分けられる。

また，期首年金資産は340万円であり，期待運用収益率が4.5%であるため，当期中の期待運用収益は153,000円と計算される。これにより，×2年度の退職給付費用は，次のように仕訳処理される。

（借）退職給付費用　3,539,754[*1]　（貸）退職給付引当金　3,539,754

　＊1　3,555,985円+136,769円−153,000円=3,539,754円

また，期中に350万円を拠出した場合，次のように仕訳処理される。

（借）退職給付引当金　3,500,000　（貸）現　金　預　金　3,500,000

これにより，期末の退職給付引当金は58,971円（=期末退職給付債務7,111,971円−期末年金資産7,053,000円(=期首年金資産3,400,000円+期待(実際)運用収益153,000円+期中拠出額3,500,000円)）となる。なお，期中に制度の改定はないものとする。

第2部　損益会計論

(4) 複数事業主制度・公的制度・保険付給付

退職給付制度が,「複数事業主制度」・「公的制度」・「保険付給付」のいずれかに該当する場合は,それぞれ以下のように扱われる。

① 複数事業主制度

「複数事業主制度」とは,共通の支配下にない複数の企業による掛金拠出をプールし,当該掛金拠出を複数の企業の従業員に給付するために使用し,従業員を雇用する企業を識別することのない制度をいう（ＩＡＳ19, 7項）。この制度に該当する場合,さらに制度の条件にしたがい当該制度を給付建制度あるいは掛金建制度として分類する（ＩＡＳ19, 29項）。複数事業主制度が給付建制度の場合には,一般の給付建制度と同様に,退職給付債務・年金資産・費用に対する企業毎の比例的持分を会計処理する（ＩＡＳ19, 29項）。なお,給付建制度の会計処理を行うための十分な情報を入手できない場合には,掛金建制度のように会計処理する（ＩＡＳ19, 30項）。

② 公的制度

「公的制度」とは,法令により,すべての企業を対象とするように設立された制度をいう（ＩＡＳ19, 7項）。この制度による退職給付制度は,複数事業主制度と同様の方法で会計処理を行う（ＩＡＳ19, 36項）。

③ 保険付給付

「保険付給付」は,企業が退職給付の積立のために保険に加入し,保険料を支払っている場合,原則として掛金建制度として会計処理する。なお,(a)期日が到来した時に,直接に従業員給付を支払う場合,あるいは(b)保険会社が当期および前期以前の従業員の勤務を原因とする将来の従業員給付の全額を支払わない契約を結んでいる場合は,企業が従業員給付に対して法的債務あるいは推定的債務を保持しているため給付建制度として扱う（ＩＡＳ19, 39項）。

4　その他の長期従業員給付

(1)　その他の長期従業員給付の意義

「その他の長期従業員給付」とは，通常，従業員が当該勤務を提供した期の期末から12か月以内に，その全額の期日が到来しない従業員給付（退職給付・解雇給付を除く）をいい（ＩＡＳ19，7項），具体的には，(a)長期有給休暇，(b)記念日等にかかわる給付(c)長期障害給付，(d)期末後12か月以内に支払われない利益分配・賞与，(e)繰延報酬などがある（ＩＡＳ19，126項）。

(2)　その他の長期従業員給付の会計処理

その他の長期従業員給付にかかわる負債は，決算日現在における，退職給付債務の現在価値から当該債務を直接に決済する年金資産の公正価値を控除した金額として認識する（ＩＡＳ19，128項）。さらに，次の金額の正味額を費用あるいは収益として認識する（ＩＡＳ19，129項）。

勤務費用＋利息費用－期待運用収益±数理計算上の差異
±過去勤務債務の費用処理額±縮小・清算の影響

原則として，認識・測定の方法は，退職給付の処理に準ずるが，これらのその他の長期従業員給付の測定には，退職給付ほどの不確実性はなく，金額的な重要性もないことが多いため，数理計算上の差異・過去勤務債務は，発生時に即時認識し，「回廊」は適用しないという，簡便な方法を用いる（ＩＡＳ19，127項）。

5　解 雇 給 付

(1)　解雇給付の意義

「解雇給付」とは，通常の退職日よりも前に従業員の雇用を終了するという企業の決定により，あるいは，解雇に対する給付を見返りに早期退職を受け入れるという従業員の出現により支払うべき従業員給付をいう（ＩＡＳ19，7項）。解雇給付は，その発生原因が勤務の提供ではなく解雇であるため，他の従業員

給付とは区別して取り扱われる（IAS19, 132項）。このような解雇給付は，通常，一時金として支払われることが多いが，従業員が残りの勤務期間において経済的便益をもたらす勤務を提供しないことが判明している場合の退職日までの給料等も解雇給付に含める（IAS19, 137項）。

(2) 解雇給付の会計処理

従業員の雇用を通常の退職日よりも前に終了することになった場合，あるいは早期退職を募集し，その応募があり解雇給付を支給することになった場合で，当該解雇を撤回する現実的な可能性がなく，解雇が回避不能であったと証明できる場合に，解雇給付を即時費用として認識する（IAS19, 133～134項）。なお，期末後12か月以内にその期日が到来しない場合，解雇給付は割り引いて算定される（IAS19, 139項）。

6 財務諸表上の開示

(1) 退職給付以外の開示

短期従業員給付およびその他長期従業員給付については，特に特別な財務諸表上の開示は求められていない（IAS19, 23項, 131項）。これに対して，解雇給付について，推定的債務が存在する場合，その金額を開示しなければならない（IAS19, 141項）。

(2) 退職給付に係る開示

退職給付制度の財務諸表には，制度の内容にかかわらず(a)給付のための純資産の変動計算書，(b)重要な会計方針，および(c)制度の説明および期中の制度変更を開示する（IAS26, 34項）。さらに，給付建制度について，利害関係者が給付建制度の状態を評価できるよう，それらの制度の期間的変動額の財務的影響を開示する（IAS19, 120項）。なお，給付建制度に係わって，次の内容が注記される（IAS19, 120A項）。

① 数理計算上の差異の認識方法
② 企業の採用する退職給付制度
③ 期首および期末の退職給付債務の現在価値の内訳（(a)勤務費用，(b)利息費

用，(c)制度参加者の拠出，(d)数理計算上の差異，(e)為替相場の変動，(f)給付額，(g)過去勤務債務等）

④　基金の存在の有無にかかわらず，退職給付債務の総額の分析

⑤　補填に係る情報を含んだ年金資産の公正価値の内訳（(a)期待運用収益，(b)数理計算上の差異，(c)為替相場の変動，(d)企業が拠出する掛金額，(e)加入者が拠出する掛金額，(f)期中給付額等）

⑥　退職給付債務の現在価値と年金資産の公正価値との突合の結果((a)未認識の数理計算上の差異の純額，(b)未認識の過去勤務債務，(c)制限により資産として未認識の金額等）

⑦　期中に認識した退職給付費用の内訳（(a)勤務費用，(b)利息費用，(c)期待運用収益，(d)数理計算上の差異，(e)過去勤務債務等）

このほかに，年金資産に含まれる特殊な資産（持分金融商品等）の公正価値に占める割合，年金資産の実際運用収益，保険数理上の仮定（割引率，予想昇給率等），および，退職給付債務の現在価値，年金資産の公正価値等の過去4期分の金額等の開示が要求されている（ＩＡＳ19,120Ａ項）。

第14章 借入費用の会計

1 借入費用と適格資産の意義

　ＩＡＳ23（5項）によれば，「借入費用」とは，企業の資金借入に関連して発生する利息その他の費用をいう。これらは企業の資金調達活動に関わる費用であり，具体的には，(a)実効利息法によって計算された利息費用，(b)ファイナンス・リースに関連する財務費用，(c)外貨建借入金から発生する為替差損益であり，利息費用に対する修正とみなされる部分が含まれる（ＩＡＳ23，6項）。

　これらの費用のうち，使用または販売の準備のために相当の期間がかかる資産である「適格資産」の取得，建設または製造（以下「適格資産の取得等」という）を直接の発生原因とする「借入費用」は，当該資産の取得原価の一部として資産化しなければならない（ＩＡＳ23，1項）。つまり，このような借入費用を資産化することにより，当該資産の取得原価に，使用または販売の準備に際して発生するすべての原価が含まれる。なお，適格資産の取得原価を構成する借入費用を「資産化適格借入費用」という（ＩＡＳ23，12項）。

　適格資産の取得等に関わる「借入費用」は，将来，企業に経済的便益をもたらすことが確実であり，かつ，その原価が信頼性をもって測定可能であるときに，「資産化適格借入費用」となる（ＩＡＳ23，9項）。つまり，「将来の経済的便益の蓋然性」と「測定の信頼性」という2つの認識基準を満たした場合に，当該適格資産の取得原価に算入する。これらの借入費用は，「適格資産」に関わる支出が行われなかったならば避けられた費用であり，適格資産との直接的な関係を識別することができる。したがって，特定の適格資産を取得する目的で，企業が特別に資金を借り入れたとき，当該適格資産に直接関わる借入費用が即座に認識可能となる（ＩＡＳ23，10項）。

　なお，「適格資産」とは，使用または販売の準備を行うために相当の期間がかかる資産であり，具体的には(a)販売可能な状態にするために相当の期間を要

する棚卸資産，(b)製造プラント，(c)発電設備，(d)無形資産，(e)投資不動産のように，使用または売却の準備を行うために相当な期間がかかる資産である（ＩＡＳ23，7項）。

ただし，使用または販売の準備をするために相当の期間がかかるとしても，反復して大量に製造または生産される棚卸資産や公正価値で測定される金融資産などは「適格資産」に含まれない。また，取得時点において意図した使用または販売が可能である資産は「適格資産」に含まれない（ＩＡＳ23，4，7項）。

また，適格資産の取得等に関係しない他の「借入費用」については，その発生した期間に費用として認識しなければならない（ＩＡＳ23，8項）。

2　借入費用の会計処理

(1)　借入費用の資産化の期間

「資産化適格借入費用」は，(a)適格資産に関わる支出が発生し，(b)借入費用が発生し，かつ，(c)資産の意図した使用または販売が可能となるための必要な活動に着手した時点で，資産化を開始しなければならない（ＩＡＳ23，17項）。

ただし，現金の支払い，現金以外の資産の譲渡または利付債務の引受けを最終的に伴う支出だけが，適格資産に関わる支出とみなされる（ＩＡＳ23，18項）。また，資産の意図した使用または販売が可能となるための必要な活動には，資産の物理的な建設以外にも，建設開始前の許可獲得関連活動のような技術的・管理的作業も含まれる。一方で，資産の状態を変える生産ないし開発が行われていない単なる資産の保有は，意図した使用または販売を可能にするために必要な活動には含まれない（ＩＡＳ23，19項）。

さらに，資産の使用または販売が可能となるための必要な活動を中断している期間中に，「借入費用」は発生することがあるが，開発活動が一時中断されている期間には，借入費用の資産化を停止しなければならない（ＩＡＳ23，20項）。

適格資産を使用可能または販売可能とするために必要な活動が，実質的にすべて完了したときには，借入費用の資産化を終了しなければならない（ＩＡＳ

23, 22項)。

つまり，借入費用が資産化される期間は，適格資産に関わる支出および借入費用が発生し，当該資産の使用または販売を可能にするために必要な活動に着手した時点から，その活動が実質的に完了するまでの間である。これらの関係は，図表14－1のように図示される。

図表14－1　借入費用が資産化される期間

```
┌──────┐ ┌──────┐ ┌──────┐ ┌──────┐ ┌──────┐ ┌──────┐
│資金借入│ │資産への│ │使用または│ │活動の │ │意図した│ │資金返済│
│      │ │支出  │ │販売を可能│ │実質的完了│ │使用また│ │      │
│      │ │      │ │とするため│ │      │ │は販売 │ │      │
│      │ │      │ │に必要な活│ │      │ │      │ │      │
│      │ │      │ │動の着手 │ │      │ │      │ │      │
└──┬───┘ └──┬───┘ └──┬───┘ └──┬───┘ └──┬───┘ └──┬───┘
   ▽        ▽        ▽        ▽        ▽        ▽
──────────────────────────────────────────────────────▶
                  ├─────資産化される期間─────┤
```

なお，個々に建物を使用できる複数の建物から成る商業地域のように，適格資産の建設が部分的に完成した場合には，たとえ他の部分の建設が継続中であっても，完成部分の意図した使用または販売を可能にするために必要な活動が実質的にすべて完了した時点で，借入費用の資産化を終了しなければならない（ＩＡＳ23, 24～25項）。

(2) 資産化適格借入費用の計算

「資産化適格借入費用」の金額は，当該資産の取得等を行う目的で特別に借り入れた資金（以下，「特定借入金」という）より，当期中に発生した実際の借入費用から，借り入れた資金による一時的な投資から得られた投資利益（運用益）を控除して算定される（ＩＡＳ23, 12項）。つまり，適格資産のために調達した資金を，資産に関わる支出を行うまでの間に，一時的投資として利用した場合，その資金利用から得られた投資利益は，発生した借入費用から控除されることになる。

しかし，個々の借入金と適格資産の直接的関係を識別することが常にできるとは限らない。たとえば，企業の財務活動が本社で調整される場合，企業グループが多様な負債金融商品を利用して種々の利率で資金を借り入れ，それを

同一グループの他の企業に種々の基準で貸し付けている場合などには，借入金と適格資産の直接的関係を識別することは困難である。

その場合には，「資産化適格借入費用」の金額は，当該資産に関わる支出額に「資産化率」を乗じて計算する。この「資産化率」は次の算式によって計算される（ＩＡＳ23, 14項）。

$$資産化率＝\frac{特定借入金を除く借入金に対する当期の借入費用}{特定借入金を除く当期末借入金残高}$$

ただし，当期中に企業が資産化を行う「借入費用」の金額は，当期に発生した借入費用の金額を超えてはならないとされる（ＩＡＳ23, 14項）。

設例14－1：借入費用の資産化

t_1期首に営業用の店舗1棟と倉庫1棟の建設を開始し，t_2期首に完成予定である。t_1期首に支払った店舗の建設代金1,920は，Ａ銀行から当該資産取得を目的とした特定借入金を充当し，同じくt_1期首に支払った倉庫の建設資金800は，Ｂ銀行から借り入れている借入金2,400の一部を流用した。それぞれの借入金は借入時から資産への支出時までの期間，一時的に資金運用している。それぞれの借入金に関して当期に発生した支払利息・受取利息は下記の**図表14－2**のとおりである。

図表14－2　借入金残高と利息の発生状況

借入金残高・利息	Ａ銀行借入金	Ｂ銀行借入金
借入金のt_1期末残高	1,920	2,400
当期中に発生した支払利息	96	144
当期中に発生した受取利息	7	12

t_1期首（店舗・倉庫の建設資金の支出時）：

(借) 建 設 仮 勘 定　　2,720　　(貸) 現 金 預 金　　2,720

t_1期末（利息の支払時）：

(借) 支 払 利 息　　240　　(貸) 現 金 預 金　　240

t₁期末（利息の受取時）：

(借) 現 金 預 金　　19　　(貸) 受 取 利 息　　19

t₁期末（店舗に関する特定借入金の借入費用の資産化）：

(借) 建 設 仮 勘 定　　89*¹　　(貸) 支 払 利 息　　89

＊1　資産化適格借入費用：特定借入金支払利息96－受取利息7

t₁期末（倉庫に関する借入費用の資産化）：

(借) 建 設 仮 勘 定　　48*²　　(貸) 支 払 利 息　　48

＊2　資産化適格借入費用：支出額800×資産化率(144÷2,400)

t₂期首（店舗・倉庫の完成時）：

(借) 建　　　　　物　　2,857　　(貸) 建 設 仮 勘 定　　2,857

当期以前に資産化された「借入費用」も，適格資産の帳簿価額となるが，適格資産の帳簿価額または最終見込原価が，当該資産の回収可能価額または正味実現可能価額(正味売却価額)を超過する場合には，他のIAS（たとえば，IAS 16）の規定に従って，帳簿価額の評価減（減損）または一括償却が行われる。また，評価減額または一括償却額は他のIASに従って戻し入れられる場合もある（IAS23, 16項）。

3　財務諸表上の開示

IAS23（24項）によれば，「借入費用」に関して，財務諸表に(a)当期中に資産化した借入費用の金額および(b)資産化適格借入費用の金額の決定に当たって使用した「資産化率」を開示しなければならない。

第3部 特殊会計論

第15章 リース会計

1 リースの意義・範囲

　ＩＡＳ17（4項）によれば，「リース」とは，貸手が一括払いまたは数次の支払いを得て，契約期間中，資産の使用権を借手に移転する契約である。このようなリースは，資産の所有に伴う「リスクと経済価値」が実質的にすべて移転する「ファイナンス・リース」とそれ以外の「オペレーティング・リース」に分類され，前者の場合，最終的に所有権が移転するか否かは問われない。

　ここに「リスク」とは，リース資産の遊休または技術的陳腐化により生ずる損失の可能性および経済的諸条件の変化に起因するリターンの変動の可能性を意味する。一方，「経済価値」とは，当該資産の経済的耐用年数にわたる利用により利益が生じるという期待および価値の増加あるいは残存価値の実現による利得の期待を意味する（ＩＡＳ17，7項）。

　また，ＩＡＳ17は次の2つの契約を除く，すべてのリースの会計処理に適用される（ＩＡＳ17，2項）。

(a) 鉱物・石油・天然ガスおよび類似する非再生資源の探査・利用に係るリース

(b) 映画フィルム・ビデオ録画・演劇脚本・原稿・特許権および版権等の項目に係るライセンス契約

　しかし，下記資産の測定基準としてＩＡＳ17を適用してはならない（ＩＡＳ17，2項）。

(a) 投資不動産として会計処理される借手の保有する不動産

(b) オペレーティング・リースにより貸手が提供する投資不動産
(c) ファイナンス・リースにより借手が保有する生物資産
(d) オペレーティング・リースにより貸手が提供する生物資産

　さらに，ＩＡＳ17はたとえ資産の運用・維持について貸手による実質的なサービスが必要な場合であっても，資産の使用権が移転する契約に対して適用される。

　なお，ＩＡＳ17は，オペレーティング・リースの処理について，借手・貸手ともに，原則として定額法による費用・収益の認識を要求している（ＩＡＳ17, 33項, 50項）。そこで，本章では，ファイナンス・リースのみを取り扱う。

2　ファイナンス・リースの分類規準

　ＩＡＳ17（4項, 10～11項）は，ファイナンス・リースであるかオペレーティング・リースであるかは，「契約の形式」よりも「取引の実質」により決まるとして，「ファイナンス・リース」として分類される状況・規準を次のように例示している。

(a) 当該リース契約により，「リース期間」（借手が資産をリースする契約を締結した解約不能な期間に，追加的な支払の有無を問わず，借手が当該資産のリースを継続する選択権を有する期間を合計した期間）の終了までに借手に資産の所有権が移転する。

(b) 借手が，選択権行使可能日の公正価値よりも十分に低いと予想される価格で当該資産を購入する選択権を与えられ，「リース開始日」（リースの契約日と当事者がリースの主要事項について確約した日とのうちでいずれか早い日）の時点で，当該選択権の行使が合理的に確実視される。

(c) 所有権は移転しないとしても，リース期間が当該資産の経済的耐用年数（⒜ 1名または複数の利用者による資産に関する経済的な使用可能予測期間のほかに，⒝ 1名または複数の利用者による当該資産からの予測生産高またはこれに類似する単位）の大部分を占める。

(d) リース開始日において，「最低リース料総額」（借手がリース期間にわたって

支払を要する，または支払を要求され得る金額から，変動リース料，サービス費用および貸手が立替払い，後日に精算される諸税額を控除し，(a)借手については，借手またはその関係者が支払を補償する額，(b)貸手については，貸手に対して①借手，②借手の関係者および③保証により債務を財務的に履行できる貸手とは関係のない第三者によって保証されている残存価値を加算した額をいう。）の現在価値が，当該リース資産の公正価値と少なくとも実質的に一致する。

(e) リース資産が特殊な性質のもの（特別仕様）であり，その借手のみが大きな変更なしで使用できる。

(f) 借手が当該リース契約を解約できるとしても，その解約に関連する貸手の損失は借手の負担となる。

(g) 残存資産の公正価値変動による利得・損失が借手に帰属する。

(h) 借手が市場の賃借料相場よりも十分に低い賃借料で再リース契約を結ぶことができる。

なお，リースの分類はリース開始日になされる。したがって，リース契約の更新時に借手と貸手が契約条件の変更に同意し，新条件がリース開始日に有効であり，かつ，それによりリースの分類が異なる場合には，当該変更後の契約がリース期間にわたって新しい契約とみなされる（ＩＡＳ17，13項）。

なお，ファイナンス・リースは基本的に「解約不能リース」であるが，「解約不能リース」とは，下記の場合にのみ解約可能なリースをいう（ＩＡＳ17，4項）。

(a) 実現性の低い偶発事象が発生した場合

(b) 貸手の許可がある場合

(c) 借手が同じ貸手と同一または同等の資産に対して新規の契約を結んだ場合

(d) リースの開始時において，リースの継続がかなり確実となるような追加の金額を借手が支払う場合

第3部　特殊会計論

3　借手の会計処理

(1)　当初認識・測定

「リース期間の開始」（借手がリース資産を使用する権利を取得した日）の時点に，ファイナンス・リースは当初認識される。「リース開始日」に算定される，リース資産の公正価値に等しい金額（または，それより低い場合には最低リース料総額の現在価値）により，財政状態計算書上，資産・負債として認識しなければならない。

最低リース料総額の現在価値を算定する場合に使用すべき割引率は，実務上可能な場合には「リース上の計算利子率」（リース開始日において，最低リース料総額と無保証残存価値との合計額の現在価値を，リース資産の公正価値と貸手の初期直接費用との合計額と等しくする割引率），不可能な場合には「借手の追加借入利子率」（同等のリースについて借手が支払わなければならないであろう利子率，またはそれを決定できない場合には，リース開始日に借手が同等の期間にわたり，同等の保証で当該資産購入に必要な資金を借り入れるために負担することとなると思われる利子率）としなければならない。借手のリースに係る初期直接費用（製造業者または販売業者である貸手に発生する費用を除き，リースの交渉および取決めに直接帰属する追加費用）はすべて，資産として認識した金額に加算する（ＩＡＳ17, 20項）。

「リース期間の開始」時点で，資産と将来のリース料に対する負債は，財政状態計算書上，資産価額に加算される初期直接費用を控除した残額と同一金額で認識される（ＩＡＳ17, 22項）。

しかし，借手が選択権行使可能日の公正価値よりも十分に低いと予想される価格で当該資産を購入する選択権を与えられ，リース開始日の時点で，当該選択権の行使が合理的に確実視される場合，「最低リース料総額」は，当該購入選択権が行使されると予想される日までのリース期間にわたる未払最低リース料総額と当該購入選択権を行使するために必要とされる支払額とから成る。

(2)　再測定（期末評価）

「最低リース料総額」は，金融費用と負債残高の返済部分に配分しなければ

ならない。金融費用は，負債残高に対して一定の期間利子率となるように，リース期間にわたって配分される。「変動リース料」（リース料の一部で，金額が固定されておらず，時間の経過以外の要因で変化する将来の金額（たとえば，将来の売上歩合，将来の使用量，将来の物価指数，将来の市場利子率）に基づくリース料）は，発生した期間において費用に計上する（ＩＡＳ17, 25項）。

ファイナンス・リースの場合，償却性資産について減価償却費が各会計期間に発生する。償却性リース資産の減価償却の方針は，自己所有償却性資産の方針と首尾一貫したものでなくてはならない。認識される減価償却費は，ＩＡＳ16・ＩＡＳ38に従って算定される（ＩＡＳ17, 27項）。

借手がリース期間の終了時までに所有権を取得することに合理的確実性があるときは，償却の期間は当該資産の耐用年数であり，それ以外の場合には，当該資産をリース期間およびその耐用年数のいずれか短い方の期間で償却する（ＩＡＳ17, 28項）。

設例15－1：ファイナンス・リース借手の処理

Ａ社（決算日：12月31日）は，t_0期にＢリース(株)（決算日：12月31日）との間で，下記条件で製造機械をリースする契約を結んだ。リース期間はt_1期首から始まる。なお，リース料の支払いは，すべて現金で行った。

(1) 解約不能リース期間：5年
(2) Ａ社の見積現金購入価額：400万円（当該機械の公正価値と一致している）
(3) リース料：年87万円・支払日：毎期末（12月31日）
(4) 割安購入選択権：リース契約終了時に30万円でリース物件を購入でき，当該時点での物件の公正価値は160万円と合理的に予測できる。
(5) 最低リース料総額：465万円
(6) リース物件（製造機械）の経済的耐用年数：8年（見積残存価額0円）
(7) Ａ社の減価償却方法：定額法

第3部　特殊会計論

(8) A社の追加借入利子率：年3％（A社はBリース(株)の計算利子率を知り得ない）

t₀期（ファイナンス・リース取引の判定）：

借手であるA社は，選択権行使可能日の公正価値よりも十分に低いと予想される価格で当該資産を購入する選択権が与えられ，リース開始日の時点で，当該選択権の行使が合理的に確実視されるので，この取引は「ファイナンス・リース取引」と判定される。

t₁期首（リース開始時）：

| (借)機 械 装 置 | 4,000,000*¹ | (貸)リース債務 | 4,000,000 |

* 1　870,000円÷(1＋0.03)＋870,000円÷(1＋0.03)²＋…＋(870,000円＋300,000円)÷(1＋0.03)⁵＝4,243,128円

　　貸手であるBリース(株)の計算利子率を知り得ないので，借手であるA社の追加借入利子率3％を用いて最低リース料総額465万円を現在価値に割り引く。

　　現在価値4,243,128円＞リース資産の公正価値4,000,000円であるので，公正価値（4,000,000円）で資産・負債を計上する。

t₁期末（第1回リース料支払日）：

| (借)リース債務 | 670,000*² | (貸)現　　金 | 870,000 |
| 　　支 払 利 息 | 200,000*³ | | |

*2・*3　図表15－1　期間ごとのリース債務の返済

会計期間	期首元本	支払額	元本分	利息分	期末元本
t₁	4,000,000	870,000	670,000	200,000	3,330,000
t₂	3,330,000	870,000	703,500	166,500	2,626,500
t₃	2,626,500	870,000	738,675	131,325	1,887,825
t₄	1,887,825	870,000	775,609	94,391	1,112,216
t₅	1,112,216	1,170,000	1,112,216	57,784	0
合　計	－	4,650,000	4,000,000	650,000	－

利息相当額の算定に必要な利子率 r の計算は，次のとおりである。

$870,000 \div (1+r) + 870,000 \div (1+r)^2 + \cdots + 1,170,000 \div (1+r)^5$
$= 4,000,000$

∴　r = 5 %

| （借）減 価 償 却 費　　500,000*4 | （貸）減価償却累計額　　500,000 |

*4　借手であるA社がリース期間の終了時までに所有権を取得することに合理的確実性があるので，当該物件の耐用年数（8年）が償却期間となる。

t_2期末～t_4期末（リース料支払日）：

　t_1期末と同様の処理（図表15－1参照）

t_5期末（最終回のリース料支払・リース物件の購入）：

（借）リ ー ス 債 務　　1,112,216	（貸）現　　　　　金　　1,170,000
支 払 利 息　　　　57,784	
（借）減 価 償 却 費　　　500,000	（貸）減価償却累計額　　500,000

　A社財政状態計算書上，リース債務は消滅し，帳簿価額150万円の機械装置のみが資産として残ることになる。

4　貸手の会計処理

(1)　当初認識・測定

　貸手は，「ファイナンス・リース」のために保有する資産を，財政状態計算書において認識し，「正味リース投資未回収額」に等しい価額の受取債権として表示しなければならない（IAS17，36項）。ちなみに「正味リース投資未回収額」とは，リース上の計算利子率で割り引いたリース投資未回収総額をいい，「リース投資未回収総額」は，(a)ファイナンス・リースにおける貸手の未収最低リース料総額および(b)貸手に発生している未収無保証残存価値の合計額をいう（IAS17，4項）。

　ファイナンス・リースでは，法律上の所有に伴うリスクと経済価値は実質的にすべて移転されているため，リース料受取額は貸手の投資とサービスに関す

る元本回収およびその報酬としての金融収益として処理される(ＩＡＳ17, 37項)。

(2) 再測定（期末評価）

金融収益は，当該ファイナンス・リースについて貸手の「正味リース投資未回収額」に対して一定の期間利益率を反映する方法で認識しなければならない（ＩＡＳ17, 39項）。

貸手が製造業者または販売業者である場合，当該企業が無条件販売に適用している方針に従って売上損益を当該期間で認識しなければならない。人為的に低い利子率が用いられている場合には，売上利益を市場金利が適用された場合の額に限定しなければならない。リースの交渉・取り決めに関連して製造業者または販売業者である貸手に発生する費用は，売上利益が認識された期間の費用として認識しなければならない（ＩＡＳ17, 42項）。

設例15－2：ファイナンス・リース貸手の処理

上記 設例15－1 において，Ｂリース(株)の会計処理を示す。ただし，同社は製造業者でもなければ販売業者でもなく，リース業務のみを行っている。

t_0期（ファイナンス・リース取引の判定）：

設例15－1 における判定と同じ理由により，この取引はファイナンス・リース取引と判定される。

t_1期首（リース開始時）：

(借)営業用資産	4,000,000	(貸)現金預金	4,000,000
(借)リース債権	4,000,000*1	(貸)営業用資産	4,000,000

＊1　リース債権の価額は，正味リース投資未回収額と一致する。当該未回収額とは，リース投資未回収額をリース上の計算利子率で割り引いたものである。

t_1期末（第1回リース料受取日）：

(借)現金預金	470,000	(貸)リース債権	670,000*2
		受取利息	200,000*3

*2・*3
　　リース上の計算利子率は，結局，リース投資未回収額465万円をリース資産の公正価値400万円に割り引くための利率となる。つまり，設例15−1 で利息相当額の算定に用いた利率5％がリース上の計算利子率と一致する。したがって，Bリース(株)の受取利息とA社の支払利息は同額となる（当然，リース債権・債務の回収・返済額も一致する）。

t_2期末～t_4期末（リース料受取日）：t_1期末と同様の処理

t_5期末（最終回のリース料受取・リース物件の売却）：

(借) 現 金 預 金	1,170,000	(貸) リ ー ス 債 権	1,112,216
		受 取 利 息	57,784

5　セール・アンド・リースバック取引

「セール・アンド・リースバック取引」とは，資産の売却およびその同一資産をリースバックすることをいう。リース料と売却価額は一括して交渉されるので，通常は相互に関連している（IAS17, 58項）。

「セール・アンド・リースバック取引」がファイナンス・リースになる場合，売手である借手は，売却代金が帳簿価額を超える額を収益として即時認識してはならない。当該差額は繰り延べられ，リース期間にわたって配分されなければならない（IAS17, 59項）。

設例15−3：セール・アンド・リースバック取引の借手の処理

　C社（決算日：12月31日）は，t_0期にDリース(株)との間で，下記条件で所有している製造機械をセール・アンド・リースバックする契約を結んだ。リース期間はt_1期首から始まる。なお，資金の決済はすべて現金で行った。

(1) 売却時点の製造機械の帳簿価額：250万円（取得原価：1,000万円，減価償却累計額：750万円）

第３部　特殊会計論

(2)　売却時点の製造機械の公正価値：250万円
(3)　製造機械の売却価額：300万円
(4)　解約不能リース期間：5年
(5)　リース料：年70万円・支払日：毎期末（12月31日）
(6)　最低リース料総額：350万円
(7)　所有権移転条項：当該機械の所有権は，リース期間終了日に，無償で借手であるＡ社に移転する。
(8)　リースバック以後の経済的耐用年数：10年（見積残存価額０円）
(9)　Ａ社の減価償却方法：定額法
(10)　Ａ社の追加借入利子率：年３％（Ｃ社はＤリース(株)の計算利子率を知り得ない）

　t₀期（ファイナンス・リース取引の判定）：

　所有権移転条項の存在により，この取引はファイナンス・リース取引と判定される。

　t₁期首（リース開始時）：

(借)減価償却累計額	7,500,000	(貸)機械装置	10,000,000
現金預金	3,000,000	長期前受収益	500,000
(借)機械装置	2,500,000*¹	(貸)リース債務	2,500,000

＊１　700,000円÷(1＋0.03)＋700,000円÷(1＋0.03)²＋…＋700,000円÷(1＋0.03)⁵＝3,206,000円
　　　貸手であるＤリース(株)の計算利子率を知り得ないので，借手であるＣ社の追加借入利子率３％を用いて最低リース料総額350万円を現在価値に割り引く。
　　　現在価値3,206,000円＞リース資産の公正価値2,500,000円なので，公正価値で資産・負債を計上する。

　t₁期末（第１回リース料支払日）：

| (借)リース債務 | 390,000*² | (貸)現金預金 | 700,000 |
| 支払利息 | 310,000*³ | | |

＊2・＊3　図表15－2　期間ごとのリース債務の返済

会計期間	期首元本	支払額	元本分	利息分	期末元本
t₁	2,500,000	700,000	390,000	310,000	2,110,000
t₂	2,110,000	700,000	438,360	261,640	1,671,640
t₃	1,671,640	700,000	492,717	207,283	1,178,923
t₄	1,178,923	700,000	553,814	146,186	625,109
t₅	625,109	700,000	625,109	74,891	0
合　計	－	3,500,000	2,500,000	1,000,000	－

利息相当額の算定に必要な利子率 r の計算は次のとおりである。

$700,000$ 円 $\div (1+r) + 700,000$ 円 $\div (1+r)^2 + \cdots + 700,000$ 円 $\div (1+r)^5 = 2,500,000$ 円

∴　r＝12.4％

（借）減 価 償 却 費	250,000＊⁴	（貸）減価償却累計額	250,000

＊4　所有権移転条項があるので，当該物件の耐用年数（10年）が償却期間となる。

（借）長 期 前 受 収 益	100,000＊⁵	（貸）固定資産売却益	100,000

＊5　500,000円÷5年(リース期間)＝100,000円

t₂期末〜t₄期末（リース料支払日）：t₁期末と同様（図表15－2参照）

t₅期末（最終回のリース料支払・リース物件の所有権取得）：

（借）リ ー ス 債 務	625,109	（貸）現 金 預 金	700,000
支 払 利 息	74,891		
（借）減 価 償 却 費	250,000	（貸）減価償却累計額	500,000
（借）長 期 前 受 収 益	100,000	（貸）固定資産売却益	100,000

C社財政状態計算書上，リース債務は消滅し，帳簿価額125万円の機械装置のみが資産として残る。

第16章 減損会計

1 減損損失の定義および減損処理の目的

「減損損失」とは，個々の資産または現金生成単位の「帳簿価額」がその「回収可能価額」を超過する金額をいう。「回収可能価額」とは，個々の資産または現金生成単位の「売却費用控除後の公正価値」と「使用価値」のいずれか高い方である。

ここに「現金生成単位」とは，他の資産から得られるキャッシュ・フローと独立して識別できるキャッシュ・フローを生成する資産の最小グループをいう。「使用価値」とは，単一資産または現金生成単位から得られると期待される将来キャッシュ・フローの割引現在価値をいう。また，「公正価値」とは，当該資産についての知識があり，かつ，取引に参加することを望む当事者間での自発的な取引において，資産または現金生成単位の売却によって得られる金額をいい，「売却費用控除後の公正価値」とは，その公正価値から処分費用を控除した価額をいう（ＩＡＳ36，6項）。

減損処理を行う目的は，資産の帳簿価額に少なくとも企業にとって回収可能な金額が付されることを保証させることである。もし資産の帳簿価額が，その資産の使用や売却によって受け取ると期待されるキャッシュ・フローの金額を超過しているならば，その帳簿価額は「回収可能である」とは言えない。こうした状況のときには，その資産は減損していると判定し，帳簿価額をその回収できると期待される最大額まで切り下げる。切り下げた金額は，その期の包括利益計算書に「減損損失」として計上する。

なお，その回収可能価額が後に回復した場合には，一定の上限額までその回復分について簿価を引き上げる。これを「減損損失の戻入れ」という。

2 減損処理の手続き

(1) 減損の兆候

減損処理の手続きの第1段階として，財政状態計算書の作成日において，資産に減損が生じていることを示唆する事象が存在するか否かを評価する（IAS36, 9項）。すなわち，減損が発生しうる兆候の有無を確認する。もし「減損の兆候」が存在していれば，次の段階へ進む。

ただし，減損の兆候が存在しない場合でも，①存続期間が識別可能な無形資産，②未だ使用可能な状態になっていない無形資産，③企業結合の過程で取得された「のれん」については，必ず次の段階へ進む（IAS36, 10項）。

この兆候の存在有無の確認は経営者の主観的評価に依存するが，資産に減損が生じていることを示唆する事象として，以下の外部的要因・内部的要因が例示されている（IAS36, 12項）。

① 外部的要因
　(a) 当期中に，時間の経過または正常な使用によって予想される以上に，資産の市場価値が著しく低下している。
　(b) 企業が活動している技術的・市場的・経済的・法的な環境において，または資産が利用されている市場において，当期中または近い将来に企業にとって不利な変化が発生した，または発生すると予想される。
　(c) 当期中に，市場における利子率（または収益率）が上昇し，かつ，これらの上昇が使用価値の計算に用いられる割引率に影響して回収可能価額を著しく減少させると予想される。
　(d) 純資産の帳簿価額が当該企業の株式時価総額を超過している。

② 内部的要因
　(e) 資産の陳腐化または物理的損害の証拠が入手できる。
　(f) 資産が使用されている範囲・方法について，当期中または近い将来に企業にとって著しい不利な影響が発生した，または発生すると予想される。

(g) 資産の経済的成果が予想していたより悪化し，または悪化すると予想されることを示す証拠が内部報告から入手できる。

(2) 減損損失の認識・測定

減損処理の第2段階は「減損テスト」である。これは，減損が生じていることを示唆する事象が存在する資産について，「帳簿価額」と「回収可能価額」を比較する（ＩＡＳ36, 59項）。もし，前者が後者を超過しているならば，財務諸表において「減損損失」を認識し，当該超過額が減損損失の測定額になる。減損損失は直ちに包括利益計算書において認識される。ここでいう帳簿価額とは，財政状態計算書に計上されている資産の減価償却累計額控除後（および，もし存在すれば減損損失累計額控除後）の価額をいう。前述したように，回収可能価額とは「売却費用控除後の公正価値」と「使用価値」のいずれか高い方をいう。

設例16－1：減損損失の認識

機械（取得価額：1,000万円，減価償却累計額：630万円）に減損の兆候がみられるため，使用価値を測定したところ200万円であり，売却するとすれば210万円で売却できるが，その処分に当たり20万円の費用が発生する。

(借)減 損 損 失	1,700,000[1]	(貸)機　　　械	1,700,000
		または	
		減損損失累計額	

[1]　売却費用控除後の公正価値（210万円－20万円＝190万円），使用価値（200万円）を比較した結果，回収可能価額は定義により200万円である。帳簿価額（1,000万円－630万円＝370万円）を下回っているため，帳簿価額との差額を減損損失（200万円－370万円＝△170万円）として計上する。

---

(3) 減損損失の戻入れ

第3段階として，財政状態計算書の作成日において，過去に認識した減損損失がもはや存在しないか，または減少している可能性を示唆する事象が存在するか否かを評価しなければならない（ＩＡＳ36, 110項）。すなわち，減損が回復しうる兆候の有無を確認する。この確認は，第1段階における減損の兆候の評

価とほぼ同様の手続きである。

　もし兆候が存在していれば，当該資産の回収可能価額を見積もり，以前の見積りとの間に変化があった場合には，「減損損失」を戻し入れなければならない（ＩＡＳ36, 114項）。ただし，この戻入れには上限がある。すなわち，減損損失の戻入れによって改訂される帳簿価額は，過去に減損損失がなかったとした場合の帳簿価額（償却または減価償却控除後）を超えてはならない（ＩＡＳ36, 117項）。

設例16－2：減損損失の戻入れ

以前に減損損失を認識した機械の回収可能価額が回復している兆候がみられる。機械の帳簿価額は140万円，回収可能価額は300万円であるが，以前に減損損失を認識していなかったとした場合の帳簿価額は290万円である。

| （借）機　　　　　械 | 1,500,000 | （貸）減損損失戻入益 | 1,500,000[*1] |

または
減損損失累計額

＊1　回収可能価額が帳簿価額を上回っているため，減損損失の戻入れを認識する。ただし，以前に減損損失を認識していなかったとした場合の帳簿価額が戻入れの上限となるため，290万円－140万円＝150万円が減損損失戻入益となる。

---

(4)　のれんと全社資産

　企業結合により取得した「のれん」も財政状態計算書に資産として計上されている以上は，減損処理の対象になり得る。そこで，「のれん」についてはあらかじめ，企業結合のシナジーから便益を得ることが期待される個々の資産に配分しておく必要がある（ＩＡＳ36, 80項）。これは，本社ビルや研究開発部門といった，複数の現金生成単位の将来キャッシュ・フローに貢献する「全社資産」についても同じである。

　「のれん」や「全社資産」が配分された後の現金生成単位について，その帳簿価額と回収可能価額を比較し，前者が後者を上回っていれば「減損損失」を

認識する。この減損損失は，次の順序に従って当該単位の帳簿価額を減額させる（IAS36, 104項）。

① 当該単位に配分された「のれん」または「全社資産」の帳簿価額を減額する。
② 当該単位内の各資産の帳簿価額に基づいた比例按分によって，当該単位におけるその他の資産の帳簿価額を減額する。

なお，「のれん」については過去に認識された減損損失を戻し入れてはならない（IAS36, 124項）。IAS38の規定によれば，現在のところ，「自己創設のれん」の認識は禁止されており，「のれん」の回収可能価額が後に増加することは，減損損失の戻入れというよりは，むしろこの自己創設のれんの増加である可能性があると考えられているからである。

設例16－3　減損損失の配分

ある現金生成単位が「のれん」1,000万円，建物2,000万円，土地3,000万円から構成されている（帳簿価額）。この現金生成単位の回収可能価額は4,500万円であり，各資産へ減損損失を配分する。

(借)減　損　損　失　15,000,000[*1]　(貸)の　れ　ん　10,000,000[*2]
　　　　　　　　　　　　　　　　　　　　　建　　　物　　2,000,000[*3]
　　　　　　　　　　　　　　　　　　　　　土　　　地　　3,000,000[*3]
　　　　　　　　　　　　　　　　　　　　　　　または
　　　　　　　　　　　　　　　　　　　　減損損失累計額

*1　4,500万円－6,000万円＝△1,500万円
*2　まず「のれん」の帳簿価額を全額切り下げる。
*3　「のれん」に配分後の減損損失は，減損処理前の帳簿価額に基づいて比例按分する。なお，減損処理後の帳簿価額は以下のとおりである。

図表16－1　減損損失の配分　　　（単位：万円）

	のれん	建物	土地	合計
帳簿価額	1,000	2,000	3,000	6,000
減損損失	(1,000)	(200)	(300)	(1,500)
減損損失後の帳簿価額	－	1,800	2,700	4,500

3 回収可能価額の測定方法

(1) 現金生成単位

「回収可能価額」の見積りは，原則的に個別資産ごとに行わなければならない（IAS36, 66項）。

ただし，個々の資産がそれぞれ互いに有機的にキャッシュ・フローの生成に貢献しているような場合では，個別資産について回収可能価額を測定することが困難である。こうした状況の場合には，他の資産とは独立して生み出されるキャッシュ・フローを識別できる最小のグループを定め，問題となっている資産が属するグループを1つの単位として回収可能価額の測定を行う。この単位を「現金生成単位」という。

(2) 売却費用控除後の公正価値

「売却費用控除後の公正価値」とは，公正価値から処分費用を控除した価額をいう。ここでいう公正価値には階層がある。まず，独立企業間取引条件による拘束力のある売買契約にもとづく価格が存在するなら，これを最善の証拠として参照する（IAS36, 25項）。次に，拘束力のある売買契約は存在しないものの，当該資産が活発な市場で取引されているなら，当該市場価格を参照する。最後に，拘束力のある売買契約と活発な市場のいずれも存在しない場合，取引の知識がある自発的な当事者間で独立企業間取引による資産売却について入手し得る最善の情報にもとづいて，推定を行う（IAS36, 27項）。

(3) 使用価値

「使用価値」とは，単一資産または現金生成単位から得られると期待される将来キャッシュ・フローの「割引現在価値」である。この算定には，以下の要素を反映させなければならない（IAS36, 30項）。

(a) 資産から得られると期待される将来キャッシュ・フローの見積り
(b) 将来キャッシュ・フローの金額とタイミングについて予想される変動
(c) 無リスク利子率で表わされる貨幣の時間価値
(d) 資産固有の不確実性

第3部　特殊会計論

(e) 非流動性といった，将来キャッシュ・フローについて市場参加者が考慮しているその他の要因

設例16－4：回収可能価額の測定および減損損失戻入れ

(1) t_1期末に，P社は食品製造業を営むS社を10,000で100％取得した。S社を構成する識別可能な資産の公正価値は7,000であったため，P社が支払った買収プレミアムは3,000であり，「のれん」として計上した。S社は食品別に3つの部門（食品A〜C）で事業活動を展開しており，図表16－2はそのt_1期末時点のデータである。これがS社の内部管理上の最小単位（すなわち現金生成単位）である（税効果，貨幣単位の表記は無視する）。

図表16－2　t_1期末時点のデータ

	取得価格の配分	識別可能資産の公正価値	のれん
食品Aの事業活動	3,000	2,000	1,000
食品Bの事業活動	2,000	1,500	500
食品Cの事業活動	5,000	3,500	1,500
合　計	10,000	7,000	3,000

t_1期末とt_2期末時点において，各部門の事業活動の状況は良好であり，減損の発生を示唆する兆候は存在していなかった。ところが，t_3期首に食品Aの原材料の輸入先の国で重大な品質管理上の問題が発生し，政府はただちにその国からの原材料の輸入を大きく制限する法律を成立させた。同国からの低コストの原材料に依存していた食品A事業のビジネスモデルはたちまち立ち行かなくなり，この結果，食品A事業の生産は40％削減となる見込みとなった。そこでP社は，A事業に減損の兆候が存在すると判断し，t_3期首時点に減損テストおよび減損処理を実施した。これまでA事業の識別可能資産については耐用年数12年，残存価額ゼロ，定額法という前提で減価償却を行い，将来キャッシュ・フローの見積りは図表16－3のとおりであり，公正価値を上回っている。なお，

第16章 減損会計

貨幣の時間価値とA事業に固有のリスクを反映した税引前の割引率を15％と仮定する。

図表16－3　t₃期首時点におけるA事業の現金生成単位の使用価値

年度	長期成長率	将来キャッシュ・フロー	割引率15％での現在価値係数	割引将来キャッシュ・フロー
t₃		230	0.86957	200
t₄		253	0.75614	191
t₅		273	0.65752	180
t₆		290	0.57175	166
t₇		304	0.49718	151
t₈	3％	313	0.43233	135
t₉	－2％	307	0.37594	115
t₁₀	－6％	289	0.32690	94
t₁₁	－15％	245	0.28426	70
t₁₂	－25％	184	0.24719	45
t₁₃	－67％	61	0.21494	13
使用価値				1,360

（借）減 損 損 失	1,473*¹	（貸）減損損失累計額（の れ ん）	1,000*²
		減損損失累計額（識別可能資産）	473*³

＊1　A事業の帳簿価額：
　　t₃期首時点における減価償却累計額は167（2,000÷12年）であり，帳簿価額は2,833（識別可能資産の取得原価2,000－減価償却累計額167＋のれん1,000）である。
　　A事業の回収可能価額：
　　使用価値が公正価値を上回っているため，使用価値にもとづいて算定する。図表16－3より，まず最新の予算計画から今後5年間のキャッシュ・フローを参照する。続いて，6年目以降については，低減成長率にもとづいて見積られた金額を参照する。割引率15％に基づいて各キャッシュ・フローの予測を現在価値に割り引く。計算の結果，A事業の回収可能価額は1,360である。
　　A事業の減損損失：
　　帳簿価額2,833と回収可能価額1,360を比較すると，前者が後者を1,473超過しており，この差額が減損損失である。

＊2　A事業の減損損失の配分として，まずA事業ののれんの帳簿価額の全額1,000をゼロにする。

第3部　特殊会計論

＊3　A事業の減損損失のうち，のれんに配分された後に残った473を識別可能資産に配分する。なお，減損損失の各資産への配分は図表16－4に示すとおりである。

図表16－4　t_3期首時点におけるA事業の減損損失

	のれん	識別可能資産	合　計
取得原価	1,000	2,000	3,000
減価償却累計額（t_2期）	－	167	167
帳簿価額	1,000	1,833	2,833
減損損失	(1,000)	(473)	(1,473)
減損損失控除後の帳簿価額	－	1,360	1,360

(2)　t_4年度になり，食品Aの原材料の輸入を制限する法律が一部緩和される見通しとなり，輸入制限によるA事業への影響は，経営者が予測していたほど厳しいものではなかった。この結果，経営者は事業計画の見直しを行い，今後，生産が30％増加すると予測した。この事業計画の見直しに伴い，t_4期末時点にA事業の回収可能価額の再算定を行ったところ，A事業の現金生成単位は依然としてA事業全体であり，その回収可能価額は1,910と算定された。

（借）減損損失累計額 　　　（識別可能資産）	387＊1	（貸）減損損失戻入益	387

＊1　t_4期末時点の帳簿価額：
　　　t_3期首における減損損失後の帳簿価額は1,360であり，これをベースに，その時点からみた残存耐用年数（11年）にわたる減価償却を行うとすれば，1年あたりの減価償却費は1,360÷11年＝123.6である。これを2年分行っているため，帳簿価額は1,360－（123.6×2）＝1,113である。ここでは，減損処理を行ったことにより，年間の減価償却費が当初の166.7から123.6に修正されている点に留意されたい。
　　減損損失の戻入れの認識：
　　　t_4期末時点の回収可能価額1,910と帳簿価額1,113を比較すると，回収可能価額が797上回っている。したがって，t_3期首に認識した減損損失の戻入れを認識する（図表16－5参照）。

第16章 減損会計

図表16－5　t₄期末時点におけるA事業の帳簿価額

	のれん	識別可能資産	合　計
t₃期首			
取得原価	1,000	2,000	3,000
減価償却累計額（t₂期）		（　167）	（　167）
減損損失	（　1,000）	（　473）	（　1,473）
減損損失後の帳簿価額		1,360	1,360
t₄期末			
追加減価償却（2年間）		（　247）	（　247）
帳簿価額		1,113	1,113
回収可能価額			1,910
回収可能価額のうち帳簿価額を超える部分			797

戻入れの上限：
　t₃期首に減損損失を認識していなかったとした場合の帳簿価額を算定する必要がある。のれんの減損損失は戻入れを行うことを禁止されているため，ここでは識別可能資産についてのみ検討する。識別可能資産の取得原価は2,000であり，取得時からt₄期末時点まで当初の減価償却費（年間166.7）を3年分行っていたとすれば，その減価償却累計額は500であり，当該累計額控除後の取得原価は1,500である。したがって，減損損失の戻入れは，この1,500が上限となる。

戻入れの金額：
　下記の図表16－6のとおり，識別可能資産の帳簿価額1,113と減損損失の戻入れの上限額1,500との差額387が戻入れの金額である。

図表16－6　t₄期末時のA事業の帳簿価額（戻入れ実施後）

	のれん	識別可能資産	合　計
取得原価	1,000	2,000	3,000
減価償却累計額	－	414	414
減損損失累計額	（　1,000）	（　473）	（　1,473）
帳簿価額	－	1,113	1,113
減損損失の戻入れ	0	387	387
減損損失戻入れ後の帳簿価額	－	1,500	1,500

4　財務諸表上の開示

　減損損失に関して，資産の種類ごとに財務諸表に次の事項を開示しなければならない（IAS36, 126項）。
(a)　減損損失の金額，これを表示している包括利益計算書の表示項目
(b)　減損損失の戻入れの金額，これを表示している包括利益計算書の表示項目
(c)　持分に直接計上された減損損失の金額
(d)　持分に直接計上された減損損失の金額

　なお，減損損失または減損損失戻入れが財務諸表全体にとって重要である場合には，次の項目を併せて開示しなければならない（IAS36, 130項）。
(a)　減損損失の認識または戻入れに至った事象・状況
(b)　認識または戻し入れされた減損損失の金額
(c)　個別資産について，①当該資産の性質，②セグメント情報を報告している場合には当該資産が所属するセグメント
(d)　現金生成単位について，①具体的な詳細，②その種類ごとに認識または戻し入れされた減損損失の金額，③もし以前と単位が異なれば，現在と以前のグルーピング方法の詳細，およびその変更理由
(e)　回収可能価額の測定について，売却費用控除後の公正価値と使用価値のどちらを用いたか
(f)　売却費用控除後の公正価値を用いた場合は，その算定に用いた基礎
(g)　使用価値を用いた場合は，その算定に用いた割引率

第17章 税効果会計

1 税効果の意義・種類

(1) 資産・負債アプローチの採用

「法人所得税」とは，課税所得を課税標準として課税される国内・国外のすべての税金をいう（IAS12, 2項）。法人所得税の税金費用は，当期税金（要納税額）と繰延税金から成る。

ある資産・負債の財務報告上の帳簿価額と税務上の帳簿価額とが異なる場合，当該差異はこれら帳簿価額の将来の回収・決済時に，税金支払額を増加・減少させる形で将来の税金支払に係るキャッシュ・フローに影響を与える。この差異に基づく将来予想される税金の減少額または増加額は，「税効果」と呼ばれる。IAS12は，ストック面から税効果を認識する「資産・負債アプローチ」を採用している。

資産または負債の財政状態計算書上の帳簿価額と税務基準額との差額を「一時差異」という（IAS12, 5項）。一時差異は「将来加算一時差異」と「将来減算一時差異」に分けられる。

「将来加算一時差異」とは，当該資産・負債の帳簿価額が将来の期に回収・決済されたときに，その期の課税所得（欠損金）に加算される「一時差異」であり，将来加算一時差異に関連して将来の期に課される税額を「繰延税金負債」という。

「将来減算一時差異」とは，当該資産・負債の帳簿価額が将来の期に回収・決済されたときに，その期の課税所得（欠損金）の計算上減算される「一時差異」であり，将来減算一時差異に関連して将来の期に回収される税額を「繰延税金資産」という。繰延税金資産は，将来減算一時差異だけでなく税務上の「繰越欠損金」および「税額控除繰越額」からも生ずる。

(2) ＩＡＳ12における税務基準額の考え方

ＩＡＳ12（5項）によれば，資産・負債の税務基準額とはその資産・負債に税務上帰属するとされた金額をいう。資産の税務基準額は，企業が当該資産の帳簿価額を回収するときに，企業に流入する課税対象の経済的便益に対して税務上減算される金額であり，負債の税務基準額は，帳簿価額から当該負債に関して次期以降の税務上の損金算入額を控除した額をいう（ＩＡＳ12, 7～8項）。

一般に，資産・負債の財政状態計算書上の帳簿価額と税務上の帳簿価額との差額は，「永久差異」の存在により常に一時差異であるとは限らない。このため，両者の差異のうち，財政状態計算書上の資産・負債の帳簿価額の回収・決済により解消するときに，損金算入または益金算入されるものに限定して一時差異とするアプローチも考えられる。

しかし，ＩＡＳ12はこのような考え方を採用していない。ＩＡＳ12は，資産・負債の財政状態計算書上の帳簿価額と税務基準額との差額をすべて一時差異とし，一時差異は将来加算一時差異か将来減算一時差異になるという体系を採用している。シンプルであるが，このために様々な例外的措置が必要となる。

企業が資産の帳簿価額を回収するときに企業に流入する経済的便益が課税対象とされない場合，当該資産の税務基準額は帳簿価額と同額とされる（ＩＡＳ12, 7項）。

たとえば，当期末に未収収益を計上したが，税務上当該収益は益金とされない場合，当該収益は「永久差異」を生み出すが，当該未収収益の税務基準額を帳簿価額と同額とすることにより，税務基準額と簿価の間に差額が生じないようにしている（ＩＡＳ12, 付録AのC参照）。

また，負債に関して税務上次期以降に損金に算入されない場合，当該負債の税務基準額は帳簿価額と同額とされる。たとえば，期末に未払費用が計上されたが，税務上当該費用は損金にならない場合，当該費用は「永久差異」を生み出すが，当該未払費用の税務基準額を帳簿価額と同額とすることにより，税務基準額と簿価の間に差額が生じないようにしている（ＩＡＳ12, 付録AのC3参照）。

さらに、企業が財政状態計算書上の資産の帳簿価額を回収するときに、当該資産の金額が企業に流入する課税対象の経済的便益に対して税務上減算されない場合には、当該資産の税務基準額はゼロとみなされる。

たとえば、ある取得資産について、その償却費・譲渡損失は税務上損金不算入、譲渡益は非課税である場合、当該資産の税務基準額はゼロとされる。これにより一時差異が生ずるが、資産の当初認識から発生したものとして「繰延税金負債」を認識しないという例外的取扱いを設けている（ＩＡＳ12, 22項(c)設例参照）。

(3) 経営者の意図による影響

資産・負債の帳簿価額を回収・決済する方法が当該資産・負債の税務基準額・税率に影響する場合、繰延税金資産・負債を回収・決済する方法に対応した税率・税務基準額が使用・算定される（ＩＡＳ12, 52項）。

たとえば、原価100万円（簿価80万円）の資産が150万円に再評価され、税務上は何らの修正もされない（税務上の償却累計額30万円、現行税率30％）場合、企業が当該資産の使用により帳簿価額を回収する意図であれば、当該資産の税務基準額は70万円、税率は30％となる。もし直ちに売却（150万円）により帳簿価額を回収する意図があり、指数修正原価110万円を税務上のベースとするとした場合、当該資産の税務基準額は80万円、適用税率は予測税率の20％となる。

このように、ＩＡＳ12における税務基準額および適用税率は、資産・負債の簿価の回収・決済に係る経営者の意図により影響を受けるものとなっている。

2　繰延税金資産・負債の認識・測定方法

(1) 繰延税金資産・負債の認識

① 将来加算一時差異に対する繰延税金負債の認識

「繰延税金負債」は、一定の例外を除き、すべての将来加算一時差異に対して認識されなければならない（ＩＡＳ12, 15項）。

> **設例17-1：繰延税金負債の計上**
>
> 当期取得の資産（150万円）に対して税務上加速償却を実施した。会計上の償却費は50万円であるが，税務上の償却費は90万円であり，実効税率は40％である。
>
> （借）繰延税金費用　　160,000　　（貸）繰延税金負債　　160,000*
> * ｛(150万円－50万円)－(150万円－90万円)｝×40％＝16万円

② 将来減算一時差異に対する繰延税金資産の認識

「繰延税金資産」は，一定の例外を除き，将来減算一時差異を利用できる課税所得が生ずる可能性が高い範囲内で，すべての将来減算一時差異に対して認識されなければならない（IAS12, 24項）。

> **設例17-2：繰延税金資産の計上**
>
> 製品保証引当金100万円を設定したが，税務上は実際のクレームに対する支払まで損金にならなかった。実効税率は40％である。
>
> （借）繰延税金資産　　400,000*　　（貸）繰延税金利益　　400,000
> * 100万円×40％＝40万円

③ 企業結合時の公正価値評価の税効果

企業結合時に，被取得企業の公正価値に基づく評価額と税務基準額が異なる場合には，一時差異が生ずる。この場合に生ずる繰延税金負債または繰延税金資産は，当期損益ではなく「のれん」に影響させる（IAS12, 19項）。

④ 資産の公正価値評価の税効果

財務報告上の資産を公正価値で計上または再評価したが，当該資産の税務基準額は何ら修正されない場合には，一時差異が生じ，これに対して繰延税金負債または繰延税金資産が認識される（IAS12, 20項）。

設例17－3：資産再評価差額の税効果

帳簿価額100万円の有形固定資産を190万円に再評価した。実効税率は40％である。

(借) 固　定　資　産	900,000	(貸) 再評価剰余金	900,000
再評価剰余金	360,000	繰延税金負債	360,000

⑤　支店・子会社・関連会社に対する投資およびジョイント・ベンチャーの持分の税効果

　未分配利益の存在・為替レートの変動等により，これら投資・持分の帳簿価額がその税務基準額と異なるときに，一時差異が発生する（ＩＡＳ12, 38項）。一定の例外を除き，当該一時差異に対して繰延税金負債または繰延税金資産を認識しなければならない（ＩＡＳ12, 15項, 24項）。

⑥　内部取引の消去に係る税効果

　連結企業グループ内の内部取引（未実現損益）の消去に伴い，一時差異が発生する場合，売手が納税した税額を実現するまで繰り延べ，当該一時差異に対して例外的に繰延税金資産を認識しない「繰延法」が考えられるが，ＩＡＳ12は当該一時差異に言及しておらず，一時差異が発生する資産の保有（買手側）企業所在国の税率を適用して繰延税金資産が認識される。

⑦　税務上の繰越欠損金および繰越税額控除

　税務上の繰越欠損金・繰越税額控除に対しては，将来その使用対象となる課税所得の稼得可能性が高い範囲内で，繰延税金資産を認識しなければならない（ＩＡＳ12, 34項）。なお，企業結合により他企業の繰越欠損金の利用が可能となる場合，繰延税金資産は認識されるが，企業結合の会計処理の一部とは認められていない（ＩＡＳ12, 67項）。

(2)　繰延税金資産・負債を認識しない例外的取扱い

　ＩＡＳ12は，一定の場合，例外的に繰延税金資産・負債を認識しない。「繰延税金負債を認識しない場合」とは，(a)「のれん」の当初認識の場合，(b)繰延税金負債が企業結合以外の取引時に会計上の利益にも課税所得にも影響を与え

ない取引における資産・負債の当初認識から生ずる場合である。

「繰延税金資産を認識しない場合」とは，繰延税金資産が企業結合以外の取引時に会計上の利益にも課税所得にも影響を与えない取引における資産・負債の当初認識から生ずる場合である。

① のれんの当初認識

ＩＡＳ12（15項，21項）は，「のれん」に対する税効果の認識を禁止している。「のれん」は配分残余として測定され，繰延税金負債を認識すると，「のれん」の帳簿価額がその分増加するからである。

② 資産・負債の当初認識

資産関連の非課税国庫補助金等，企業結合以外の取引で会計上の利益にも課税所得にも影響しない取引における資産・負債の当初認識では，それ以後も含めて繰延税金資産・負債の認識は認められない。これを認識すれば，その分取得原価が修正され，財務諸表が不明瞭になるからである（ＩＡＳ12, 22項(c)）。

③ 支店・子会社・関連会社に対する投資およびジョイント・ベンチャーの持分の税効果

親会社または持分所有者が一時差異の解消時期をコントロールでき，かつ，予測可能な期間内に一時差異が解消しない可能性が高い場合，これに関する将来加算一時差異に対して繰延税金負債を認識しないことができる（ＩＡＳ12, 39項）。

(3) 繰延税金資産の認識の要件

① 将来減算一時差異に対する繰延税金資産の認識要件

繰延税金資産の認識に関しては，「実現する可能性が高い範囲内」で認識するアプローチ，「実現しない可能性の高い場合」を除き認識を要求するアプローチ，「実現する可能性が実現しない可能性より高い場合」に認識するアプローチ等が考えられるが，ＩＡＳ12は「実現可能性の高い範囲内で認識するアプローチ」を採用している。

ＩＡＳ12（27項）によれば，将来減算一時差異を使用するだけの課税所得が得られる可能性が高い場合に繰延税金資産の認識は限定される。同一課税当局

管轄内の同一納税企業体に十分な将来加算一時差異がある場合，将来減算一時差異の予測解消期と同じ期または繰延税金資産により生ずる税務上の欠損金繰戻し・繰越し可能期間内に解消すると予測される場合に，将来減算一時差異の使用対象となる課税所得が生ずる可能性は高いとされる（ＩＡＳ12, 28項）。

十分な将来加算一時差異がない場合，同一課税当局管轄内の同一納税企業体に将来減算一時差異の解消期と同じ期に当該企業が十分な課税所得を稼得する可能性が高いとき，または適切な期に課税所得を生じさせるタックス・プランニングの実行が可能であるときに，繰延税金資産は認識される（ＩＡＳ12, 29項）。

② 繰越欠損金・繰越税額控除に対する繰延税金資産の認識要件

当該認識要件は将来減算一時差異に係る認識要件と同一であるが，繰越欠損金の存在は将来において課税所得が稼得されないという強い証拠となる。近年に損失が発生した事実がある場合，十分な将来加算一時差異を有する範囲内または十分な課税所得が稼得されるという他の信頼すべき根拠がある範囲内でのみ認識される（ＩＡＳ12, 35項）。その際には，認識の根拠となる証拠の開示が求められる（ＩＡＳ12, 82項）。

③ 未認識の繰延税金資産の再査定

未認識の繰延税金資産は，毎期末に再査定される（ＩＡＳ12, 37項）。事業状況等が改善して将来の課税所得による繰延税金資産の回収可能性が高くなった範囲内で，以前に認識しなかった繰延税金資産が認識される。

(4) 繰延税金資産・負債の測定

① 法定税率

資産負債アプローチに従い，期末時にすでに立法化されている法定税率または実質的に立法化されている法定税率（および税法）に基づいて，資産の実現期または負債の決済期の予測適用税率で繰延税金資産・負債を算定する（ＩＡＳ12, 47項）。期末時点で手続的に立法化が確実と見られる税率をも認めるのがＩＡＳ12の特徴である。

第3部　特殊会計論

> **設例17－4：適用税率**
>
> 40％の法定税率が当期末に30％に引き下げられた。償却資産（取得価額900万円，耐用年数3年，残存価額0）の償却2年目に，当該資産の減価償却限度超過額が期首残高100万円，当期超過額200万円，期末残高300万円であった。当期税引前利益は1,000万円である。
>
> 前期末：
>
> | （借）繰延税金資産　400,000* | （貸）繰延税金利益　400,000 |
> |---|---|
>
> ＊　100万円×40％＝40万円
>
> 当期末：
>
> | （借）繰延税金資産　500,000* | （貸）繰延税金利益　500,000 |
> |---|---|
>
> ＊　300万円×30％－100万円×40％＝50万円
>
> 当期税金費用（要納税額）：（1,000万円＋200万円）×30％＝360万円
>
> 税金費用：当期税金費用360万円－繰延税金利益50万円＝310万円

② 分配税率と未分配税率

利益を配当する場合の「分配税率」と配当しないで留保する場合の「未分配税率」が異なる場合，未分配税率が採用されている（ＩＡＳ12，52A項）。

③ 子会社所在国の税率と親会社所在国の税率

在外子会社が繰延税金資産・負債の測定の際に用いた税率を，親会社の連結財務諸表上そのまま採用するか否かは重要な点であるが，ＩＡＳ12は特に税率を区別しておらず，子会社の税率がそのまま使用される。

④ 内部取引に係る適用税率

既述のとおり，ＩＡＳ12は買手側企業で税効果を認識するため，買手側企業の所在国の税率が用いられる。

⑤ 割引計算の禁止

ＩＡＳ12（53項）は，繰延税金資産・負債の割引計算を禁止している。

⑥　毎期末における繰延税金資産の再検討

　繰延税金資産の計上額は毎期末に再検討しなければならない（ＩＡＳ12,　56項）。一部または全部の繰延税金資産の便益を実現させるのに十分な課税所得を稼得する可能性が高くなくなった場合，その範囲内で繰延税金資産の計上額を減額しなければならない。また，当該評価減は，十分な課税所得を稼得する可能性が再度高くなったときには，戻入れを行わなければならない。

3　財務諸表上の表示・開示

(1)　財務諸表上の表示

①　当期税金および繰延税金

　当期税金および繰延税金は，持分の部に直接計上される項目および企業結合を除き，当期損益に含めなければならない（ＩＡＳ12,　58項）。

　既述のとおり，持分の部に直接計上される項目に関わる税金（当期税金・繰延税金）は，直接に持分の部に貸方計上または借方計上しなければならない（ＩＡＳ12,　61項）。また，企業結合で認識した繰延税金資産・負債は「のれん」に影響を与える。

②　繰延税金資産および繰延税金負債の表示と相殺

　すべての繰延税金資産と繰延税金負債は，固定項目として表示しなければならない。

　企業が当期税金資産と当期税金負債を相殺する法的権利を有し，かつ，繰延税金資産と繰延税金負債とが同一の課税当局によって，同一納税企業体または重要な金額の繰延税金負債・資産の予想決済・回収期に当期税金負債と当期税金資産との純額決済または資産の実現と同時の負債決済を意図している異なる納税企業体に対する課税法人所得税に関するものである場合，繰延税金資産と繰延税金負債とを相殺しなければならない（ＩＡＳ12,　74項）。

③　税金費用の表示

　税金費用（または利益）は，包括利益計算書上に表示しなければならないが，当期税金と繰延税金の区分は求められていない（ＩＡＳ12,　77項）。

(2) 財務諸表上の開示
① 税金費用(利益)の主要な内訳

税金費用(または利益)の主要な内訳は,個別に開示されなければならない(ＩＡＳ12, 79項)。税金費用(または利益)の内訳には,次のものが含まれる(ＩＡＳ12, 80項)。

(a) 当期税金費用(または利益)
(b) 過年度の当期税金費用(または利益)当期修正額
(c) 一時差異の発生と解消に関連する繰延税金費用(または利益)の額
(d) 税率の変更または新税の賦課に関連する繰延税金費用(または利益)の額
(e) 当期税金費用の減少のために使用された過去未認識の税務上の欠損金・税額控除または過去の期の一時差異から生ずる便益の額
(f) 繰延税金費用の減少のために使用された過去未認識の税務上の欠損金・税額控除または過去の期の一時差異から生ずる便益の額
(g) 繰延税金資産の評価減または過去計上評価減の戻入れから生じる繰延税金費用
(h) ＩＡＳ8に準拠して,利益または損失に含められた会計方針の変更および誤謬に係る税金費用(または利益)の額(異常損益項目に関するもの)

② その他の個別開示項目

さらに,次の項目も個別に開示しなければならない(ＩＡＳ12, 81項)。

(a) 持分の部に計上した項目に関わる当期税金および繰延税金の合計額
(b) 会計上の利益に適用税率を乗じて得られる額と税金費用(または利益)との間の数字的調整(適用税率の計算根拠も開示)および平均実際負担税率と適用税率との間の数字的調整(適用税率の計算根拠も開示)のいずれかの様式または両方による税金費用(または利益)と会計上の利益との関係の説明
(c) 対前期比較での適用税率の変動の説明
(d) 繰延税金資産を認識していない将来減算一時差異,税務上の繰越欠損金および繰越税額控除の額
(e) 繰延税金負債を認識していない子会社,支店・関連会社に対する投資お

よびジョイント・ベンチャーに対する持分に係る一時差異の合計額
(f) 一時差異および税務上の繰越欠損金・繰越税額控除の各タイプについて，各期の財政状態計算書上で認識した繰延税金資産・負債の額，財政状態計算書上の金額の変動からは明らかでない場合には包括利益計算書に計上した繰延税金利益・費用の額
(g) 廃止事業の廃止に伴う損益および廃止事業の当期の経常的活動からの損益（掲記された過去の期の対応額も開示）に係る税金費用
(h) 提案または宣言され，財務諸表の承認前で，財務諸表上負債として認識される前の株主への配当に係る法人所得税上の影響の金額

③ 繰延税金資産の根拠の開示

繰延税金資産の実現が現在の将来加算一時差異の解消から生ずる所得を超える将来課税所得に依存している場合，および当該繰延税金資産に係る課税管轄区域内で当期または前期に損失を計上している場合には，当該繰延税金資産の金額とその認識を支持する根拠を開示しなければならない（IAS12, 82項）。

第18章 外貨換算会計

1 外貨換算会計の意義

　一般的に言えば,「外貨換算」とは,外国通貨で建てられていたり,測定されている金額を報告企業の表示通貨に表示換えする手続きである。測定単位を外国通貨から表示通貨に置き換えるプロセスであり,異種通貨との実際の通貨交換である「転換」とは異なる。

　IAS21では,外貨換算会計の検討課題として,「報告企業」（たとえば,親会社・本店など）の財務諸表に当該企業の外貨建取引および「在外営業活動体」（たとえば,子会社・関連会社・支店など）の外貨表示財務諸表を「表示通貨」（財務諸表が表示されている通貨）に換算するための方法がある（IAS21, 1項）。つまり,外貨建取引の換算および外貨表示財務諸表の換算（連結等により報告企業に在外営業活動体の財務諸表を組み込む際に行う換算）が取り扱われる。

　また,IAS21の論点は,いかなる為替レートを適用し,為替レート変動の効果をいかに報告するのかにある（IAS21, 2項）。つまり,IAS21では,外貨建取引の換算と外貨表示財務諸表の換算において,どのように換算を行うのか（換算方法）,換算の結果生じる差額をいかに報告するのか（為替差額の認識）について,規定されている。

　IAS21の特徴としては,「機能通貨」に基づいて換算方法を選択適用する「機能通貨アプローチ」の採用が挙げられる。ここに「機能通貨」とは,企業が営業活動を行う主要な環境で用いられ,現金収支をもたらす通貨をいい,測定通貨と同義に用いられている（IAS21, IN6項, 8～9項）。

　「機能通貨アプローチ」の手続きとしては,独立した個別企業であるのか,「在外営業活動体」であるのか,あるいは在外営業活動体を抱える「報告企業」であるのかに係わらず,まず,図表18－1に示した判断指標に基づいて機能通貨が決定される（IAS21, 17項）。ただし,判断指標が絡み合い,機能通貨が

第18章　外貨換算会計

図表18－1　機能通貨の判断指標

企業が機能通貨を決定する際に考慮する要因（ＩＡＳ21，9項）
財貨・役務の販売価格に大きく影響を与える通貨
財貨・役務の販売価格の決定に影響を与える競争力および規制が属する国の通貨
財貨・役務の提供に係わる労務費，材料費，その他の原価に主たる影響を与える通貨
企業の機能通貨となる証拠を提供する要因（ＩＡＳ21，10項）
財務活動により資金が創出される際の通貨
営業活動からの受取金額が通常留保される通貨
在外営業活動体の機能通貨を決定する際，およびその機能通貨が報告企業のそれと同じであるか判断する際に考慮する追加的要因（ＩＡＳ21，11項）
在外営業活動体の活動が，報告企業の延長線上で営まれているかどうか
在外営業活動体の活動のうち，報告企業との取引が占める割合が高いのか低いのか
在外営業活動体からのキャッシュ・フローが，報告企業のキャッシュ・フローに直接影響を与えるかどうか，そして，すぐに送金可能かどうか
報告企業から提供される資金がなくても，存続そして債務返済に十分なキャッシュ・フローが，在外営業活動体から得られるかどうか

明らかでない場合，その最終的判断は経営者に委ねられている（ＩＡＳ21，12項）。なお，いったん決定された機能通貨は，その後，関連する基本的取引・事象・状況に変更がない限り，変更してはならない（ＩＡＳ21，13項）。

　次に，企業は外貨建項目を決定した機能通貨へと換算し，その影響額（為替差額）を財務諸表に報告しなければならない（ＩＡＳ21，17項）。しかしながら，多くの報告企業は，複数の個別企業で構成されていることから，個別企業の財務諸表を，報告企業の財務諸表が表示する通貨へと換算しなければならない（ＩＡＳ21，18項）。つまり，在外営業活動体の財務諸表は，報告企業の表示通貨へと換算される必要がある。なお，報告企業の表示通貨としては，いかなる通貨（または複数の通貨）も容認されている（ＩＡＳ21，18項）。

第3部　特殊会計論

2　外貨建取引の会計処理

「外貨建取引」とは，外国通貨で表示し，外国通貨で決済される取引をいう（IAS21, 20項)。

外貨建取引を機能通貨で当初認識する場合，原則として「取引日レート」（以下，HRという）によって換算される（IAS21, 21項)。ただし，実務上の配慮から，その近似相場として1週間，1か月間の「平均レート」（以下，ARという）を適用することも容認されている（IAS21, 22項)。

当初認識後には，外貨建項目のうち貨幣項目は，「決算日レート」（以下，CRという）によって換算・報告される。また，取得原価で記録されている非貨幣項目はHRにより換算されるが，その項目が公正価値で測定・記録されている場合は，再評価日の為替レートによって換算される（IAS21, 23項)。

為替差額については，外貨建取引に伴う貨幣項目に関して，取引日と決済日との間で為替レートが変動したことから生じる場合，発生する期間の損益として認識しなければならない。取引がその発生した期間内に決済される場合，その為替差額はすべて当該期間に損益として認識される（IAS21, 28項)。

しかしながら，取引が次期以降に決済される場合には，決済日までの各期間の為替レート変動に従って，為替差額が認識される（IAS21, 28～29項)。

設例18-1：外貨建貨幣項目の換算

取　引　日	取　引　内　容	直物相場
×1年4月1日 （当初認識）	商品を€1,000で売り渡し，代金は掛けとした。	€1＝¥135
×1年4月30日	決算日	€1＝¥138
×1年5月15日 （決済日）	上記売掛金の決済日が到来し，現金で回収した。	€1＝¥130

×1年4月1日（当初認識）：

（借）売　掛　金　　135,000　　（貸）売　　　　上　　135,000

×1年4月30日（決算日）：

| (借) 売　掛　金 | 3,000 | (貸) 為　替　差　益 | 3,000 |

×1年5月15日（決済日）：

| (借) 現　　　　金 | 130,000 | (貸) 売　掛　金 | 138,000 |
| 　　為　替　差　損 | 8,000 | | |

　なお，在外営業活動体に対する報告企業の純投資の一部を構成する貨幣項目（たとえば，未収金，未払金）に関する為替差額については，報告企業（場合によっては在外営業活動体）の個別財務諸表上では損益として認識される。しかしながら，在外営業活動体および報告企業を含む財務諸表（たとえば，連結財務諸表）上では，それは当初「その他の包括利益」として認識され，その後この純投資が処分される際に，持分（「その他の包括利益」）から損益へと振り替えることになる（IAS21, 32項）。

　また，公正価値で測定される非貨幣項目については，その評価差額が「その他の包括利益」に計上されている場合，この評価差額に含まれる為替レート変動の影響を受けた部分（為替差額）は，「その他の包括利益」（再評価損益）として認識されなければならない。ただし，その評価差額が損益として認識されている場合は，為替差額も同様に，損益として認識されることになる（IAS21, 30～31項）。

3　外貨表示財務諸表の換算方法

(1) 機能通貨と表示通貨が同じ場合（機能通貨への換算）

　在外営業活動体の機能通貨が報告企業の表示通貨と同じ場合，当該在外営業活動体の外貨表示財務諸表は，外貨建取引の決算日における換算方法と報告方法と同様の方法によって，機能通貨へと換算されることになる（IAS21, 34項）。つまり，貨幣項目はCR，取得原価で計上されている非貨幣項目はHR，公正価値で計上されている非貨幣項目は再評価日の為替レートにより換算が行われる。一般に，このような換算方法を「テンポラル法」と呼ぶ。

第3部　特殊会計論

なお，損益項目については，原則として，HRにより換算されるが，近似する1会計期間のARも容認されている。換算から生じる為替差額も，外貨建取引に伴う為替差額と同様に，その期の損益として認識される。前述したように，在外営業活動体に対する報告企業の純投資の一部を構成する貨幣項目に関する為替差額については，この限りではない（IAS21，32項参照）。

設例18-2：外貨表示財務諸表の換算（機能通貨と表示通貨が同じ場合）

P社は，t_1年期首に＄150,000で米国のS社の株式（100％）を一括取得した。P社（親会社）は，S社（子会社）と連結財務諸表を作成するために，S社の外貨表示財務諸表の換算を行うが，S社の機能通貨はP社の表示通貨と同じ通貨（￥）であるとする。為替レートは，S社株式取得時の為替レート（HR）と固定資産取得時の為替レート（HR）は＄1＝￥100，t_1期末の為替レート（CR_1）は＄1＝￥102，t_1期中平均レート（AR_1）は＄1＝￥101，t_2期末為替レート（CR_2）は＄1＝￥96，t_2期中平均レート（AR_2）は＄1＝￥99であったとする。上記の条件に基づき，S社の外貨表示財務諸表を換算・作成しなさい。

図表18-2　外貨表示財務諸表の換算（機能通貨＝表示通貨）

(1)

t_1年度	現地通貨(＄1,000)	換算レート(￥/＄)	換算額(￥1,000)	t_2年度	現地通貨(＄1,000)	換算レート(￥/＄)	換算額(￥1,000)
財政状態計算書				財政状態計算書			
現金預金	55	CR_1 102	5,610	現金預金	70	CR_2 96	6,720
売掛金	60	CR_1 102	6,120	売掛金	50	CR_2 96	4,800
棚卸資産	45	AR_1 101	① 4,545	棚卸資産	60	AR_2 99	① 5,940
固定資産	140	HR 100	14,000	固定資産	130	HR 100	13,000
資産合計	300		30,275	資産合計	310		30,460
買掛金	(40)	CR_1 102	(4,080)	買掛金	(30)	CR_2 96	(2,880)
借入金	(80)	CR_1 102	(8,160)	借入金	(60)	CR_2 96	(5,760)
負債合計	(120)		(12,240)	負債合計	(90)		(8,640)
資本金	(150)	HR 100	(15,000)	資本金	(150)	HR 100	(15,000)
剰余金	(30)		②(3,035)	剰余金	(70)		②(6,820)
持分合計	(180)		(18,035)	持分合計	(220)		(21,820)
負債・持分合計	(300)		(30,275)	負債・持分合計	(310)		(30,460)

包括利益計算書					包括利益計算書				
売上	(400)	AR₁	101	(40,400)	売上	(450)	AR₂	99	(44,550)
営業費用	360	AR₁	101	36,360	営業費用	400	AR₂	99	39,600
減価償却費	10	HR	100	1,000	減価償却費	10	HR	100	1,000
為替差額				④ 5	為替差額				④ 165
当期純利益	(30)			③(3,035)	当期純利益	(40)			③(3,785)
その他の包括利益					その他の包括利益				
包括利益	(30)			(3,035)	包括利益	(40)			(3,785)

(2)

t₁年度	持分変動計算書	資　本　金		剰　余　金		持　分　合　計	
		($1,000)	(¥1,000)	($1,000)	(¥1,000)	($1,000)	(¥1,000)
期首残高		(150)	(15,000)			(150)	(15,000)
当期中の変動	当期純利益			(30)	③(3,035)	(30)	(3,035)
	その他の包括利益						
期末残高		(150)	(15,000)	(30)	②(3,035)	(180)	(18,035)

t₂年度	持分変動計算書	資　本　金		剰　余　金		持　分　合　計	
		($1,000)	(¥1,000)	($1,000)	(¥1,000)	($1,000)	(¥1,000)
期首残高		(150)	(15,000)	(30)	(3,035)	(180)	(18,035)
当期中の変動	当期純利益			(40)	③(3,785)	(40)	(3,785)
	その他の包括利益						
期末残高		(150)	(15,000)	(70)	②(6,820)	(220)	(21,820)

① 棚卸資産は，総平均法が適用されていると仮定し，各期中平均レート（ＡＲ）で換算を行う。
② 剰余金の期末残高は，剰余金を除く換算後の財政状態計算書における貸借の差額により求める。
③ 換算後の持分変動計算書において，剰余金の期末残高②から期首残高を差し引き，当期純利益を求める。そして，包括利益計算書の当期純利益項目へ移す。
④ 為替差額は，当期純利益③を加えた後，換算後の包括利益計算書における貸借の差額により求める。

(2) 機能通貨と表示通貨が異なる場合（表示通貨への換算）

　報告企業の表示通貨と機能通貨が異なる在外営業活動体の外貨表示財務諸表を表示通貨へと換算する場合，すべての資産・負債項目はＣＲで換算され，損益項目はＨＲで換算される（ＩＡＳ21, 39項）。損益項目については，実務上の配慮からＨＲに近似したＡＲによる換算も容認されている（ＩＡＳ21, 40項）。一般

第3部 特殊会計論

に,このような換算方法を「決算日レート法」と呼ぶ。

換算の結果として生じるすべての為替差額は,「その他の包括利益」として認識される(IAS21,39項)。この為替差額は,在外営業活動体が処分されるまで,持分の個別項目に累積される。為替差額が損益として認識されないのは,為替レート変動が営業活動からの現在・将来のキャッシュ・フローに対して,ほとんど,あるいは,全く直接的な影響を及ぼさないためである(IAS21,41項)。

なお,連結範囲に含まれるが,完全所有の子会社でない在外営業活動体の場合,非支配持分に帰属する累積為替差額は,連結財政状態計算書の非支配持分(少数株主持分)に配分され,その一部として認識される(IAS21,41項)。

設例18-3:外貨表示財務諸表の換算(機能通貨と表示通貨が異なる場合)

上記 設例18-2 と同じ前提により,S社の機能通貨はP社の表示通貨と異なる。S社の属する国の通貨($)であるとした場合,S社の外貨表示財務諸表を換算・作成しなさい。

図表18-3 外貨表示財務諸表の換算(機能通貨≠表示通貨)

(1)

t_1年度	現地通貨($1,000)	換算レート(¥/$)	換算額(¥1,000)	t_2年度	現地通貨($1,000)	換算レート(¥/$)	換算額(¥1,000)
財政状態計算書				財政状態計算書			
現金預金	55	CR₁ 102	5,610	現金預金	70	CR₂ 96	6,720
売掛金	60	CR₁ 102	6,120	売掛金	50	CR₂ 96	4,800
棚卸資産	45	CR₁ 102	4,590	棚卸資産	60	CR₂ 96	5,760
固定資産	140	CR₁ 102	14,280	固定資産	130	CR₂ 96	12,480
資産合計	300		30,600	資産合計	310		29,760
買掛金	(40)	CR₁ 102	(4,080)	買掛金	(30)	CR₂ 96	(2,880)
借入金	(80)	CR₁ 102	(8,160)	借入金	(60)	CR₂ 96	(5,760)
負債合計	(120)		(12,240)	負債合計	(90)		(8,640)
資本金	(150)	HR 100	(15,000)	資本金	(150)	HR 100	(15,000)
剰余金	(30)		②(3,030)	剰余金	(70)		②(6,990)
累積為替差額			③ (330)	累積為替差額			③ 870
持分合計	(180)		(18,360)	持分合計	(220)		(21,120)
負債・持分合計	(300)		(30,600)	負債・持分合計	(310)		(29,760)

第18章 外貨換算会計

包括利益計算書					包括利益計算書				
売上	(400)	AR₁	101	(40,400)	売上	(450)	AR₂	99	(44,550)
営業費用	360	AR₁	101	36,360	営業費用	400	AR₂	99	39,600
減価償却費	10	AR₁	101	1,010	減価償却費	10	AR₂	99	990
当期純利益	(30)			①(3,030)	当期純利益	(40)			①(3,960)
その他の包括利益（為替差額）	−			④ (330)	その他の包括利益（為替差額）	−			④ 1,200
包括利益	(30)			(3,360)	包括利益	(40)			(2,760)

(2)

t₁年度	持分変動計算書	資本金		剰余金		為替差額		持分合計	
		($1,000)	(¥1,000)	($1,000)	(¥1,000)	($1,000)	(¥1,000)	($1,000)	(¥1,000)
期首残高		(150)	(15,000)					(150)	(15,000)
当期中の変動	当期純利益			(30)	①(3,030)			(30)	(3,030)
	その他の包括利益						④ (330)		(330)
期末残高		(150)	(15,000)	(30)	②(3,030)	③ (330)		(180)	(18,360)

t₂年度	持分変動計算書	資本金		剰余金		為替差額		持分合計	
		($1,000)	(¥1,000)	($1,000)	(¥1,000)	($1,000)	(¥1,000)	($1,000)	(¥1,000)
期首残高		(150)	(15,000)	(30)	(3,030)		(330)	(180)	(18,360)
当期中の変動	当期純利益			(40)	①(3,960)			(40)	(3,960)
	その他の包括利益						④ 1,200		1,200
期末残高		(150)	(15,000)	(70)	②(6,990)	③ 870		(220)	(21,120)

① 換算後の包括利益計算書において計算された当期純利益を，持分変動計算書の当期中の変動項目へ移す。
② 持分変動計算書において，当期純利益①に剰余金の期首残高を加えて，剰余金の期末残高を求める。そして，財政状態計算書の剰余金項目へ移す。
③ 累積為替差額は，剰余金の期末残高②を加えた後，換算後の財政状態計算書における貸借の差額により求める。そして，持分変動計算書の為替差額の期末残高へ移す。
④ 当該期間に発生した為替差額（その他の包括利益として計上）は，持分変動計算書において，為替差額の期末残高から期首残高を差し引いて求める。

(3) 機能通貨が超インフレ経済下にある通貨である場合

機能通貨が超インフレ経済下の通貨である場合には，まず，ＩＡＳ29に従って再表示される（ＩＡＳ21，14項）。当該再表示後，すべての項目（比較情報を含む資産・負債・持分・収益・費用）を直近のＣＲにより換算する。ただし，表示通貨が超インフレ経済下にない通貨である場合，比較情報については対応する過

193

年度において財務諸表上，当期の金額として表示された金額によることになる（IAS21, 42項）。

その後において，当該機能通貨の属する国の経済が超インフレでなくなり，企業がIAS29による再表示を中止した場合，当該中止日の物価水準に合わせた再表示価額が，表示通貨への換算における取得原価として使用されなければならない（IAS21, 43項）。

4 外貨表示財務諸表の換算に関する特殊問題

(1) 機能通貨を変更する場合

前述したように，一度決定された機能通貨は，関連する取引・事象・状況の経済効果に変更があった場合に限り，変更することができる（IAS21, 36項）。

機能通貨を変更する場合，当該変更日から将来に向けて，新たな機能通貨に適用される換算手続きを適用しなければならない（IAS21, 35項）。つまり，機能通貨の変更日における為替レートが使用され，すべての項目は新たな機能通貨へと再換算されなければならない。このように換算された非貨幣項目の金額は，その後，取得原価として扱われる。なお，当初「その他の包括利益」として認識されていた在外営業活動体の換算により生じた為替差額は，当該活動体が処分されるまで，持分から損益に振り替えてはならない（IAS21, 37項）。

(2) グループ内取引に為替差額が生じた場合

在外営業活動体の業績・財政状態を報告企業に組み込むに当たり，子会社のグループ内における債権・債務の残高やグループ内取引高の相殺消去という通常の連結手続きが採られる（IAS27・IAS31参照）。ただし，グループ内の貨幣性資産・負債は，短期・長期に係わらず，連結財務諸表において為替レート変動の結果（為替差額）が認識されなければ，対応するグループ内の負債・資産と相殺消去することができない。貨幣項目は，ある通貨から他の通貨へ転換するという契約を意味し，これにより，報告企業が為替レート変動のリスクにさらされるからである。したがって，当該グループ内の貨幣項目の換算から生じる為替差額は，連結財務諸表において当該期間の損益として認識される。

しかしながら，グループ内の貨幣項目について生じた為替差額が，在外営業活動体に対する企業の純投資の一部を構成する場合には，この為替差額は，当初「その他の包括利益」として認識された後，当該在外営業活動体が処分されるまで，持分の個別項目として累積される（ＩＡＳ21, 45項）。

(3) 在外営業活動体と報告企業の決算日が異なる場合

在外営業活動体の財務諸表の日付と報告企業の日付が異なる場合，在外営業活動体は，報告企業と同じ日付の財務諸表を新たに作成する場合が多い。

しかし，このように新たに作成しない場合であっても，ＩＡＳ27では日付の相違が3か月以内で，重要な取引等について修正される場合には，異なる日付の使用が容認されている。その場合，在外営業活動体の資産・負債は，在外営業活動体の財務諸表の日付における為替レートで換算されることになる。なお，報告企業の日付までに為替レートが著しく変動した場合は，ＩＡＳ27に従い修正が必要である（ＩＡＳ21, 46項）。

(4) のれん・公正価値への調整額

在外営業活動体の取得により生じる「のれん」と，在外営業活動体の取得により生じる資産・負債への公正価値の調整額については，下記のいずれかになるかによって換算処理が決まる。つまり，(a)被取得企業の資産・負債と考えられる場合にはＣＲで換算されるが，(b)親会社の資産・負債と考えられる場合はＨＲで換算される（ＩＡＳ21, ＢＣ27項）。

公正価値への調整額は，被取得企業の特定可能資産・負債に係わるものであることから，ＣＲで換算されることで合意されたが，「のれん」については見解が分かれた。最終的には，「のれん」も在外営業活動体の資産として取り扱い，ＣＲで換算することで合意された（ＩＡＳ21, ＢＣ28～ＢＣ32項）。

したがって，「のれん」と「公正価値への調整額」は，在外営業活動体の機能通貨で示された後，「決算日レート法」により表示通貨へと換算されることになる。その際に生じたすべての「為替差額」は，「その他の包括利益」として認識される（ＩＡＳ21, 47項）。

(5) 在外営業活動体の処分

報告企業が在外営業活動体を処分する場合，当初「その他の包括利益」として認識された後，持分の個別項目に累積されていた為替差額は，在外営業活動体の「処分損益」が認識された際に，持分から損益へと（再分類調整額として）認識される（ＩＡＳ21, 48項）。在外営業活動体に対する持分の全部あるいは部分的処分，清算，株式資本の償還または放棄がこれに該当する（ＩＡＳ21, 49項）。なお，たとえ在外営業活動体に対する持分を保有していたとしても，(a)子会社に対する支配の喪失，(b)関連会社に対する重要な影響力の喪失，(c)共同支配の喪失が認められる場合には，処分とみなされる（ＩＡＳ21, 48Ａ項）。

なお，在外子会社を処分する際には，非支配持分に属していた累積為替差額を取り消すが，損益に振り替えてはならない（ＩＡＳ21, 48Ｂ項）。また，在外営業活動体の部分的処分については，在外子会社の場合，関連する累積為替差額の比例割合だけを非支配持分として再帰属させなければならない。その他の在外営業活動体の場合には，関連する累積為替差額の比例割合だけを損益として再分類する（ＩＡＳ21, 48Ｃ項）。なぜならば，在外営業活動体に対する持分の部分的な処分は，在外営業活動体に対する所有者持分の減少を意味するからである（ＩＡＳ21, 48Ｄ項）。

(6) 為替差額の税効果

外貨建取引の換算に伴う為替差額，外貨表示財務諸表の換算から生じる為替差額については，ＩＡＳ12を適用して，税効果処理が行われる（ＩＡＳ21, 50項）。

5 財務諸表上の開示

為替差額に関して，(a)ＩＡＳ39に従って損益を通して公正価値で測定される金融商品から生じる為替差額を除いて，損益として認識された為替差額の額と，(b)「その他の包括利益」として認識され，その後，持分の個別項目に累積される正味為替差額および期首・期末時点の為替差額の調整について，開示しなければならない（ＩＡＳ21, 52項）。

表示通貨と機能通貨に関して，表示通貨が機能通貨と異なる場合には，その

旨とその理由について開示しなければならない（ＩＡＳ21,53項）。報告企業または重要な在外営業活動体の機能通貨に変更があった場合には，その旨およびその変更理由を開示しなければならない（ＩＡＳ21,54項）。

　企業が機能通貨と異なる通貨で財務諸表を表示し，ＩＡＳ21に従った換算方法を含むＩＦＲＳのすべての要請に準拠している場合に限り，当該財務諸表がＩＦＲＳに準拠している旨を記載しなければならない（ＩＡＳ21,55項）。

　しかし，上記55項の規定を満たさない場合であっても，機能通貨と異なる通貨で表示することがある。たとえば，企業が財務諸表の抜粋項目のみを換算する場合や，機能通貨が超インフレ経済下にない場合でもすべての項目をＣＲで換算する場合などが，それに該当する（ＩＡＳ21,56項）。その場合，下記事項の開示が要請される（ＩＡＳ21,57項）。

(a)　ＩＦＲＳに準拠している情報と区別するために当該情報の補足情報としての明確化

(b)　補足情報が表示される通貨

(c)　機能通貨および補足情報を作成するために使用した換算方法

第19章 企業結合会計

1 企業結合の意義

IFRS3（付録A）によれば，「企業結合」とは，取得企業が1つ以上の「事業」に対する支配を取得する取引またはその他の事象である。ここで「事業」とは，投資家あるいはその他の所有者，メンバーまたは参加者に対して，配当，費用の削減またはその他の経済的便益の形で直接リターンを提供することを目的として経営管理されうる一組の統合された活動および資産である。

したがって，「企業結合」は，取得資産・引受負債が事業を形成するような取引またはその他の事象である。取得資産が事業を形成しない場合は，企業結合ではなく，単なる資産の取得である（IFRS3, 3項）。

IFRS3（付録A）は，「真の合併」または「対等合併」と考えられる取引もまた「企業結合」として取り扱う。ただし，ジョイント・ベンチャーを形成する企業結合，共通支配下の企業または事業間の企業結合，および事業を形成しない資産・資産グループの取得は，IFRS3の範囲外となる（IFRS3, 2項）。

2 取得の会計処理

(1) 取得法の手順

すべての企業結合は「取得法」により会計処理される（IFRS3, 4項）。「取得法」における会計処理は，次の手順で行われる（IFRS3, 5項）。

(1) 取得企業の識別
(2) 取得日の決定
(3) 識別可能な取得資産・引受負債・被取得企業の「非支配持分」（わが国では，「少数株主持分」という）の認識・測定
(4) のれんまたはバーゲン・パーチェス（割安購入）から生じる利得（わが国

では,「負ののれん発生益」という)の認識・測定

(2) 取得企業の識別

いかなる企業結合においても,結合企業のいずれか一方が「取得企業」とされなければならない（ＩＦＲＳ３，６項）。「取得企業」は，ＩＡＳ27に従って，被取得企業の「支配」を獲得した企業である。「支配」とは，企業の活動から便益を得るために，その企業の財務・営業方針を左右する力である（ＩＦＲＳ３，付録Ａ）。取得企業の決定において，いずれが取得企業であるかが明らかでない場合，以下の点が考慮される（ＩＦＲＳ３, Ｂ14～Ｂ18項）。

(a) 企業結合が主として現金・その他の資産の移転あるいは負債の引受けによる場合，通常，現金・その他の資産を移転するか，負債を引き受けた企業が取得企業である。

(b) 企業結合が主として持分証券の交換による場合，通常，持分証券を発行した企業が取得企業である。ただし，一般に「逆取得」と呼ばれる企業結合の場合には，持分証券を発行した企業が被取得企業となる。

(c) 通常，資産・収益・利益といった金額が相対的に大きな企業が，取得企業である。

(d) ３社以上の企業結合の場合における取得企業の決定では，結合企業の規模と同様に，いずれの企業が結合を立案したかが考慮されなければならない。

ちなみに「逆取得」とは，たとえば，非公開企業が公開企業となるために，公開企業に自ら（非公開企業）の持分証券を取得させるように調整する場合である。この場合，会計目的上の取得企業（存続企業）は非公開企業であり，被取得企業（消滅企業）は公開企業であるが，法的には取得企業が公開企業であり，被取得企業が非公開企業となる（ＩＦＲＳ３, Ｂ19項）。

(3) 取得日の決定

取得企業は，被取得企業の支配を獲得した日を「取得日」とする（ＩＦＲＳ３，８項）。「支配獲得日」は，通常，取得企業が法的に対価を移転し，資産を取得し，かつ，負債を引き受けた日である（ＩＦＲＳ３，９項）。

(4) 取得資産・引受負債・被取得企業の非支配持分の認識および測定

取得企業は，のれんとは別に，識別可能な取得資産，引受負債および被取得企業の非支配持分を取得日に認識しなければならない（ＩＦＲＳ３，10項）。識別可能な取得資産・引受負債を認識する場合，当該資産・負債は，以下の２つの条件を満たす必要がある（ＩＦＲＳ３，11～12項）。

(a) 「概念フレームワーク」の資産・負債の定義を満たしている。
(b) 当該資産・負債は，企業結合において取得企業と被取得企業との間で交換されたものである。

認識原則およびこれら２条件の適用によって，被取得企業の従前の財政状態計算書において，認識されていなかった資産・負債を認識することになるかもしれない。たとえば，取得企業は，被取得企業が内部創出して，その関連支出を費用処理したために，財務諸表で資産として認識していなかったようなブランド，パテントあるいは顧客関係等の識別可能な無形資産を認識することができる（ＩＦＲＳ３，13項）。

識別可能な取得資産・引受負債は，他のＩＦＲＳの規定に従って，契約条件，経済情勢，営業または会計方針ならびに他の関連する条件に基づいて，分類または区分指定される（ＩＦＲＳ３，15項）。

企業結合による取得資産・引受負債は，取得日の公正価値によって測定されなければならない（ＩＦＲＳ３，18項）。被取得企業の非支配持分は，公正価値または被取得企業の識別可能純資産の非支配持分割合のいずれかで測定される（ＩＦＲＳ３，19項）。

「段階取得」により達成された企業結合の場合，取得企業は，以前に取得していた被取得企業の持分証券を，取得日における公正価値により再測定し，損益を認識しなければならない。取得企業が，被取得企業の持分証券の価値変動をそれまで「その他の包括利益」として認識している場合にも，当該持分証券を処分したのと同様に，損益を認識する（ＩＦＲＳ３，41項）。

企業結合に伴って生じた「取得関連支出」は，すべて費用として処理する。それらには，アドバイザー・法律家・会計士・鑑定士・その他専門家またはコン

サルティングの手数料，企業内の取得部門の維持費のような一般管理費，負債および持分証券の登録および発行費等が含まれる（IFRS3，53項）。

(5) のれんまたはバーゲン・パーチェスから生じる利得の認識および測定

IFRS3（付録A）によれば，「のれん」とは，企業結合によって取得された個別に識別可能ではなく，かつ，分離して認識されないその他の資産から生じる将来の経済的便益を表象する資産である。取得企業は，取得日に下記(a)が(b)を超過する金額を「のれん」として認識する（IFRS3，32項）。

(a) 以下の総額
 （ⅰ） 移転対価（通常，取得日における公正価値）
 （ⅱ） 被取得企業の非支配持分の金額
 （ⅲ） 取得企業が段階的に取得した被取得企業に対する持分の取得日における公正価値
(b) 識別可能な取得資産・引受負債の取得日における正味金額

逆に，(b)が(a)を超過する場合を「バーゲン・パーチェス」という。取得企業は，当該差額を利得（負ののれん発生益）として認識する（IFRS3，34項）。「バーゲン・パーチェス」により利得を認識する以前には，取得企業は識別可能なすべての取得資産・引受負債が認識されているか否かについて，再評価を行わなければならない。その際，取得企業は，以下の項目に関する測定手続きについて見直しを行う（IFRS3，36項）。

(a) 識別可能な取得資産・引受負債
(b) 被取得企業の非支配持分
(c) 段階取得の場合，以前から保有されていた被取得企業の持分証券
(d) 移転対価

企業結合における「移転対価」とは，取得企業が移転した資産，取得企業が引き受けた負債および企業結合に伴い取得企業が発行する持分証券等を，それぞれ取得日の公正価値で測定した合計金額である。「移転対価」には，たとえば，現金，その他の資産，取得企業の事業または子会社，条件付き対価，普通株式または優先株式，オプション，ワラントおよび相互企業のメンバー持分が含ま

れる（IFRS3, 37項）。

　ここに「条件付き対価」とは，特定の事象が将来発生するかまたは条件が満たされたならば，取得企業が被取得企業に対して追加的な資産または持分証券を移転する義務，または取得企業がすでに移転した対価を受け取る権利である（IFRS3, 付録A）。

　取得企業は，条件付き対価を移転対価に含めて，取得日の公正価値で認識しなければならない（IFRS3, 39項）。

設例19－1：段階取得の会計処理

　P社（取得企業）は，S社（被取得企業）の株式をt_1期末，t_2期末およびt_3期末の3期間にわたり段階取得し，t_3期末に支配を獲得した。各期末におけるS社の持分の合計金額，P社のS社株式の取得原価および取得割合は，下記【資料】のとおりであり，S社の非支配持分の公正価値は，帳簿価額に等しい。会計期間は1年，決算日は3月31日とする。t_3期末における投資と持分（資本）の相殺消去仕訳を示しなさい（単位：百万円）。

【資料】

（単位：百万円）

取得日	被取得企業（S社）の取得日の持分勘定			取得企業（P社）の取得原価	P社のS社株式取得割合
	資本金	利益剰余金	合　計		
	a	b	c＝a＋b	d	e
t_1期末	100,000	30,000	130,000	10,000	5％
t_2期末	100,000	50,000	150,000	20,000	10％
t_3期末	100,000	80,000	180,000	130,000	65％
合　計	－	－	－	160,000	80％
支配獲得時	100,000	80,000	180,000	160,000	80％
非支配持分	－	－	－	－	20％

(借)資本金 （S社）	100,000*1	(貸)S社株式	160,000*2
利益剰余金 （S社）	80,000*1	非支配持分	36,000*3
のれん	16,000*4		

*1 S社のt_3期末（支配獲得時）における持分の内訳
*2 P社によるS社株式の取得原価の合計金額
*3 S社のt_3期末における持分合計における非支配持分
　180,000百万円×20％＝36,000百万円
*4 P社によるS社株式の取得原価の合計金額が，S社のt_3期末における持分合計におけるP社（親会社）持分割合を超える金額
　160,000百万円－180,000百万円×80％＝16,000百万円

なお，逆取得の場合，法的には子会社である存続企業が，法的には親会社である消滅企業の持分証券を取得する。たとえば，t_1期末の3月31日に企業結合直前における親会社（P社）と子会社（S社）の財政状態計算書および条件は，下記【資料】のとおりであり，会計期間は1年，決算日は3月31日とする。

【資料】

(a) 財政状態計算書（t_1期末）　　　　　　　（単位：千円）

	P社 3月31日	S社 3月31日
資産		
流動資産	500	700
固定資産	1,300	3,000
資産合計	1,800	3,700
負債		
流動負債	300	600
固定負債	400	1,100
負債合計	700	1,700
持分		
資本金		
普通株式100株	300	
普通株式60株		600
利益剰余金	800	1,400
持分合計	1,100	2,000
負債・持分合計	1,800	3,700

(b) 条　　件

(ⅰ)　t₁期末の3月31日に，P社はS社の普通株式1株と交換で，P社株式2.5株を発行し，S社の全株主が株式を交換した。その結果，P社はS社の発行済み普通株式60株と交換するために，普通株式150株（60株×2.5株）を発行した。

(ⅱ)　t₁期末の3月31日現在，S社の普通株式1株の公正価値は40千円であり，同日のP社の普通株式の売買価格は12千円であった。

(ⅲ)　t₁期末の3月31日現在，P社の識別可能資産・負債の公正価値は，固定資産を除き帳簿価額と同じである。固定資産の公正価値は1,500千円である（公正価値評価後のP社持分の金額：1,300千円）。

P社が，普通株式150株を発行した結果，S社の株主は結合後企業の発行済株式の60％（交換のための発行株式150株÷P社の発行済株式250株）を保有することになる。残り100株（40％）はP社の株主が保有する。仮に，P社の普通株式と交換に，S社がP社株主にS社株式を発行するという形で企業結合が行われた場合，S社は結合後企業の持分比率を維持するために，40株（60株÷60％－60株）を発行する必要があり，結果としてS社株主はS社の発行済株式100株のうち60株を保有することになる。したがって，企業結合の原価は1,600千円（S社株式1株あたり公正価値40千円×40株）となり，t₁期末時における連結修正仕訳は，下記のとおりである（単位：千円）。

(借)流動資産	500*¹	(貸)資本金(新規発行)	1,600*²
固定資産	1,500*¹	流動負債	300*¹
のれん	300*³	固定負債	400*¹

＊1　P社のt₁期末公正価値評価後の資産および負債の金額
＊2　P社株主に対する新規発行株式の金額
＊3　P社株主に対する新規発行株式の金額－P社の公正価値評価後持分の金額
　　 1,600千円－(500千円＋1,500千円－300千円－400千円)＝300千円

3　のれんの会計処理

(1) 当初認識・測定

取得企業は，取得日に「のれん」を認識する（IFRS3, 32項）。IFRS3（19項）では，被取得企業の非支配持分は，「公正価値」または「被取得企業の識別可能純資産の非支配持分割合」のいずれかで測定されるため，「のれん」にも以下の異なった金額が計算されることになる。

(a) 全部のれん

「全部のれん」は，非支配持分を公正価値で測定することによって，非支配持分に帰属する持分金額を超過した部分まで「のれん」として認識するものである。

(b) 買入のれん

「買入のれん」は，非支配持分を被取得企業の識別可能純資産の非支配持分割合で測定することによって，非支配持分に帰属するのれんが計算されず，取得企業の持分割合だけを「のれん」として認識するものである。

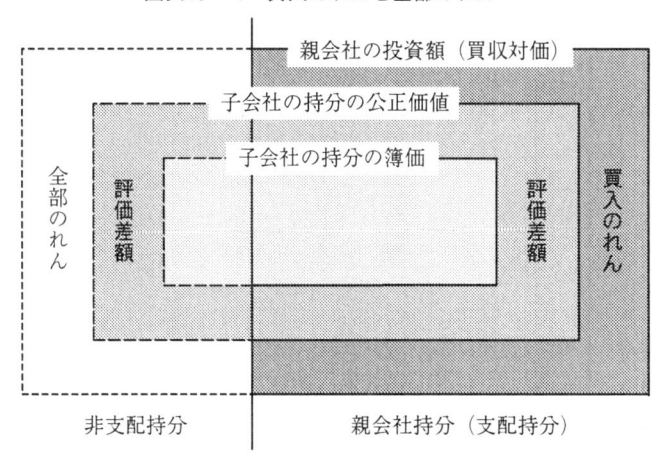

図表19－1　買入のれんと全部のれん

出所：菊谷正人＝吉田智也『連結財務諸表要説』同文舘出版，平成21年，16頁一部修正。

第3部　特殊会計論

設例19－2：のれんの会計処理

(1) 100％未満の株式取得時におけるのれんの配分

　t₁期首の4月1日に，P社がS社株式の80％を160百万円で取得した。t₁期首におけるS社の財政状態計算書の帳簿価額・公正価値は下記【資料】のとおりであり，S社の非支配持分の公正価値は，一定の方法で測定したところ35百万円であった。被取得企業の非支配持分を，(A)「公正価値」で測定した場合の「全部のれん」の金額，および(B)「被取得企業の識別可能純資産の非支配持分割合」で測定した場合の「買入のれん」の金額を計算し，それぞれの場合について投資と持分（資本）の相殺消去仕訳を示しなさい（単位：百万円）。

【資料】

S社の財政状態計算書
4月1日　　　（単位：百万円）

	帳簿価額	公正価値評価後価額
資産		
流動資産	60	60
固定資産	100	150
資産合計	160	210
負債		
流動負債	30	30
固定負債	30	30
負債合計	60	60
持分		
資本金	100	100
利益剰余金		50
持分合計	100	150
負債及び持分合計	160	210

(A)　非支配持分を「公正価値」で測定した場合の「全部のれん」の金額

　「全部のれん」の計上額は，P社の支払対価（160百万円）とS社における非支配持分の公正価値（35百万円）の合計金額から，S社の識別可能純資産の公正価値評価額（150百万円）を控除した差額（45百万円）である。

全部のれんの計算
  支払対価　　　　　　　　　　　　　　　　　160百万円
  被取得企業における非支配持分の公正価値　　35百万円
    合　　計　　　　　　　　　　　　　195百万円
  識別可能純資産の公正価値評価額　　　　　150百万円
    差額（全部のれん）　　　　　　　　　45百万円

(借)	資　本　金	100	(貸)	S　社　株　式	160
	利 益 剰 余 金	50		非 支 配 持 分	35
	の　れ　ん	45			

(B)　非支配持分を「被取得企業の識別可能純資産の非支配持分割合」で測定した場合の「買入のれん」の金額

「買入のれん」の計上額は，Ｐ社の支払対価（160百万円）からＰ社における識別可能純資産の親会社持分割合（120百万円）を控除した差額（40百万円）である。

買入のれんの計算
  支払対価　　　　　　　　　　　　　　　　　160百万円
  識別可能純資産の親会社持分割合　　　　　　120百万円
    差額（買入のれん）　　　　　　　　　40百万円

  識別可能純資産の公正価値評価額　　　　　　　　　150百万円
  上記のうち，親会社持分割合　　　　　80％　　120百万円
  上記のうち，非取得企業における非支配持分　20％　　30百万円

(借)	資　本　金	100	(貸)	S　社　株　式	160
	利 益 剰 余 金	50		非 支 配 持 分	30
	の　れ　ん	40			

(2)　100％未満の株式取得時におけるバーゲン・パーチェス

 t_1期首４月１日に，Ｐ社がＳ社株式の80％を150百万円で取得した。t_1期首におけるＳ社の財政状態計算書の帳簿価額・公正価値は下記【資料】のとおりであり，Ｓ社の非支配持分の公正価値は一定の方法で測定し

第3部　特殊会計論

たところ42百万円であった。被取得企業の非支配持分を，(C)「公正価値」で測定した場合のバーゲン・パーチェスによる利益，および(D)「被取得企業の識別可能純資産の非支配持分割合」で測定した場合のバーゲン・パーチェスによる利益を計算し，それぞれの場合について投資と持分（資本）の相殺消去仕訳を示しなさい（単位：百万円）。

S社の財政状態計算書
4月1日　　（単位：百万円）

	帳簿価額	公正価値評価後価額
資産		
流動資産	100	100
固定資産	100	150
資産合計	200	250
負債		
流動負債	30	30
固定負債	20	20
負債合計	50	50
持分		
資本金	150	150
利益剰余金	0	50
持分合計	150	200
負債及び持分合計	200	250

(C) 非支配持分を「公正価値」で測定した場合のバーゲン・パーチェスによる利益

P社の支払対価（150百万円）とS社における非支配持分の公正価値（42百万円）の合計金額から，S社の識別可能な資産・負債の公正価値評価額（200百万円）を控除すると，差額が負の値（－8百万円）となる。したがって，当該負の差額が，バーゲン・パーチェスによる利益となる。

バーゲン・パーチェスによる利益の計算（非支配持分を公正価値で評価する場合）

支払対価	150百万円
被取得企業における非支配持分の公正価値	42百万円
合　計	192百万円
識別可能純資産の公正価値評価額	200百万円
差額（"－"の金額が利益）	－8百万円

(借)資　本　金	150	(貸) S 社 株 式	150
利　益　剰　余　金	50	非 支 配 持 分	42
		バーゲン・パーチェスによる利益	8

(D) 非支配持分を「被取得企業の識別可能純資産の非支配持分割合」で測定した場合のバーゲン・パーチェスによる利益

　Ｐ社の支払対価（150百万円）からＰ社における識別可能純資産の親会社持分割合（160百万円）を控除すると，差額が負の値（－10百万円）となる。したがって，当該負の差額が，バーゲン・パーチェスによる利益となる。

バーゲン・パーチェスによる利益の計算（非支配持分を識別可能純資産の持分割合で測定した場合）

支払対価		150百万円
識別可能純資産の親会社持分割合		160百万円
差額（"－"の金額が利益）		－10百万円
識別可能純資産の公正価値評価額		200百万円
上記のうち，親会社持分割合	80%	160百万円
上記のうち，非取得企業における非支配持分	20%	40百万円

(借)資　本　金	150	(貸) S 社 株 式	150
利　益　剰　余　金	50	非 支 配 持 分	40
		バーゲン・パーチェスによる利益	10

(2) 当初認識後の処理

　「のれん」は，他の資産または資産グループから独立してキャッシュ・フローを創造することはなく，しばしば複数の「資金生成単位」のキャッシュ・フローに貢献する。したがって，「のれん」は，恣意性なく独立した資金生成単位に配分することはできず，企業結合取引が生じた年度末までに資金生成単位グループに配分される（ＩＡＳ36, 81, 84項）。

　のれんが資金生成単位に配分され，企業がその資金生成単位内の事業を処分

した場合，その処分される事業に関連するのれんは，以下のように処理されなければならない（IAS36, 86項）。

(a) 処分損益を算定する際に，その事業の帳簿価額に含める。
(b) 企業が他に処分される事業に関わる「のれん」をよりよく反映する方法があることを立証できない限り，処分する事業と存続する資金生成単位との価値の割合に基づいて測定する。

のれんが配分されている資金生成単位に「減損の兆候」がある場合，のれんを含む資金生成単位について「減損テスト」を行わなければならない（IAS36, 90項）。資金生成単位の回収可能価額が，帳簿価額を下回る場合，「減損損失」が認識される。「減損損失」の認識では，最初に，当該資金生成単位に配分されているのれんの帳簿価額を減額する（IAS36, 104項）。

設例19－3：のれんの減損処理

t_1期首の4月1日に，P社がS社株式の80％を1,600百万円で取得した。t_1期首におけるS社の識別可能純資産（全額償却資産「有形固定資産」とする）の公正価値は1,500百万円である。

S社全体の資産が，その他の資産や資産グループからのキャッシュ・フローから大きく独立しているキャッシュ・フローを生成する最小の資産グループとなるので，S社が資金生成単位である。この資金生成単位は帳簿価額にのれんを含むので，減損について，毎年，あるいは減損している兆候が存在する場合には，それ以上の頻度で判定しなければならない。

t_1期末の3月31日に，P社は，資金生成単位S社の回収可能価額を1,000百万円であると算定した。P社は，S社の識別可能資産を，すべて耐用年数10年にわたって，定額法で減価償却する。残存価額はゼロである。

なお，S社の非支配持分の公正価値が，一定の方法で測定したところ400百万円であったとき，(A)「全部のれん」を計上する場合および(B)「買入のれん」を計上する場合に分けて，資金生成単位S社に関する減損損失の金

額を計算し，必要な仕訳を示しなさい（単位：百万円）。

(A) 全部のれんを計上する場合

「全部のれん」の計上額は，P社の支払対価（1,600百万円）とS社における非支配持分の公正価値（400百万円）の合計金額から，S社の識別可能純資産の公正価値（1,500百万円）を控除した差額（500百万円）である。したがって，S社の資金生成単位の帳簿価額（1,850百万円）と回収可能価額（1,000百万円）との差額（850百万円）が，減損損失となる。減損損失は，最初にのれんに配分される。

減損損失の計算　　　　（単位：百万円）

	のれん	識別可能純資産	合計
t₁期末	500	1,500	2,000
減価償却累計額		－150	－150
帳簿価額	500	1,350	1,850
回収可能価額			1,000
減損損失			850
帳簿価額	500	1,350	1,850
減損損失（認識額）	－500	－350	－850
減損損失控除後帳簿価額	0	1,000	1,000

（借）減価償却費	150	（貸）減価償却累計額	150
（借）減損損失 　　　（のれん）	500	（貸）のれん	500
減損損失 　　　（有形固定資産）	350	有形固定資産	350

(B) 買入のれんを計上する場合

「買入のれん」の計上額は，P社の支払対価（1,600百万円）からP社における識別可能純資産の親会社持分割合（1,200百万円）を控除した差額（400百万円）である。したがって，S社の資金生成単位の帳簿価額（1,750百万円）と回収可能価額（1,000百万円）との差額（750百万円）が，減損損失となる。減損損失は，最初にのれんに配分される。

第3部 特殊会計論

	減損損失の計算		（単位：百万円）
	のれん	識別可能純資産	合計
t_1期末	400	1,500	1,900
減価償却累計額		－150	－150
帳簿価額	400	1,350	1,750
回収可能価額			1,000
減損損失			750
帳簿価額	400	1,350	1,750
減損損失	－400	－350	－750
減損損失控除後帳簿価額	0	1,000	1,000

(借) 減 価 償 却 費	150	(貸) 減価償却累計額	150
(借) 減 損 損 失 （の れ ん）	400	(貸) の れ ん	400
減 損 損 失 （有形固定資産）	350	有形固定資産	350

4 財務諸表上の開示

　取得企業は，当該報告期間または決算日後財務諸表の公表日までの間に行われる企業結合の内容および財務的影響について，財務諸表の利用者が評価できるように情報を開示しなければならない（IFRS3，59項）。具体的には，次のような情報の開示が求められる（IFRS3，B64項）。

(a) 被取得企業の名前および概要
(b) 取得日
(c) 取得した議決権付き持分証券の割合
(d) 企業結合の主目的および取得企業の支配獲得法
(e) 被取得企業と取得企業の結合により期待されるシナジー，個別に認識する要件を満たしていない無形資産またはその他の要因を含め，認識されたのれんを構成する要因の特性に関する説明
(f) 移転対価の取得日における公正価値および現金，有形・無形資産，引受

負債，取得企業の持分証券等の主要区分ごとの取得日における公正価値
(g) 条件付き対価契約と補償資産に関して，取得日の金額，その内容と予想される影響
(h) 取得した債権に関して，公正価値，契約総額および取得日における契約上キャッシュ・フローについての最善の見積り
(i) 取得資産・引受負債の主要区分ごとの取得日における認識された金額
(j) 公正価値を信頼性をもって測定できないために偶発負債が認識されていない場合には，偶発負債の財務上の影響額，流出する金額・時期に関する不確実性の内容と返済の可能性，および偶発負債を信頼性をもって測定できない理由
(k) 税務上控除できると予想される「のれん」の総額
(l) 企業結合とは別に認識された取引に関して，その取引の説明，取得企業における処理，金額と財務諸表上の項目，およびすでに決済されているならば決済金額の決定方法
(m) 企業結合とは別に認識された取引に関する取得関連支出，個別に費用処理した金額と表示項目
(n) バーゲン・パーチェスに関して，認識された利得額と表示項目，および利得が生じた理由
(o) 100％未満の持分証券の取得による企業結合に関して，取得日における非支配持分の金額とその測定基礎
(p) 段階取得による企業結合に関して，取得日以前に取得企業が保有していた持分証券の取得日における公正価値と非支配持分の評価方法，および企業結合以前の被取得企業が保有していた持分証券を公正価値で再測定した結果認識された損益の金額と表示項目
(q) 可能であれば，報告期間における企業結合日以降の被取得企業の収益・損益の金額，および報告期間に行われたすべての企業結合の取得日が，その期首であるかのように算定した，当該期間中の結合後企業の収益および損益，不可能であればその理由

第20章 連結会計

1 連結の範囲

　ＩＡＳ27（4項）によれば，「連結財務諸表」とは，「単一の経済的事業体」の財務諸表として表示される企業集団の財務諸表である。「企業集団」とは，親会社およびすべての子会社である。連結財務諸表には，国内外のすべての子会社の財務諸表が連結される（ＩＡＳ27, 12項）。

　「親会社」とは，一社以上の子会社を保有している企業であり，「子会社」とは，他の会社によって支配されている企業（パートナーシップなど法人格のない企業を含む）である。親・子会社は支配従属関係にある（ＩＡＳ27, 4項）。

　ここに「支配」とは，ある企業の活動から便益を得るために，当該企業の財務・営業方針を統制する力をいう（ＩＡＳ27, 4項）。親会社が，ある企業の議決権の過半数を直接的にまたは子会社を通じて間接的に所有している場合には，明らかな反証が認められる状況を除いて，支配が存在していると推定される。また，親会社がある企業の議決権の過半数を所有していない場合であっても，次の場合には支配が存在する（ＩＡＳ27, 13項）。

(a) 他の投資者との協定によって，議決権の過半数を支配する力を有する。

(b) 法令または契約によって，企業の財務・営業方針を統制する力を有する。

(c) 他企業の取締役会または同等の経営機関の構成員の過半数を選任または解任する力を有する。

(d) 他企業の取締役会または同等の経営機関において，過半数の投票権を有する。

　また，支配の存在について検討する際には，「潜在的議決権」も考慮に入れなければならない（ＩＡＳ27, 14項）。すなわち，新株引受権，株式コール・オプションおよび通常の株式に転換可能な転換社債等の潜在的議決権のうち，現時点で権利行使・転換可能なものについては，支配力の有無を決定する際に考

慮しなければならない。ただし，潜在的議決権の考慮に際しては，経営陣の権利行使・転換の意図とその能力を考慮してはならない（ＩＡＳ27，15項）。

たとえば，他の企業の議決権を40％保有している企業が，行使可能な議決権の20％を取得する権利（株式コール・オプション）を保有している場合，事実上議決権の60％を保有しているとみなされる。

子会社は，投資企業がベンチャー・キャピタル，投資信託，ユニット信託または類似の企業であるという理由だけで連結から排除されない。さらに，当該企業活動が企業集団内の他の会社のものと異なっているという理由により，子会社は連結から除外されない（ＩＡＳ27，16項）。

一方，投資企業が重要な影響力を有している企業（パートナーシップのような形態を含む）であり，投資企業の子会社またはジョイント・ベンチャーに該当しない企業は「関連会社」といい（ＩＡＳ27，5項），ＩＡＳ28により「持分法」が適用される。

ＩＡＳ28（6〜7項）によれば，「重要な影響力」とは次のような状況をいう。

(a) 投資企業が，議決権の20％以上を直接的にまたは子会社を通じ間接的に所有している。
(b) 投資企業が，議決権の20％以上を直接的または間接的に所有していない場合であっても，以下の事実のいずれかが該当する。
　（イ）　被投資企業の取締役会または同等の経営機関への役員派遣
　（ロ）　方針の決定過程における関与
　（ハ）　投資企業と被投資企業間の重要な取引
　（ニ）　経営陣の人事交流
　（ホ）　重要な技術情報の提供

なお，投資企業が潜在的議決権を有している場合，重要な影響力を有しているかどうかを検討する必要がある（ＩＡＳ27，8項）。

第3部 特殊会計論

2 連結手続

(1) 支配獲得時の資本連結

連結財務諸表の作成に際しては，資産・負債・持分・収益・費用は，それぞれ対応する項目ごとに合算することによって，親会社・子会社の財務諸表を結合する。連結財務諸表が，企業集団に関する財務情報を，「単一の経済的事業体」の財務情報として提供するために，次の処理が必要となる（ＩＡＳ27, 18項）。

(a) 親会社の各子会社に対する投資の帳簿価額と各子会社の持分のうち親会社持分相当額を相殺消去する（ＩＦＲＳ３参照）。

(b) 報告期間の連結子会社の損益に対する「非支配持分」（わが国では，「少数株主持分」という）の持分相当額を識別する。

(c) 連結子会社の純資産に対する「非支配株主」の持分相当額を，当親会社の持分相当額とは別に識別する。純資産に対する「非支配持分」は，次のものから成る。

　（イ） ＩＦＲＳ３に準拠して計算される最初の結合日時点の非支配持分の持分相当額

　（ロ） 結合日以後における株主持分の増減額のうち，非支配株主の持分相当額を資本連結手続きにより，親会社の子会社に対する投資とこれに対応する子会社の持分を相殺消去し，消去差額が生じた場合には当該差額を「のれん」として計上する。

設例20－1：資本連結

×1年1月1日に，Ｐ社はＳ社の持分のうち90％の5,400株を€241,200で取得した。経営陣は，非支配持分を公正価額で測定することとし，そのときの価額が€26,800である。×1年1月1日に連結する前の各社の財政状態は次のとおりである（単位：ユーロ）。

第20章 連結会計

P社およびS社の財政状態計算書
×1年1月1日

資　産	P社	S社	負債・株主持分	P社	S社
現　　　　金	€61,800	€74,800	買　掛　金	8,000	€13,200
売　掛　金	68,400	18,200	社　　　　債	200,000	—
棚　卸　資　産	45,800	32,200	資　本　金	471,200	130,000
備　　　　品	400,000	100,000	利益剰余金	96,000	82,000
減価償却累計額	△42,000	△20,000			
S　社　株　式	241,200	—			
特　許　権	—	20,000			
資　産　合　計	€775,200	€225,200	負債・持分合計	€775,200	€225,200

(1) 子会社の資産・負債の評価

S社支配獲得日におけるS社の資産・負債の公正価値は以下のようであったとする。

S社の項目	帳簿価額	公正市場価額	評価差額
現　　　金	€ 74,800	€ 74,800	€ —
売　掛　金	18,200	18,200	—
棚　卸　資　産	32,200	34,200	2,000
備　　　品	80,000*1	96,000*2	16,000
特　許　権	20,000	26,000	6,000
買　掛　金	(13,200)	(13,200)	—
	€212,000	€236,000	€24,000

* 1　備品€100,000−減価償却累計額€20,000(=€100,000×20%)
* 2　備品€120,000−減価償却累計額€24,000(=€120,000×20%)

子会社の資産・負債の再評価に関する連結修正仕訳は次のようになる。

a (借) 棚　卸　資　産	2,000	(貸) 減価償却累計額	4,000
備　　　品	20,000	評　価　差　額	24,000
特　許　権	6,000		

(2) 投資勘定と資本勘定の相殺消去

企業集団は1つの会計単位とみなされるので，連結手続を行うため，連結会社間の出資関係は企業集団内部のものとなり，親会社のS社への投資と子会社株主持分のうちの親会社持分相当額が相殺消去される（単位：ユーロ）。

217

第3部　特殊会計論

```
b（借）資　本　金　　117,000　（貸）S　社　株　式　　241,200
　　　利 益 剰 余 金　　 73,800　　　　評 価 差 額　　　2,400*2
　　　評 価 差 額　　 24,000　　　　の　れ　ん　　　3,200*2
　　　の　れ　ん　　 32,000*1
```

*1　のれん：(投資額€241,200＋€26,800)－S社の純資産の公正価額€236,000
*2　非支配持分相当額

残りの持分10%は「非支配持分」に配分されることになるので，下記仕訳が必要である。

```
c（借）資　本　金　　 13,000　（貸）非 支 配 持 分　 26,800
　　　利 益 剰 余 金　　  8,200
　　　評 価 差 額　　  2,400
　　　の　れ　ん　　  3,200
```

上記bとcの仕訳をまとめると，資本連結仕訳は次のようになる。

```
（借）資　本　金　　130,000　（貸）S　社　株　式　　241,200
　　　利 益 剰 余 金　　 82,000　　　　非 支 配 持 分　 26,800
　　　評 価 差 額　　 24,000
　　　の　れ　ん　　 32,000
```

上記 設例20－1 において，のれん€32,000は，支配獲得時の支出対価€241,200に非支配持分の公正価額€26,800を加えた額からS社の純資産€236,000を引いて計算される。

「非支配持分」は，外部の第三者が保有したS社の純資産€212,000の持分割合10%の€21,200（S社持分の非支配持分相当額）に公正価額で再評価した純資産の非支配持分相当額€2,400（＝€24,000×10%）を加え，非支配持分に割り当てられた「のれん」€3,200（＝€32,000×10%）を含んでいる。

以上の手続き（a・b・c）を踏まえて作成される「連結精算表」と「連結財政状態計算書」は，図表20－1と図表20－2に示される。

なお，図表20－1の連結手続は，非支配持分に相当する「のれん」も認識し

図表20－1　P社・S社連結精算表
支配獲得日×1年1月1日　　　　　　　　　（単位：ユーロ）

	P社	S社	修正・消去		非支配持分	連結財政状態計算書
現　　　　金	61,800	74,800				136,600
売　掛　　金	68,400	18,200				86,600
棚　卸　資　産	45,800	32,200	a 2,000			80,000
備　　　　品	400,000	100,000	a 20,000			520,000
減価償却累計額	(42,000)	(20,000)		a 4,000		(66,000)
S　社　株　式	241,200			b 241,200		
公正価額と簿価との差額			b 24,000	a 24,000		
の　れ　　ん			b 32,000			32,000
特　許　　権		20,000	a 6,000			26,000
資　産　合　計	775,200	225,200				815,200
買　掛　　金	8,000	13,200				21,200
社　　　　債	200,000					200,000
資　本　　金	471,200	130,000	b 117,000		c 13,000	471,200
利　益　剰　余　金	96,000	82,000	b 73,800		c 8,200	96,000
評　価　差　額				b 2,400	c 2,400	
の　れ　　ん				b 3,200	c 3,200	
非　支　配　持　分					c 26,800	26,800
負　債・持　分	775,200	225,200	274,800	274,800		815,200

た「全部のれん」を計上する場合のものである。非支配持分に相当する「のれん」を認識しない場合，すなわち子会社の識別可能純資産に対する持分割合相当額で測定した場合，「のれん」の金額は€28,800（＝投資額€241,200－S社の純資産の公正価額€236,000×90％）となり，非支配持分は€23,600（＝公正価額で評価されたS社純資産€236,000×10％）となる。

なお，ＩＦＲＳ３(19項)は，非支配持分に相当するのれんを認識する場合も，「買入のれん」のみしか認識しない場合も認めている。

第3部　特殊会計論

図表20−2　連結財政状態計算書
×1年1月1日（支配獲得時）

資　　産		負債・持分	
現　　　　　金	€136,600	買　掛　　　金	€21,200
売　掛　　　金	86,600	社　　　　　債	200,000
棚　卸　資　産	80,000	負　債　合　計	221,200
備　　　　　品	520,000	資　本　　　金	471,200
控除　減価償却累計額	(66,000)	利　益　剰　余　金	96,000
の　れ　　　ん	32,000	株主持分合計	567,200
特　許　　　権	26,000	非支配株主持分	26,800
		持　分　合　計	594,000
資　産　合　計	€815,200	負債・持分合計	€815,200

(2) 支配獲得後の資本連結

　支配獲得後，親会社は子会社の持分割合を増減させることがある。支配を獲得する以前に，子会社の非支配持分を保有する場合の企業結合は，段階的に達成された企業結合となる。段階的に取得が行われる場合の処理は，第19章で取り扱う。そこで，本章では，親会社が子会社の持分割合を増減させることにより，支配権を喪失しない場合と喪失する場合を取り上げる。

① 支配権を喪失しない所有持分の変動

　ＩＡＳ27（30項）によれば，支配を喪失しない（支配継続）子会社の親会社持分の変動は「資本取引」（所有者間の取引）となる。親会社持分と非支配持分の帳簿価額は，子会社の持分を反映して修正され，非支配持分の修正額として扱われ，または受領した対価の公正価値との差額は，親会社持分として直接認識される（ＩＡＳ27, 31項）。経済的事業体内の所有者間の取引は，資産・負債の測定に影響を与えるべきではないという考えから，持分間で処理される。

設例20−2：支配継続時の持分変動

　P_2社はS_2社（純資産€1,600,000）の持分の65％を所有している。P_2社は，非支配持分株主からS_2社の持分10％を現金€200,000で追加取得した。

(借)	非 支 配 持 分	160,000*	(貸)	現　　　　金		200,000
	Ｓ 社 株 式	40,000				

＊　S₂純資産：1,600,000×10％

② 支配権喪失時の所有持分の変動

親会社が，子会社の持分を第三者に売却することにより，支配権が喪失することがある。絶対的または相対的な所有レベルの変化の有無に関係なく，親会社が子会社の支配権を喪失することもある（ＩＡＳ27, 32項）。たとえば，子会社が政府，法廷，管理者または監督者の管理下になる場合である。

また，親会社は，子会社の支配を１つ以上の取決め（取引）で喪失するが，複数の取決めを１つの取引として会計処理すべき場合があり，その判断に当たっては，取決めのすべての条件と経済的効果を考慮する必要がある（ＩＡＳ27, 33項）。

親会社が子会社の支配を喪失した場合，下記の処理を行う（ＩＡＳ27, 34項）。

(a) 子会社の「のれん」を含む資産・負債を支配喪失日の帳簿価額で認識を中止する。

(b) 子会社であった企業の非支配持分を支配喪失日の帳簿価額（非支配持分に帰属する「その他の包括利益」を含む）で認識を中止する。

(c) 支配を喪失する取引・事象・状況により受領した対価の公正価値を認識する。支配を喪失する取引が，所有者としての立場として，所有者への子会社株式の配分を含む場合には，当該配分額を認識する。

(d) 保有している子会社であった企業の株式を支配喪失日の公正価値で認識する。

(e) 他のＩＦＲＳで要求されている場合には，関連する資産・負債に関連して「その他の包括利益」で認識していた損益は，その年度の損益または利益剰余金に振り替える。

(f) 残余の差額を親会社に帰属する損益として認識する。

たとえば，Ｘ社がＹ社の持分の85％を保有し，×１年12月31日におけるＹ社

の純資産の簿価が€2,000,000であり，Y社の非支配持分の簿価が€200,000であるとする。×2年1月1日にX社はY社の持分の50％を第三者に現金€1,200,000で売却することを決定した。

この取引の結果として，X社はY社の支配権を喪失するが，子会社であった企業の持分の35％を未だ保持しており，その日の公正価値は€700,000と評価された。この場合にY社の持分50％の処分時にX社に帰属する損益は，次のように計算される。

　　受け取った現金€1,200,000＋非支配持分の公正価額€700,000
　　＋Y社非支配持分の簿価€200,000－Y社の純資産の簿価€2,000,000
　　＝処分時の損益€100,000

(3) 連結会社間の債権・債務の相殺消去

IAS27（20項）によれば，企業集団内の債権・債務はすべて相殺消去しなければならない。この処理を行わなければ，連結集団は，単に取引自体（および関連する資産・負債）を二重に計上することになり，実際よりも大きな企業であるかのようにみせることになる。

期末に連結会社間で未達取引が存在する場合には，債権・債務の相殺消去や未実現利益の消去などの連結修正仕訳に先立って，未達取引の処理を行う必要がある。

未達取引を処理した後で，債権・債務を相殺消去する。この場合，子会社持分の保有割合が100％未満であっても，債権・債務の全額を相殺消去する。

設例20－3：債権・債務の相殺消去

S社はP社に対する買掛金€2,000を現金で決済したが，期末の時点でP社に未達であった。また，P社の売掛金€8,000は，S社に対するものである。

(a)(借)	現	金	2,000	(貸)	売 掛 金	2,000
(b)(借)	買 掛 金		8,000	(貸)	売 掛 金	8,000

連結会社間で社債を発行・保有している場合，企業集団全体からは，社債取得時に自社発行社債の買入償還を行ったものとして処理する。このとき，発行会社の社債簿価と購入会社の取得価額との間に差額が発生することがある。この差額は連結上「社債償還損益」として処理し，包括利益計算書で表示される。

設例20−4：連結会社間における社債の発行

P社は当期以前に償還日×1年12月31日の社債€200,000を平価発行している。S社は今期末にこのP社発行の社債の50%を€88,000で取得した。

(c)(借) 社　　　　債　　100,000　（貸）P社投資有価証券　　88,000
　　　　　　　　　　　　　　　　　　　　社 債 償 還 益　　12,000*

＊　P社発行社債€200,000×50%−€88,000＝€12,000

---

(4) 連結会社間の取引高の相殺消去と未実現損益の消去

IAS27（20項）によれば，連結会社間で商品の売買を行った場合，売上高と仕入高を連結会計上相殺消去する。なぜならば，連結会社間で商品の売買が行われたとしても，連結ベースでは企業集団内での商品の移動にすぎないからである。

親会社から子会社に販売する「ダウン・ストリーム」の場合，個別上は親会社の利益が実現したものとして扱われているが，連結上，連結会社間での商品の売買は，企業集団内で商品を移動させているにすぎない。すなわち，連結会社間の取引は内部取引であり，それに係わる利益全額は，商品が企業集団外部に転売されるまで未実現利益として扱う。そこで，子会社の棚卸資産からその金額を控除するとともに，親会社の売上原価に加算する。

設例20−5：取引高・未実現利益の相殺消去（ダウン・ストリームの場合）

×1年にP社は，原価€30,000の商品を€40,000でS社に売却した。S社の期末棚卸資産のうち€24,000は，P社から仕入れた商品である。

第3部　特殊会計論

(d)(借)売　　上　　高	40,000	(貸)売　上　原　価	40,000
売　上　原　価	6,000	棚　卸　資　産	6,000*

* S社期末棚卸資産€24,000－原価€18,000（＝€24,000×$\frac{€30,000}{€40,000}$）
　＝€6,000

　子会社から親会社に販売する「アップ・ストリーム」の場合，個別上は子会社の利益が実現したものとして扱われている。この場合の取引も内部取引であり，それに係わる利益全額は，商品が企業集団外部に転売されるまで未実現利益として扱う。そこで，親会社の棚卸資産からその金額を控除するとともに，子会社の売上原価に加算する。

設例20－6：取引高・未実現利益の消去（アップ・ストリームの場合）

×1年に，P社はS社から商品を€36,000で取得した。S社は毎期原価の25%増の価格で販売している。P社の期末棚卸資産のうち€20,000は，S社から仕入れた商品である。

(e)(借)売　　上　　高	36,000	(貸)売　上　原　価	36,000
売　上　原　価	4,000	棚　卸　資　産	4,000*1
非　支　配　持　分	400	非支配持分損益	400*2

*1　P社期末棚卸資産€20,000－原価€16,000（＝€20,000÷125%）＝€4,000
*2　€4,000×非支配持分割合10%＝€400

　なお，上記 設例20－5 および 設例20－6 において×2年（翌期）の連結精算表を作成する場合，×1年の期末棚卸資産の商品が×2年に外部者に売却されるとしたら，追加的な連結消去仕訳が要求される。×1年に未実現のものとして消去されたものは，×2年に実現したものとして利益を認識するように，連結修正仕訳が行われる。この連結修正仕訳は，×1年の決算期の仕訳が精算表上のみに行われるため必要となる。P社・S社からなる企業集団に関

して×2年の追加的な修正仕訳は，次のとおりである。

(借)	S社利益剰余金 前期末残高	4,000	(貸)	売上原価(×2年)	10,000
	P社利益剰余金 前期末残高	6,000			
	非支配持分損益	400		非支配持分	400

　連結会社間で棚卸資産・固定資産が売買された場合，売手側において損益が計上される。ただし，このような取引は企業集団全体からは内部振替にすぎず，当該資産が企業集団外部に売却されるまで，損益を認識してはならない。そこで，棚卸資産や固定資産などの資産に関連して認識される企業集団内取引から生じる損益は，全額相殺消去される（IAS27, 21項）。

　さらに，連結会社間で償却性資産に利益を付して売買を行った場合，購入側は利益が付加された金額を取得原価として減価償却を行うので，連結上，未実現利益の消去に加えて減価償却費の修正も必要となる。

　たとえば，×1年1月1日に，P社は簿価€8,000（取得原価€10,000, 売却時点での残存耐用年数4年）の備品をS社に€14,000で売却したとする場合，減価償却費の修正額の計算は下記表のとおりである（単位：ユーロ）。

企業集団内 売買価格	原　　価	売却時の 減価償却累計額	×1年 減価償却費	期末減価 償却累計額
取得原価（内部販売会社P社側）	10,000	−2,000	2,000	−4,000
売却価格（外部販売会社S社側）	14,000	−	3,500	−3,500
差　　　額	−4,000		−1,500	500

　もしS社に売却していなければ，P社は残存耐用年数4年にわたり帳簿価額€8,000を償却する。ただし，S社の取得原価€14,000は，P社にとっての簿価€8,000よりも多いので，S社の帳簿で記録された減価償却は，連結会社間の未実現利益の一部を含む。そこで，減価償却費の超過額€1,500を修正減額する。

第3部　特殊会計論

(f)(借)備品売却益	6,000	(貸)備品	4,000
		備品減価償却累計額	500
		減価償却費	1,500

　また，連結会社間取引によって取得した棚卸資産・固定資産は，企業集団外部に売却されるまでは取得原価で評価される。未実現利益については，子会社が販売会社である「アップ・ストリーム」の場合のみ，非支配持分に負担させる。この場合，非支配持分は子会社の持分割合に応じて未実現利益を負担する。

　子会社利益の非支配持分相当額は，「連結包括利益計算書」において控除額として示される。非支配持分の控除額は，次のように計算される。

S社の利益		€18,800
控除　アップ・ストリーム売上の未実現利益		(4,000)
連結財務諸表目的でのS社の利益		€14,800
非支配持分の持分割合		×10%
非支配持分		€1,480　(イ)

　IAS27 (18項(c)) によると，「財政状態計算書」における非支配持分は，連結子会社の持分に対する非支配持分を連結子会社の持分に対する親会社持分と区別して表示される。連結子会社の持分に対する「非支配持分」は，①IFRS3に従って算定した取得日の非支配持分と②取得日後の子会社純資産の増減額に対する非支配持分の合計額として計算される。

　すなわち，P社とS社の設例の場合には次のようになる。

S社資本金当期末残高	€130,000		
非支配持分相当額	×10%	€13,000	(ロ)
S社利益剰余金前期末残高	€82,000		
非支配持分相当額	×10%	8,200	(ハ)
連結手続後のS社当期純利益	€14,800		
非支配持分相当額	×10%	1,480	(ハ)
×1年のS社の配当金	€8,000		
非支配持分相当額	×10%	(800)	(ハ)
非支配持分当期末残高		€21,880	

226

(5) 連結精算表

連結修正仕訳は連結精算表上で行うため,個別会計上の帳簿には影響を与えない。したがって,連結第2年度では連結第1年度で行った連結修正仕訳を「開始仕訳」として再び行わなければならない。

まず,当期首(×1年1月1日)のS社の株主持分90％の消去仕訳である。

(g)	(借)	S 社 資 本 金	117,000	(貸)	S 社 株 式	241,200
		S社利益剰余金	73,800			
		評 価 差 額	21,600			
		の れ ん	28,800			

次に,S社の持分を公正価値(たとえば217頁参照)まで増額させるために,差額(取得資産の簿価に対する公正価値の超過額)を配分する。この連結仕訳は,子会社の支配権獲得日(×1年1月1日)の連結財務諸表を作成するために行われた。

(h)	(借)	棚 卸 資 産	2,000	(貸)	減価償却累計額	4,000
		備 品	20,000		評 価 差 額	24,000
		特 許 権	6,000			

次の消去仕訳(i)は,連結修正仕訳(h)で行われた公正価値に基づいて償却している。さらに棚卸資産が売却され,その結果,売上原価の一部となる。残りの評価は,次のように償却されることになるだろう。

資　　産	再評価額	償却期間	毎期償却額
備品（減価償却累計額控除後）	€16,000	4年	€4,000
特　許　権	€ 6,000	10年	€　600

(i)	(借)	売 上 原 価	2,000	(貸)	棚 卸 資 産	2,000
		減 価 償 却 費	4,000		減価償却累計額	4,000
		その他の営業費	600		特 許 権	600
		－特許権償却－				

これまでの連結修正仕訳及び連結消去仕訳(a)～(i)に基づいて作成したのが,図表20－3の連結精算表である。

第3部 特殊会計論

図表20-3 連結精算表

	P社	S社	修正・消去		非支配持分	連結包括利益計算書
包括利益計算書						
売　上　高	1,500,000	840,000	(d)40,000 (e)36,000			2,264,000
売上原価	1,162,000	532,000	(d)6,000 (e)4,000 (i)2,000	(d)40,000 (e)36,000		1,630,000
売上総利益	338,000	308,000				634,000
受取配当金	16,920		7,200			9,720
減価償却費・支払利息	56,800	32,400	(i)4,000	(f)1,500		91,700
その他の営業費	234,000	256,800	(i)600			491,400
継続事業からの利益	64,120	18,800				60,620
固定資産売却益	6,000		(f)6,000			
社債償還益				(c)12,000		12,000
非支配持分利益					(イ)1,480	1,480
当期純利益	70,120	18,800	105,800	89,500	1,480	71,140
利益剰余金期末残高計算書						連結利益剰余金期末残高計算書
利益剰余金期首残高						
P社	96,000					96,000
S社		82,000	(g)73,800		8,200	
当期純利益	70,120	18,800	105,800	89,500	(イ)1,480	71,140
合計額	166,120	100,800			9,680	167,140
配　当　金	30,000	8,000		7,200	800	30,000
利益剰余金期末残高	136,120	92,800	179,600	96,700	8,880	137,140
財政状態計算書						連結財政状態計算書
現　　金	100,320	12,800	(a)2,000			115,120
売　掛　金	87,400	24,200		(a)2,000 (b)8,000		101,600
棚卸資産	76,600	41,500	(h)2,000	(d)6,000 (e)4,000 (i)2,000		108,100
備　　品	390,000	114,000	(h)20,000	(f)4,000		520,000
減価償却累計額	70,400	37,800		(f)500 (h)4,000 (i)4,000		116,700

228

Ｓ社株式	241,200				(g)241,200		
評価差額				(g)21,600	(h)24,000	2,400	
のれん				(g)28,800			28,800
Ｐ社投資有価証券		88,000			(c)88,000		
特許権		18,000		(h)6,000	(i)600		23,400
	825,120	260,700					780,320
買掛金	17,800	37,900		(b)8,000			47,700
社債	200,000			(c)100,000			100,000
資本金	471,200	130,000		(g)117,000		(ロ)13,000	471,200
利益剰余金	136,120	92,800		179,600	96,700	(ハ)8,880	137,140
非支配持分						24,280	24,280
	825,120	260,700		485,000	485,000		780,320

3 持分法

「持分法」を適用する場合，関連会社に対する投資は最初に原価で認識され，その帳簿価額は，株式取得日以降における被投資企業の損益のうち投資企業の持分に見合う額を認識するように，増額あるいは減額される（ＩＡＳ28，11項）。

被投資企業の損益として計上されない被投資企業の株主持分の変動によって，投資企業の被投資企業に対する比例的持分の額が変動する場合にも，当該投資の帳簿価額の修正が必要となる。このような変動には，有形固定資産の再評価・外貨換算が含まれる。これらの変動に対する投資企業の持分は，直接認識される。なお，潜在的議決権が存在していても，被投資企業の損益および被投資企業の持分に対する投資企業の持分相当額は，現在の所有持分を基準に決定され，議決権の行使・転換の可能性は反映されない（ＩＡＳ28，12項）。

このように，持分法を適用する場合，投資企業の投資勘定の評価を通して，被投資企業の持分の増減が投資企業の財務諸表に反映される。

たとえば，持分割合30％の関連会社Ｃ社が当期純利益€37,600を計上している場合，この分だけ投資勘定を評価増する。

| (借) C 社 株 式 | 11,280 | (貸) 持分法による投資損益 | 11,280* |

*　€37,600×30％＝€11,280

上記C社の配当金€16,000を受領した場合，この分だけ投資勘定を評価減する。

| (借) 受 取 配 当 金 | 4,800 | (貸) C 社 株 式 | 4,800* |

*　C社配当金€16,000×30％＝€4,800

4　連結財務諸表上の表示・開示

(1)　連結財務諸表上の表示

連結精算表（図表20－3）に基づいて作成したのが，連結包括利益計算書（図表20－4）と連結財政状態計算書（図表20－5）である。

IAS1によれば，包括利益計算書については，「費用性質法」と「費用機能法」を示している。信頼性と適切性の観点から，費用の性質に基づく「費用性質法」または費用の機能に基づく「費用機能法」のいずれかの分類によって，損益として認識した費用は分析・表示される（IAS1，99項）。ここでは，「費用機能法」による。

図表20－4　連結包括利益計算書

売 上 高	2,264,000
売 上 原 価	1,630,000
売上総利益	634,000
受取配当金	9,720
減価償却費・支払利息	91,700
その他の営業費	491,400
継続事業からの利益	60,620
社債償還益	12,000
当期包括利益	72,620

第20章 連結会計

ⅠAS27 (18(b)項) によると，連結包括利益計算書における非支配持分の取扱いは，連結子会社の当年度損益に対する非支配持分を識別し，非支配株主に帰属する損益は独立表示される。損益とその他の包括利益の各構成要素は親会社と非支配持分に帰属させる。さらに，包括利益は，非支配持分がマイナスになるとしても，親会社と非支配持分に帰属する（ⅠAS27, 28項）。

財政状態計算書については，流動・固定区分の様式による。その流動・固定の順序，各資産・負債の区分内では固定性配列法がⅠAS1では示されているが，流動性配列法によっても問題はない（ⅠAS1 ⅠG3項）。ここでは，図表20－5のように，流動性配列法により示すことにする。

「非支配持分」は連結財政状態計算書の持分の部に，親会社の持分とは区別して，表示される（ⅠAS27, 27項）。

図表20－5　連結財政状態計算書

資　　産			負債・持分	
流動資産			流動負債	
現金預金		115,120	買　掛　金	47,700
売　掛　金		101,600	流動負債合計	47,700
棚卸資産		108,100	固定負債	
流動資産合計		324,820	社　　　債	100,000
固定資産			固定負債合計	100,000
備　　品	520,000		負債合計	147,700
減価償却累計額	△116,700	403,300	親会社株主持分	
の　れ　ん		28,800	資　本　金	471,200
特　許　権		23,400	利益剰余金	137,140
固定資産合計		455,500	計	608,340
			非支配持分	24,280
			持分合計	632,620
資産合計		780,320	負債・持分合計	780,320

(2) 連結財務諸表に関する開示

連結財務諸表に関しては，下記項目が開示されなければならない（ＩＡＳ27, 41項）。

① 親会社が，直接的にまたは子会社を通じて間接的に議決権の過半数を所有していない場合に，当該子会社と親会社との関係の内容
② 直接的にまたは子会社を通じて間接的に被投資会社の議決権または潜在的議決権の過半数を所有しているが，そのことが支配を構成しない理由
③ 連結財務諸表作成に用いられる子会社の財務諸表の報告日または報告期間が親会社のものと異なる場合，子会社の報告日および異なる報告日または報告期間を使用する理由
④ 子会社の資金を現金配当の形態で送金するか，融資または貸付けを返済する能力を大きく制限する事項の内容と範囲
⑤ 支配喪失に至らない親会社持分の変動があった場合にその影響を示す表
⑥ 子会社支配の喪失があった場合に認識された損益のほかに，下記事項
　(a) 支配喪失時に以前の子会社投資の残存部分を公正価値に評価したことによる損益部分
　(b) 包括利益計算書で損益に計上されている勘定科目（包括利益計算書で独立表示されていない場合）

第21章 ジョイント・ベンチャー会計

1 ジョイント・ベンチャーの意義・種類

(1) ジョイント・ベンチャーの意義・特徴

IAS31（3項）によれば，「ジョイント・ベンチャー」とは，複数の当事者が共同支配により，ある経済活動を行う契約上の取決めをいう。その形態は，「共同支配の営業」，「共同支配の資産」および「共同支配企業」の3つに分類されるが，その共通の特徴として以下の2点を挙げることができる（IAS31，7項）。

(a) 複数の共同支配投資企業が契約上の取決めによって拘束されている。
(b) 共同支配を可能にする契約上の取決めが存在する。

「共同支配」とは，経済活動に対する契約上合意された支配の共有をいい，活動に関連する戦略的財務・経営に関する決定に際して，支配を共有する当事者（共同支配投資企業という）の一致した合意を必要とする場合のみ存在する。また，「支配」とは，企業活動からの便益を得るために，その企業の財務・経営方針を左右する力をもつことをいう（IAS31，3項）。

換言すると，「ジョイント・ベンチャー」とは，それぞれの共同支配投資企業が持分を有する法人，パートナーシップまたは他の事業体の設立を伴う「共同支配企業」である（IAS31，24項）。

共同支配は共同支配投資企業間の契約上の取決めにより確立され，特定の企業によるジョイント・ベンチャーの活動の一方的支配は認められない（IAS31，11項）。したがって，契約上の取決めの存在により，関連会社に対する投資と共同支配を伴う持分は区別される（IAS31，9項）。

ただし，契約上の取決めにより，共同支配投資企業のうちの特定の1社が，ジョイント・ベンチャーの運営者または管理者になることはある。その場合にも，運営者はジョイント・ベンチャーを支配することはないが，契約上の取決

めに従って，共同支配投資企業が合意し，当該運営者に委託した財務・経営に関する方針の中でその与えられた職務を遂行する（IAS31, 12項）。

「契約上の取決め」に関しては，共同支配投資企業間の契約または覚書等，さまざまな方法で明示されるが，その様式の如何に係わらず，通常，以下の事項が取り交わされる（IAS31, 10項）。

(a) ジョイント・ベンチャーの活動，期間および報告の義務
(b) ジョイント・ベンチャーの取締役会または同等のガバナンス機関の選定および共同支配投資企業の投票権
(c) 共同支配投資企業による資本拠出
(d) ジョイント・ベンチャーによる生産物，収益，費用または業績の共同支配投資企業への配分

前述したように，「ジョイント・ベンチャー」は3つの形態に分類され，それぞれ会計処理は異なる。

まず，「共同支配の営業活動」とは，ジョイント・ベンチャーの営業活動が，法人，パートナーシップもしくは他の事業体または共同支配投資企業自体から独立した財務組織の設立を伴うものではなく，共同支配投資企業の資産およびその他の資源の使用を伴うものである。その具体例としては，航空機等の生産，販売および供給を共同で行うために，共同支配投資企業それぞれの営業，資源および技術を結合させる場合が挙げられている（IAS31, 13項）。

次に，「共同支配の資産」とは，ジョイント・ベンチャーに拠出またはジョイント・ベンチャーのために取得され，ジョイント・ベンチャーの目的のために提供された資産を共同支配または所有されるものをいう（IAS31, 18項）。その具体例としては，石油生産企業における石油パイプラインの共同運営や不動産の共同支配等が挙げられる（IAS31, 20項）。

最後に，「共同支配企業」とは，共同支配投資企業が持分を有する法人，パートナーシップまたは他の事業体の設立を伴うジョイント・ベンチャーである（IAS31, 24項）。具体例としては，ある企業が海外において，当該国の企業および政府または政府機関と共同支配される別個の事業体を設立し，共同で事

業を開始する場合が挙げられる。その場合、複数の企業が資産・負債を共同支配企業に移し、特定の事業分野それぞれの活動を結合させることになる（IAS31, 26項）。

2 ジョイント・ベンチャーに対する持分の会計

共同支配投資企業は，「比例連結法」または「持分法」により共同支配企業に対する持分を認識しなければならない（IAS31, 30項, 38項）。

「比例連結法」とは，共同支配企業の資産・負債・収益・費用の各科目のうちの持分相当額を共同支配投資企業の財務諸表の類似する科目ごとに合算するか，または共同支配投資企業の財務諸表で別個の各科目として報告する方法をいう（IAS31, 3項）。

共同支配投資企業の財政状態計算書には、(イ)共同して支配する資産のうち自己の持分相当額および(ロ)共同責任を有する負債のうち自己の持分相当額が計上される。包括利益計算書には、共同支配企業の収益と費用のうち自己の持分相当額が計上される（IAS31, 33項）。

設例21－1：比例連結法

A社は，B社と50％：50％の共同出資によりM社を共同支配し，共同支配１年目のM社の財政状態計算書・包括利益計算書は以下のとおりである（単位：千円）。A社におけるM社投資有価証券の計上額が20,000千円である場合，A社の比例連結法に基づく１年目期末の連結仕訳と財務諸表を示しなさい。

M社財政状態計算書 （単位：千円）		M社包括利益計算書(単位：千円)	
流動資産 60,000	流動負債 20,000	収　　益	140,000
固定資産 80,000	固定負債 60,000	費　　用	120,000
	資　本　金 40,000	包括利益	20,000
	剰　余　金 20,000		

第3部　特殊会計論

A社財政状態計算書　（単位：千円）		A社包括利益計算書(単位：千円)	
流 動 資 産　100,000	流 動 負 債　60,000	収　　　　益	300,000
固 定 資 産　140,000	固 定 負 債　120,000	費　　　　用	270,000
M社投資有価証券　20,000	資　本　金　50,000	包 括 利 益	30,000
	剰　余　金　30,000		

＜連結仕訳＞

　　（借）資　　本　　金　　20,000　　（貸）M社投資有価証券　20,000

＜比例連結後のH社財務諸表：科目別合算方式＞

A社連結財政状態計算書		A社連結包括利益計算書	
流 動 資 産　130,000	流 動 負 債　70,000	収　　　　益	370,000
固 定 資 産　180,000	固 定 負 債　150,000	費　　　　用	330,000
	資　本　金　50,000	包 括 利 益	40,000
	剰　余　金　40,000		

　比例連結法を支持する根拠としては，共同支配投資企業は，共同支配企業の資産・負債のうち自己の持分に応じて，将来の経済的便益のうち自己の持分相当額のみを支配しているという経済的実態を連結財務諸表に反映させることが挙げられる（IAS31, 32項）。

　なお，共同支配投資企業は，共同支配企業に対する共同支配を有しなくなった日から比例連結法の適用を中止しなければならない（IAS31, 36項）。

　他方，「持分法」とは，共同支配企業に対する持分を最初に原価で認識し，それ以後は，共同支配企業の純資産のうち当該共同支配投資企業に属する部分の取得後の変動を調整する会計処理法であり，共同支配投資企業の損益には共同支配企業の損益のうち共同支配投資企業の持分も含まれる（IAS31, 3項）。

　持分法の適用を支持する根拠としては，①共同支配投資企業により支配されている項目と共同支配されている項目とを結合させるのは不適切であり，②共同支配投資企業による支配企業に対する支配は，共同支配というよりもむしろ重要な影響力を有しているに過ぎないという主張がある（IAS31, 40項）。

設例21－2：持　分　法

上記 設例21－1 の条件で，持分法を適用した場合の連結仕訳と持分法適用後のＡ社財務諸表を示しなさい。

＜連結仕訳＞

（借）Ｍ社投資有価証券　　10,000　　（貸）持分法投資損益　　10,000

＜持分法後のＡ社財務諸表＞

Ａ社財政状態計算書				Ａ社包括利益計算書	
流 動 資 産	100,000	流 動 負 債	60,000	収　　益	300,000
固 定 資 産	140,000	固 定 負 債	120,000	費　　用	270,000
Ｍ社投資有価証券	30,000	資 本 金	50,000	持分法投資損益	10,000
		剰 余 金	40,000	包 括 利 益	40,000

なお，共同支配投資企業は，共同支配企業に対する共同支配または重要な影響力を有しなくなった日から持分法の適用を中止しなければならない（ＩＡＳ31，41項）。

比例連結法と持分法は，いわゆる総額連結か純額連結かの相違にとどまらず，共同支配企業が赤字決算となった場合，前者の方法を適用すると，共同支配投資企業はその損失の持分相当額を負担することになるが，持分法では，債務引受けや支払い肩代わり等を行った場合を除き，共同支配企業に対する投資の帳簿価額以上に減額されることはない。また，借入費用の資産化に関しても，比例連結では資産への原価算入が行われる可能性が高いが，持分法では，共同支配企業に対する投資そのものは適格資産ではないため資産化はできない。

なお，「共同支配の営業活動」に関しては，当該営業活動に対する持分に関して，資産・負債および収益・費用に関して自己の財務諸表において認識される（ＩＡＳ31，15項）。したがって，ジョイント・ベンチャー自体に関しては個々の会計記録は要求されない（ＩＡＳ31，17項）。

また，「共同支配の資産」については，当該資産に対する持分に関して自己の財務諸表で認識され，当該資産に関連して生じた負債も同様に認識される（ＩＡＳ31，21項）。

3 財務諸表上の表示・開示

(1) 財務諸表の表示

共同支配企業形態のジョイント・ベンチャーの表示に関して，共同支配企業に比例連結法を適用した場合には，「科目別合算方式」と「科目別区別表示方式」の2つの報告様式が認められている（IAS31, 34項）。

前者は，共同支配投資企業の連結財務諸表において，共同支配企業の資産，負債，収益および費用の各科目のうち，持分割合に相当する額を同じ科目に合算して表示する方法である。後者は，たとえば，製品とジョイント・ベンチャー製品のように，それらを別の勘定科目名にして表示する方法である。

「持分法」を適用した場合には，比例連結法と異なり，共同支配投資企業の連結財務諸表に項目ごとに合算または個別表示する代わりに，IAS1 (68(d)項, 81項)，IAS28 (38項) に従って，損益に対する持分および共同支配企業に対する投資勘定を当該連結財務諸表で純額表示する。

(2) 財務諸表上の開示

共同支配投資企業は，損失の可能性が極めて少ない場合を除き，以下の偶発債務の合計額を他の偶発債務とは区別して開示しなければならない（IAS31, 54項）。

(a) ジョイント・ベンチャーに対する持分に関連して発生した共同支配投資企業の偶発債務および他の共同支配投資企業と共同して負うこととなった偶発債務のうち，自己の持分相当額

(b) ジョイント・ベンチャー自体の偶発債務であり，共同支配投資企業が偶発的支払義務を負っているもののうち，自己の持分相当額

(c) あるジョイント・ベンチャーのほかの共同支配投資企業の負債について，共同支配投資企業が偶発的支払義務を負っているために偶発債務となっているもの

共同支配投資企業は，ジョイント・ベンチャーに対する自己の持分に関して，他の支出契約とは別個に以下の支出契約の合計額を開示する必要がある

(IAS31, 55項)。

(a) ジョイント・ベンチャーに対する持分に関連して生じた共同支配投資企業の資本的支出契約および他の共同支配投資企業に共同で生じた資本的支出契約のうち，自己の持分相当額

(b) ジョイント・ベンチャー自体の資本的支出契約のうち，自己の持分相当額

さらに，共同支配投資企業は，下記事項を開示しなければならない（IAS31, 56～57項）。

(a) 重要なジョイント・ベンチャーに対する持分のリストとその説明および共同支配企業に対する持分割合

(b) 共同支配企業に対する持分を認識するために用いる方法

(c) 比例連結法または持分法の採用事実

また，共同支配企業に対する持分を科目ごとによる比例連結の報告様式または持分法のいずれかを用いて認識する共同支配投資企業は，ジョイント・ベンチャーに対する自己の持分に相当する流動資産，固定資産，流動負債，固定負債，収益および費用のそれぞれの合計額を開示しなければならない（IAS31, 56項）。

第22章 セグメント情報の開示基準

1 セグメントの意義・種類

(1) 事業セグメント

　IFRS8（1項）は，「基本原則」として，企業が従事する事業活動，および企業が事業活動を行う経済環境の性質や財務的な影響を，財務諸表の利用者が評価できるように，企業情報を開示することを要求している。この「基本原則」に基づいて，IFRS8（11項）では，各事業セグメントに関する情報を区分して報告することが要求されている。ここに「事業セグメント」とは，次のすべてに該当する企業の構成単位である（IFRS8，5項）。

(a) 収益を稼得し，費用を発生させる可能性のある事業活動に従事する。収益・費用には，同一企業の他の構成単位との取引に関連する収益・費用を含む。

(b) 企業の最高経営意思決定者が，当該セグメントに配分すべき資源に関する意思決定を行い，また，その業績を評価するために，経営成績を定期的に検討する。

(c) 上記事項について，分離した財務情報が入手できる。

　企業の本社または特定の機能部門など，それだけでは収益を稼得せず，または企業活動にとって付随的な収益を稼得するに過ぎない構成単位は，事業セグメントではない（IFRS8，6項）。

　他方，もっぱら企業の他の事業セグメントに販売する企業の構成単位は，企業がそのように経営されている場合は，事業セグメントに含まれる（IFRS8，IN12項）。これは，垂直的に統合された事業の異なる段階で識別される構成単位も事業セグメントを構成しうることを意味する。

　また，異なる製品・サービス分野と特定の地域について，それぞれの管理者が責任を有するマトリックス型組織である場合，企業は「基本原則」を参照す

ることにより，いずれの構成単位が事業セグメントを構成するかを決定することが求められる（IFRS8，10項）。

(2) **企業全体レベルでのセグメント**

IFRS8（31項）では，下記情報が事業セグメント情報の一部として提供されない場合，それらの情報の提供を要求している（IFRS8，32～34項）。

(a) 各製品・サービスまたは類似の製品・サービスの各グループに関する情報
(b) 地域に関する情報（国内と海外の区分，および重要性のある場合には国別）
(c) 主要な顧客（単一の顧客，または共通の支配下にある顧客のグループ）に関する情報

2　報告対象セグメントの識別方法

(1) **事業セグメント**

① **統合基準**

前述した3つの特徴に基づいて識別される複数の事業セグメントが類似の経済的特徴を有する場合，それらは類似の長期的財務業績を示すことが多い。それらのセグメントが次のすべての点において類似しており，かつ，それらを統合することが「基本原則」と整合している場合には，それら複数のセグメントを単一の事業セグメントに統合することが認められる（IFRS8，12項）。

(イ) 製品・サービスの性質
(ロ) 生産過程の性質
(ハ) 製品・サービスの顧客の類型または種類
(ニ) 製品配送またはサービス提供のための方法
(ホ) 該当する場合には，銀行，保険，公益事業のような規制環境の性質

② **量的基準**

次のいずれかの量的基準を満たす事業セグメントは，後述する「セグメント情報」の報告が求められる（IFRS8，13項）。

(イ) 内部売上高または振替高を含む報告収益が，すべての事業セグメント

第3部　特殊会計論

　　の内部および外部からの収益合計額の10％以上である。
（ロ）　報告利益または損失の絶対額が，（ⅰ）損失を報告しなかったすべての事業セグメントの利益合計額と（ⅱ）損失を報告したすべての事業セグメントの損失合計額の絶対額のいずれか大きい方の10％以上である。
（ハ）　当該事業セグメントの資産が，すべての事業セグメントの資産の合計額の10％以上である。

　単独ではこれらの量的基準を満たさない複数の事業セグメントが，類似の経済的特徴を有し，かつ，上記の統合基準の過半数を共有する場合には，それらを結合して「報告セグメント」を作ることが認められる（IFRS8，14項）。

　他方，事業セグメントによって報告される外部収益の合計額が，企業収益の75％未満である場合，企業収益の少なくとも75％が報告対象セグメントに含まれるまで，「報告対象セグメント」を追加的に識別することが要求される（IFRS8，15項）。

　ただし，これらの基準に従って識別される事業セグメントの数が10を超える場合には，企業は実務上の限度に到達したかどうかを検討することが求められる（IFRS8，19項）。

　報告対象でない事業セグメントに関する情報は結合して，「その他すべてのセグメント」として開示することが要求される（IFRS8，16項）。

設例22－1：事業セグメント識別における量的基準の適用

　甲社では，以下のような事業セグメントが識別された。このうち，報告対象となる事業セグメントを判定しなさい。なお，事業セグメントの各項目の合計額は企業全体の金額に一致するものとする（単位：百万円）。

（単位：百万円）

事業セグメント	売上高			報告利益（損失）	資産
	外部売上高	セグメント間内部売上高	合計		
A	300	3,000	3,300	80	1,000

B	700	100	800	90	400
C	800	300	1,100	200	900
D	300		300	(230)	1,200
E	1,200	500	1,700	(40)	400
F	400	200	600	(60)	500
G	600	800	1,400	(600)	800
計	4,300	4,900	9,200	(560)	5,200

(1) 売上高（セグメント間の内部売上高を含む）による判定では，企業全体の売上高9,200百万円の10％は920百万円であるから，920百万円を超える売上高を有するA，C，E，Gが報告対象となる。

(2) 報告利益または損失による判定では，（ⅰ）損失を報告しなかったすべての事業セグメントの利益合計額は370百万円，（ⅱ）損失を報告したすべての事業セグメントの損失合計額の絶対額は930百万円であり，後者が前者より大きい。したがって，報告利益または損失の絶対額が930百万円の10％，すなわち93百万円を超えるC，D，Gの各セグメントが報告対象となる。

(3) 資産による判定では，すべての事業セグメントの資産合計額5,200百万円の10％，すなわち520百万円を超える資産を有するA，C，D，Gの各セグメントが開示対象となる。

これらの結果，事業セグメントBとFは，「その他すべてのセグメント」に一括して記載されることになる。しかし，個々に識別された報告対象セグメントによって報告される外部収益の合計額は3,200百万円であり，企業全体の外部収益の合計額4,300百万円の75％，すなわち3,225百万円に満たないため，BとFのいずれかを追加的に報告する必要がある。

(2) 企業全体レベルでのセグメント

必要な情報が入手不能であり，かつ，その作成費用が過大である場合を除き，(a)製品・サービスに関する情報，(b)地域に関する情報の開示が要求される

(IFRS 8, 32～33項)。また，単一の外部顧客との取引による収益が，企業収益の10%を超える場合には，当該顧客に関する情報の開示が必要である(IFRS 8, 34項)。

3　セグメント情報の開示内容

(1)　事業セグメント

①　一般的情報

一般的情報として，(a)企業を組織化する方法を含め，企業の報告対象セグメントを識別するために使用した要素，(b)各報告対象セグメントが収益を獲得する源泉となる製品・サービスの種類の開示が要求される（IFRS 8, 22項）。

②　貨幣的情報

次に掲げる項目のうち，最高経営意思決定者が検討するセグメント利益または損失の測定値に含まれているか，あるいは別の方法で最高経営意思決定者に日常的に提供されている項目の開示が要求される（IFRS 8, 23～24項）。

　　（イ）　利益または損失に関する情報

　　　　(a)外部顧客からの収益，(b)同一企業内の他の事業セグメントとの取引による収益，(c)利息収益，(d)利息費用，(e)減価償却費および償却費，(f) I AS 1 (86項）に従って開示される重要な収益・費用，(g)持分法により会計処理される関連会社・ジョイント・ベンチャーの利益または損失のうち企業の持分，(h)法人所得税費用または収益，(i)減価償却費および償却費以外の重要な非現金項目

　　（ロ）　資産に関する情報

　　　　(a)持分法により会計処理される関連会社・ジョイント・ベンチャーへの投資額，(b)金融商品，繰延税金資産，退職後給付資産および保険契約から生じる権利を除く，固定資産に追加される支出合計額

　　（ハ）　負債の測定値

ここで要求される報告項目の金額は，セグメントに資源の配分を行う意思決定を行い，その業績を評価するために最高経営意思決定者に報告される測定値

でなければならない。したがって，企業内部におけるセグメント間の振替による内部利益または損失や収益・費用の配賦額は，最高経営意思決定者によって使用されるセグメント利益または損失の測定値に含まれる場合にのみ，報告対象セグメントの利益または損失に含めなければならない。同様に，報告対象セグメントの資産・負債には，最高意思決定者によって使用されるセグメント資産・負債に含まれるものだけが含まれる（ＩＦＲＳ８，25項）。

③　測定値に関する説明

最高経営意思決定者が，事業セグメントの利益または損失，セグメント資産または負債について，複数の測定値を使用している場合には，報告される測定値は，企業の財務諸表の対応する金額を測定するために使用されるものと最も整合性のある測定原則に従って決定されたと経営者が考えるものでなければならない（ＩＦＲＳ８，26項）。経営者による業績評価のために企業を事業の構成単位に分別する方法は，「マネジメント・アプローチ」と呼ばれている。企業は，これらの報告対象セグメントの開示項目の測定値について，次のような説明を提供しなければならない（ＩＦＲＳ８，27項）。

(a)　報告対象セグメント間取引の会計処理基準

(b)　報告対象セグメント利益または損失の測定値と企業の利益または損失（法人所得税費用または収益および廃止事業前）の間の差異の性質

(c)　報告対象セグメントの資産の測定値と企業の資産の間の差異の性質

(d)　報告対象セグメントの負債の測定値と企業の負債の間の差異の性質

(e)　報告対象セグメント利益または損失の測定方法の変更の性質およびその変更の影響額

(f)　報告対象セグメントへの不整合な配賦の性質と影響（たとえば，あるセグメントに償却資産を配分しないで，減価償却費だけを配賦する場合）

④　調整表の作成

報告対象セグメントの開示項目のうち，上記③の(b)，(c)，(d)および報告対象セグメント収益と企業収益，その他，報告対象セグメントの金額の合計額と企業の対応する金額について開示された重要な項目すべてについて，企業の金額

と調整するための調整表を作成することが要求される（ＩＦＲＳ８，28項）。

(b), (c)および(d)については，それらが調整表で明らかになる場合には，上記開示は行われなくてもよい（ＩＦＲＳ８，27項）。

⑤　情報の修正再表示

内部組織構成の変更により，報告対象セグメントの構成が変更される場合には，情報が入手不能であり，かつ，その作成費用が過大でない限り，変更前の期間の対応する情報を修正再表示することが要求される（ＩＦＲＳ８，29項）。

変更前の期間の対応する情報の修正再表示を行わない場合には，情報が入手不能であり，かつ，その作成費用が過大でない限り，企業は，その変更が生じた年度において，セグメント識別のための新旧両基準によって当期のセグメント情報を開示しなければならない（ＩＦＲＳ８，29項）。

設例22－2：報告セグメントの収益および利益または損失と連結情報の調整

以下の資料に基づいて，セグメント別収益および利益（または損失）を求め，報告セグメントと連結ベースの対応する各項目の金額との調整表を作成しなさい（単位：百万円）。

【資料】

(1)　S_1社，S_2社，S_3社は，Ｐ社の100％子会社である。Ｐ社は日本に所在し，連結ベースの世界規模製品別事業部制を導入しており，最高経営責任者は，製品別の事業区分を意思決定単位としている。各社の業務内容は次のとおりである。

〈Ｐ社〉　Ｘ製品とＺ製品を製造し，Ｘ製品は北米の子会社（S_2社）および日本とイギリスの外部顧客へ販売している。Ｚ製品は，タイの子会社（Ｓ３社）と日本の外部顧客へ販売している。Ｙ製品は，Ｓ３社から購入し，日本の子会社（S_1社）へ販売している。

〈S_1社〉　Ｐ社からＹ製品を仕入れ，日本の外部顧客へ販売している。

〈S₂社〉 P社からX製品を仕入れ，北米の外部顧客へ販売している。

〈S₃社〉 P社からZ製品を仕入れ，それを部品としてY製品を製造し，P社とタイおよびフランスの外部顧客へ販売している。

(2) 各社（個別ベース）の事業区分別収益および利益または損失は次のとおりであり，最高経営責任者は当該情報を各種意思決定のために使用している。

個別企業の事業区分別収益および利益または損失

(単位：百万円)

	P社 X製品	P社 Y製品	P社 Z製品	P社 配賦不能費用	S₁社 Y製品	S₂社 X製品	S₃社 Y製品	S₃社 Z製品	S₃社 配賦不能費用
売上高									
外部売上高	1,730		350		1,530	1,120	1,900		
セグメント内の内部売上高	1,160	1,590	1,390				1,890		
セグメント間の売上又は振替高								1,230	
	2,890	1,590	1,740		1,530	1,120	3,790	1,230	
売上原価									
セグメント内の内部仕入高		1,890			1,590	1,160		1,390	
セグメント間仕入・振替高							1,230		
外部仕入・製造原価	3,000		1,800				2,700		
棚卸高増減等	−600	−380	−360		−320	−240	−790 *	−280	
	2,400	1,510	1,440		1,270	920	3,140	1,110	
セグメント内の内部利益控除	40	60	50				70		
合　計	2,440	1,570	1,490		1,270	920	3,210	1,110	
販売費及び一般管理費									
配賦可能費用	270	80	120		190	140	330	70	
配賦不能費用	−	−	−	50	−	−	−	−	40
小　計	270	80	120	50	190	140	330	70	40
営業利益	180	−60	130	−50	70	60	250	50	−40

* Y製品の部品として組み込まれているZ製品の原価と新たに付加された製造原価からなる。このZ製品には内部利益30百万円が含まれる。これは異なるセグメント間での振替利益であるため控除されない。

247

以下の手順で事業セグメント情報を作成し，連結財務諸表の数値と調整する。

(1) 各事業区分内の振替取引から発生した内部利益を消去する。
(2) 各社の事業区分別**収益**および**利益**または**損失**を事業区分ごとに合計する。
(3) 同一セグメント内の内部売上・仕入または振替高を相殺消去する。
(4) セグメント間の内部売上・仕入または振替高の相殺消去，およびセグメント間の内部利益の消去等を行って，連結財務諸表に示される金額と調整する。

報告セグメントの収益および利益または損失と連結情報の調整

(単位：百万円)

	X製品	Y製品	Z製品	配賦不能費用	セグメント別損益合計	調整	連結
売上高及び営業損益							
売上高							
外部顧客に対する売上高	2,850	3,430	350		6,630		6,630
セグメント間の売上高又は振替高			1,230		1,230	-1,230	
小　計	2,850	3,430	1,580		7,860	-1,230	6,630
売上原価							
セグメント間の仕入高		1,230			1,230	-1,230	
製品製造原価	3,000	2,700	1,800		7,500		7,500
棚卸高増減等	-840	-1,490	-640		-2,970	-	-2,970
小　計	2,160	2,440	1,160		5,760	-1,230	4,530
内部利益控除	40	130	50		220	30	250
合　計	2,200	2,570	1,210		5,980	-1,200	4,780
販売費及び一般管理費							
配賦可能費用	410	600	190	-	1,200	-	1,200
配賦不能費用	-	-	-	90	90	-	90
小　計	410	600	190	90	1,290		1,290
営業利益	240	260	180	-90	590	-30	560

(2) 企業全体レベルでのセグメント情報

必要な情報が入手不能であり，かつ，その作成費用が過大である場合を除き，製品・サービスに関する情報および地域に関して，次の情報の開示が要求され

る（IFRS8, 32～33項）。

(イ) 各製品・サービスまたは類似製品・サービスの各グループに関して，外部顧客からの収益

(ロ) 地域（国内と海外の区分，および重要性のある場合には海外の国別）に関して，(a)外部顧客からの収益，(b)金融商品，繰延税金資産，退職後給付資産および保険契約から生じる権利を除く，固定資産

また，単一の外部顧客との取引による収益が，企業収益の10％以上である場合には，その事実，当該顧客からの収益の合計額および当該収益を報告する単一または複数のセグメント名の開示が要求される（IFRS8, 34項）。ただし，企業は，主要な顧客名や各セグメントが報告する当該顧客からの収益額を開示する必要はない。

設例22－3：企業全体レベルでの地域に関する情報

設例22－2 の資料として，次の外部顧客への地域別販売情報が与えられるとき，IFRS8（33項）に基づいて，地域に関する情報として，国別の外部顧客への売上高を示しなさい（単位：百万円）。

外部顧客への地域別販売情報　　　　（単位：百万円）

所在地(販売元)→	日本				北米		タイ	
会社名→	P社			S_1社	S_2社		S_3社	
事業区分→ 販売地域↓	X製品	Y製品	Z製品	Y製品	X製品	Y製品		Z製品
日　　　　本	1,440		350	1,530				
北　　　　米					1,120			
イ ギ リ ス	290							
フ ラ ン ス						1,140		
タ　　　　イ						760		

第3部　特殊会計論

　外部顧客への地域別販売情報に基づいて，外部顧客への売上高を顧客の所在地，すなわち販売地域を基礎にして国別に帰属させる。事業セグメントは製品の差異を基礎としているので，製品・サービスに関する情報の追加開示は要求されない。

国別の外部顧客への売上高* 　　　（単位：百万円）

会社名→ 会社の所在地→ 販売地域↓	P社 日本	S$_1$社 日本	S$_2$社 北米	S$_3$社 タイ	合計	調整	連結
日　　本	1,790	1,530			3,320	—	3,320
北　　米			1,120		1,120	—	1,120
イギリス	290				290	—	290
フランス			1,140		1,140	—	1,140
タ　　イ				760	760	—	760
合　　計					6,630		6,630

＊　収益は，顧客の所在地を基礎にして各国に帰属させた。

第23章 廃止事業会計

1 廃止事業の意義

「廃止事業」とは，既に処分されたか，または，売却目的保有に分類されている「企業の構成要素」であり，かつ，以下の要件のいずれかを満たすものである（IFRS5, 32項）。

(1) 独立の主要な事業分野・営業地域を表すこと
(2) 独立の主要な事業分野・営業地域を処分する統一された計画の一部であること
(3) 転売目的で取得した子会社であること

ここで「企業の構成要素」とは，企業の他の部分から営業上および財務報告目的上，明確に区別できる事業とキャッシュ・フローをいう。これらは，使用目的で保有されている間は，単一の資金生成単位または資金生成単位のグループとなる（IFRS5, 31項）。

また，「資金生成単位」とは，他の資産または資産グループからのキャッシュ・インフローとは独立し，継続的使用によるキャッシュ・インフローを生成させるものとして識別される最小単位の資産グループである（IFRS5, 付録A）。

上記の条件が満たされた場合，包括利益計算書，キャッシュ・フロー計算書において廃止事業に係わる数値を表示する。財務諸表の比較可能性の観点から，廃止事業として売却した部分を除外した損益や資産・負債を表示することにより，財務諸表の期間比較が可能になる。

2　廃止事業の表示

(1) 廃棄予定の固定資産

廃棄予定の固定資産（または処分グループ）は，その帳簿価額が主に継続的使用により回収されるため，売却目的保有の資産に分類してはならない。ただし，廃棄予定の処分グループが廃止事業の要件を満たす場合には，その使用の中止日において，当該処分グループの損益およびキャッシュ・フローを廃止事業として開示しなければならない（IFRS 5, 13項）。

廃棄予定の固定資産（または処分グループ）には，経済的耐用年数終了時まで使用が予定される固定資産（または処分グループ）や，売却されずに閉鎖される予定の固定資産（または処分グループ）が含まれる。なお，一時的に使用しなくなった遊休資産を廃棄されたかのように処理してはならない（IFRS 5, 14項）。

(2) 財務諸表上の表示・開示

企業は，財務諸表の利用者が廃止事業および固定資産（または処分グループ）の処分による財務上の影響を評価できるように，下記のような情報を表示・開示しなければならない（IFRS 5, 30項）。

まず，包括利益計算書には，以下の総計を「単一の金額」で開示する。

① 廃止事業の税引後損益
② 売却費用控除後の公正価値による測定および廃止事業を構成する資産または処分グループの処分により認識した税引後損益

なお，「単一の金額」の内訳は，以下のとおりである。

(a) 廃止事業の収益・費用・税引前損益・関連する税金費用
(b) 売却費用控除後の公正価値で測定したことにより認識した損益または廃止事業を構成する資産または処分グループを処分したことにより認識した損益・関連する税金費用

これらの内訳は，「注記」もしくは「包括利益計算書」において表示することができる。包括利益計算書で表示する場合，継続事業から区分された廃止事業に関連するものとして表示する。

また，廃止事業の営業・投資・財務活動に帰属する正味キャッシュ・フローは，「注記」もしくは「キャッシュ・フロー計算書」において表示される。

さらに，継続事業からの利益額および廃止事業からの利益のうち親会社株主に帰属する金額が，「注記」もしくは「包括利益計算書」において開示される（IFRS5，33項）。

(3) 過年度の廃止事業に関する再表示・遡及修正

財務諸表に表示された過年度の廃止事業に関する開示事項は，直近の決算日までに廃止されたすべての事業に関連するように，再表示されなければならない（IFRS5，34項）。

過去に廃止事業として表示された金額を当期に修正し，過年度の廃止事業の処分に直接関連していたものである場合には，その修正額は，当年度の廃止事業の損益とは別に区分し，性質・金額を開示しなければならない。以下のような状況で，このような修正が生じる（IFRS5，35項）。

① 購入価格の修正や買手との補償問題の解決等，処分取引の条件から生じた未確定事項の解消
② 売手の環境関連債務や製品保証債務等，処分前の企業の構成要素の事業から生じた未確定事項の解消
③ 処分取引に直接関連する従業員給付債務の決済

設例23-1：廃止事業に関する包括利益計算書・財政状態計算書の表示

　Z社は，A事業とB事業の2事業を経営していたが，×1年に不採算事業であるB事業の売却を決定し，×2年にB事業を売却した。B事業は廃止事業に該当し，下記の資料に基づき包括利益計算書および財政状態計算書を作成する。×1年末のB事業の資産総額は5,000百万円，負債総額は3,500百万円であった。

253

第3部　特殊会計論

【資料1】 ×1年度連結包括利益計算書（一部）　　（単位：百万円）

	収　益	事業売却損	税引前利益	税金費用	当期利益
A　事　業	95,000		4,000	△1,600	2,400
B　事　業	42,000		△5,000		△5,000
連　　　結	137,000		△1,000	△1,600	△2,600

【資料2】 ×2年度連結包括利益計算書（一部）　　（単位：百万円）

	収　益	事業売却損	税引前利益	税金費用	当期利益
A　事　業	110,000		6,000	△2,400	3,600
B　事　業	15,000	△1,000	△2,000		△2,000
連　　　結	125,000	△1,000	4,000	△2,400	1,600

連結包括利益計算書

（単位：百万円）

	×1年	×2年
「継続事業」		
収　益	95,000	110,000
中略	⋮	⋮
税引前利益	4,000	6,000
税金費用	△1,600	△2,400
継続事業からの当期利益	2,400	3,600
「廃止事業」		
廃止事業からの当期利益	△5,000	△2,000
期間利益	△2,600	1,600

［注記］	×1年	×2年
廃止事業の収益	42,000	15,000
廃止事業の費用	47,000	16,000
事業売却損	―	1,000
廃止事業の税引前利益	△5,000	△2,000

財政状態計算書（売却目的固定資産または処分グループの表示）

（単位：百万円）

	×1年	×2年
資　産		
固定資産		
○○○	×××	×××
計	×××	×××
流動資産		
○○○	×××	×××
計	×××	×××
売却目的固定資産	5,000	－
資産合計	×××	×××
持分および負債（持分省略）		
固定負債		
○○○	×××	×××
計	×××	×××
流動負債		
○○○	×××	×××
計	×××	×××
売却目的固定資産に直接関連する負債	3,500	－
負債合計	×××	×××
持分および負債合計	×××	×××

第24章 超インフレ経済下における財務報告

1 超インフレの意義

　さまざまな個別的または一般的な政治・経済・社会的要因によって，資産・負債の価額は常に変動している。「個別価格」は，需給変化・技術革新等の個別要因によって上下する。一般的要因によって，「一般物価水準」が変動し，その結果，貨幣の「一般購買力」も変動する（IAS29, 5項）。

　一般物価水準の変動や識別された資産・負債の個別価格の上昇を除けば，「取得原価主義会計」に基づいて財務諸表は作成されている。例外的には，たとえば，有形固定資産・生物資源は，公正価値による測定が要求されている。ただし，保有資産の個別価格の変動の影響を示す「現在原価主義会計」に基づいた財務諸表を測定・表示している企業も存在する（IAS29, 6項）。

　いずれの財務諸表にせよ，超インフレ経済下においては，インフレの影響を反映する「再表示」を行わずに財政状態・経営成績を報告しても，財務諸表利用者にとって有用な情報となりえない。なぜならば，たとえ同一の会計期間であっても，異なる時点で発生した取引・事象の金額を比較することが，利用者の誤解を招くほどに，貨幣の購買力が低下しているからである（IAS29, 2項）。

　IAS29（3項）では，「超インフレ」であるとみなされる絶対的なインフレ率は定めておらず，どのような場合に「財務諸表の再表示」が必要となるかは，判断の問題であるとされている。ただし，判断の基準の例示として，ある国の経済環境において，以下のような特徴が示される場合，「超インフレ」であるとみなされる。

(a) 一般市民が，財産を「非貨幣資産」または比較的安定した外貨で保有することを選好する。保有する現地通貨は，購買力が維持できるように，ただちに投資される。

(b) 比較的安定した外貨で価格が付けられる場合があるように，一般市民が，現地通貨ではなく，当該外貨での貨幣額を尊重する。
(c) 信用売買は，たとえ短期間であっても，与信期間中の予想される購買力の損失を補償する価格で行われる。
(d) 利率・賃金・価格が「物価指数」に連動する。
(e) 3年間の累積インフレ率が100％に近似するか，100％を超える。

「超インフレ経済」にあっては，財務諸表は，決算日現在の測定単位で表示された場合にのみ，財務諸表利用者にとって有用なものとなる（IAS29, 7項）。したがって，超インフレ経済国の通貨が「機能通貨」である企業の財務諸表は，取得原価会計または現在原価会計のいずれに基づいているかに係らず，決算日現在の測定単位で再表示されなければならない（IAS29, 8項）。再表示が必要な財務諸表には，(a)財政状態計算書，(b)包括利益計算書，(c)キャッシュ・フロー計算書が含まれる。また，IAS1によって要求される当期に対応する前期の数値やそれ以前の会計期間に関する比較情報も，決算日現在の測定単位で表示される（IAS29, 8項）。

IAS29に準拠して財務諸表を再表示するためには，判断とともに，ある種の手続の適用が要求される。継続的にこれらの手続・判断を適用することが，再表示後の財務諸表の金額の正確性よりも重要である（IAS29, 10項）。

2 財務諸表の再表示

(1) 財政状態計算書の再表示

決算日現在の測定単位によって表示されていない「財政状態計算書」の項目は，「一般物価指数」を適用して再表示される（IAS29, 11項）。この時に利用される「一般物価指数」は，一般購買力の変動を反映するものでなければならない（IAS29, 37項）。また，同一経済下にある通貨で報告するすべての企業は，同一の指数を利用することが望ましい。なお，再表示すべき数値は，次のような算式によって修正する。

第3部 特殊会計論

$$\text{原価主義会計上の数値} \times \frac{\text{期末時点の一般物価指数}}{\text{取引時点の一般物価指数}}$$

　財政状態計算書の項目は，貨幣や貨幣受取・支払項目である「貨幣項目」とそれ以外の「非貨幣項目」によって再表示は異なる。財政状態計算書の各項目の処理をまとめれば，図表24－1のようになる。

図表24－1　財政状態計算書項目の処理

取得原価会計	貨幣項目	「再表示」しない（ＩＡＳ29, 12項）。 ※　ただし，契約によって物価指数に連動する社債・貸付金のような資産・負債は「修正」される（ＩＡＳ29, 13項）。
	非貨幣項目	正味実現可能価額・公正価値といった決算日現在の価額で計上されるものを除き「再表示」する（ＩＡＳ29, 14項）。 原価表示項目：取得日から決算日までの一般物価指数の変動を適用して「再表示」する（ＩＡＳ29, 15項）。 再評価項目：再評価日の価額から「再表示」する（ＩＡＳ29, 18項）。
	株主持分	利益剰余金・再評価剰余金を除く各項目は，拠出時または発生時から一般物価指数を適用して「再表示」する（ＩＡＳ29, 24項）。 ・再評価剰余金はすべて消去される。 ・利益剰余金の再表示額は，財政状態計算書の他のすべての項目を再表示することによって算定する。
現在原価会計		「再表示」されず（ＩＡＳ29, 29項）。 ※　もし，現在原価（再調達原価）で表示されていない項目があれば，11～25項に従って再表示される。

　なお，非貨幣項目の再表示額が，当該項目の回収可能価額を超過する場合，適切なＩＦＲＳに従って減額される（ＩＡＳ29, 19項）。たとえば，有形固定資産・のれん・特許権・商標権は「回収可能価額」まで減額され，棚卸資産は「正味実現可能価額」（正味売却価額）まで減額される。
　ＩＡＳ29が適用された期間およびそれ以降の決算日に，株主持分のすべての項目は，期首（または拠出日の方が遅い場合には拠出日）から，一般物価指数を適用することによって再表示される。株主持分の当期変動額は，ＩＡＳ1に従っ

て開示される（IAS29, 25項）。

なお，IAS29に準拠して財務諸表を再表示することによって，財政状態計算書上の個々の資産・負債の帳簿価額とそれらの税務上の価額との間に差が生じる場合，当該差額はIAS12に従って税効果処理される（IAS29, 32項）。

(2) 包括利益計算書の再表示

IAS29（26項）によれば，包括利益計算書のすべての項目は決算日現在の測定単位で表示することが要求される。したがって，すべての収益・費用項目の金額は，それらが財務諸表に初めて記録された時点から，一般物価指数の変動を適用して再表示しなければならない。

インフレーションの期間において，資産・負債が物価水準に連動していない限り，貨幣負債よりも貨幣資産を多く保有している企業は購買力を失い，貨幣資産よりも貨幣負債を多く保有している企業は購買力を得る。この購買力の喪失・獲得は，「貨幣純持高に関する損益」と呼ばれ，当期の損益計算に影響を与える。「貨幣純持高に関する損益」は，非貨幣資産・株主持分・包括利益計算書項目の再表示額と物価指数に連動する資産・負債の修正との差額として算定される（IAS29, 27項）。「貨幣純持高に関する損益」は，利益または損失に算入し，別個に開示しなければならない（IAS29, 9, 28項）。

なお，契約により物価指数に連動する資産・負債を修正した金額は，「貨幣純持高に関する損益」と相殺消去される。受取利息・支払利息，投資・借入資金に関する為替差額といった他の収益・費用項目も貨幣純持高に関連する。このような項目は別個に開示されるが，包括利益計算書において貨幣純持高に関する損益とともに表示されれば有用である。

再表示前の現在原価による包括利益計算書は，一般に取引・事象が発生した時点の現在原価で記録されている。たとえば，売上原価と減価償却費は費消時点の現在原価で記録され，売上高やその他の費用はその発生時の貨幣額で記録されている。したがって，すべての金額は，一般物価指数を適用して，決算日現在の測定単位に再表示される（IAS29, 30項）。

なお，現在原価財務諸表においても，「貨幣純持高に関する損益」は，取得

原価財務諸表での扱いと同様に処理される（IAS29, 31項）。

(3) キャッシュ・フロー計算書の再表示

IAS29（33項）によれば，キャッシュ・フロー計算書のすべての項目は，決算日現在の測定単位で再表示することが要求される。

(4) 連結財務諸表の再表示

超インフレ経済国の通貨で報告する親会社が，超インフレ経済国の通貨で報告する子会社を有している場合，子会社の財務諸表は，連結前に，報告通貨の一般物価指数を適用して再表示しなければならない（IAS29, 35項）。在外子会社である場合，再表示後の財務諸表は決算日レートで換算される。超インフレ経済国の通貨で報告を行わない子会社の財務諸表はIAS21に従って処理される。

決算日が異なる財務諸表を連結する場合，すべての項目は，貨幣項目であるか非貨幣項目であるかに関わらず，連結財務諸表の決算日現在の測定単位で再表示しなければならない（IAS29, 36項）。

超インフレ経済国の通貨で報告する被投資企業に「持分法」を適用する場合，被投資会社の純資産・損益のうち投資会社の持分相当額を計算するために，被投資企業の財政状態計算書・包括利益計算書は，再表示される（IAS29, 20項）。なお，被投資企業の再表示後の財務諸表が外貨で表示されている場合には，決算日レートで換算される。

3 超インフレの存在を認識した場合／しなくなる場合の会計処理

前期は「超インフレ」ではなかったが，当期にその機能通貨経済において「超インフレ」の存在が認識されたならば，企業はあたかもその経済が常に「超インフレ」であったかのように，IAS29の規定を適用しなければならない（IFRIC7, 3項）。したがって，取得原価で測定される非貨幣項目に関して，期首財政状態計算書は，資産の取得日または負債の発生日から決算日までのインフレーションの影響を反映するように，再表示されなければならない。取得日または発生日以外の日付時点の金額で期首財政状態計算書に計上されて

いる非貨幣項目について，再表示によって，当該帳簿価額が確定した日から決算日までのインフレーションの影響が反映されなければならない。

一方，経済が「超インフレ」でなくなり，ＩＡＳ29に従った財務諸表の作成・表示を中止する場合には，前期末現在の測定単位で表示された金額は，その後の財務諸表の帳簿価額の基礎として取り扱われる（ＩＡＳ29, 38項）。

設例24－1：超インフレ経済下における財務報告

(1) 取得原価会計

K国はｔ₁期末現在，過去３年間の累積インフレ率が100％を超え，超インフレ経済国である。K国内にあるＡ社のｔ₁期首の財政状態計算書は，下記のとおりであった（なお，各項目は，既に期首時点の一般物価指数で再表示されているものとする）。Ａ社は，ｔ₁期中（一般物価指数：125）に棚卸資産800（期首換算；80個）を1,400で売却した。ｔ₁期末（一般物価指数：140）現在，当該売掛債権は未回収のままである。Ａ社で当期に行う仕訳を示し，ｔ₁期の財務諸表（包括利益計算書と財政状態計算書）を作成しなさい。

図表24－2　ｔ₁期首の財政状態計算書
財政状態計算書
ｔ₁期首（一般物価指数：100）

現　　　　金	400	資　本　金	900
棚卸資産(100個)	1,000	利益剰余金	500
	1,400		1,400

棚卸資産の販売時点（ｔ₁期首から販売時点までの再表示を行う）

① 修　正　仕　訳：

(借) 棚　卸　資　産　　200[*1]　(貸) 購買力利得　　　200

＊1　販売分：$800 \times (\frac{125}{100}) - 800 = 200$

② 売上取引仕訳（売上原価対立法で記録する）：

（借）売　　掛　　金	1,400	（貸）売　　　　　　上	1,400
（借）売　上　原　価	1,000	（貸）棚　卸　資　産	1,000*2

＊2　販売分：期首換算800＋再表示額200

決算日（期首時点・販売時点から決算日までの再表示を行う）

① 財政状態計算書項目の修正仕訳：

（借）棚　卸　資　産	80*3	（貸）購　買　力　利　得	80
（借）購　買　力　損　失	560	（貸）資　　本　　金	360*4
		利　益　剰　余　金	200*5

＊3　未販売分：$(1{,}000-800) \times \left(\dfrac{140}{100}\right) - (1{,}000-800) = 80$

＊4　$900 \times \left(\dfrac{140}{100}\right) - 900 = 360$

＊5　$500 \times \left(\dfrac{140}{100}\right) - 500 = 200$

② 損益項目の修正仕訳：

（借）購　買　力　損　失	168	（貸）売　　　　　　上	168*6
（借）売　上　原　価	120*7	（貸）購　買　力　利　得	120

＊6　$1{,}400 \times \left(\dfrac{140}{125}\right) - 1{,}400 = 168$

＊7　$1{,}000 \times \left(\dfrac{140}{125}\right) - 1{,}000 = 120$

上記の仕訳に従い，t_1期の財務諸表を作成すれば，次のようになる。なお，包括利益計算書上の「貨幣純持高損益」は，購買力利得・損失の差額として算定される。

t_1期の財務諸表（取得原価会計）

包括利益計算書
t_1期

売　上　高	1,568
売　上　原　価	1,120
売上総利益	448
貨幣純持高損益	△ 328
当期利益	120

財政状態計算書
t_1期末（一般物価指数：140）

現　　金	400	資　本　金	1,260
売　掛　金	1,400	利益剰余金	820
棚卸資産	280		
	2,080		2,080

第24章 超インフレ経済下における財務報告

(2) 現在原価会計

上記の設例を用いて,現在原価主義会計に基づいた取引を示し,財務諸表を作成しなさい。なお,t₁期中の棚卸資産の販売時における再調達原価は,1個当たり15であり,t₁期末には20となっている。他の条件は等しいものとする。

棚卸資産の販売時点(t₁期首から販売時点までの現在原価の変動額を計算)
① 修正仕訳:

| (借)棚 卸 資 産 | 400*¹ | (貸)再評価剰余金 | 400 |

*1 販売分:$800 \times \left(\dfrac{15}{10}\right) - 800 = 400$

② 売上取引仕訳(売上原価対立法で記録する):

| (借)売 掛 金 | 1,400 | (貸)売 上 | 1,400 |
| (借)売 上 原 価 | 1,200 | (貸)棚 卸 資 産 | 1,200*² |

*2 販売分:期首換算800+再調達原価変動額400

決算日(期首時点・販売時点から決算日までの現在原価・物価指数の変動を計算)
① 財政状態計算書項目の修正仕訳:

(借)棚 卸 資 産	200*³	(貸)再評価剰余金	200
(借)購 買 力 損 失	560	(貸)資 本 金	360
		利 益 剰 余 金	200

*3 未販売分:$(1,000 - 800) \times \left(\dfrac{20}{10}\right) - (1,000 - 800) = 200$

② 損益項目の修正仕訳:

| (借)購 買 力 損 失 | 168 | (貸)売 上 | 168*⁴ |
| (借)売 上 原 価 | 144*⁵ | (貸)購 買 力 利 得 | 144 |

*4 $1,400 \times \left(\dfrac{140}{125}\right) - 1,400 = 168$

*5 $1,200 \times \left(\dfrac{140}{125}\right) - 1,200 = 144$

第3部　特殊会計論

上記の仕訳に従い，t₁期の財務諸表を作成すれば，次のようになる。

t₁期の財務諸表（現在原価会計）

包括利益計算書 t₁期		財政状態計算書 t₁期末（一般物価指数：140）			
売　上　高	1,568	現　　　金	400	資　本　金	1,260
売　上　原　価	1,344	売　掛　金	1,400	利益剰余金	340
売上総利益	224	棚　卸　資　産	400	再評価剰余金	600
購　買　力　損　失	△ 584		2,200		2,200
当　期　損　失	△ 360				

4　財務諸表上の開示

IAS29（39項）によれば，次の事項が開示されなければならない。

(a) 財務諸表および当期に対応する前期以前の数値が，機能通貨の一般購買力の変動によって再表示され，その結果，決算日現在の測定単位で表示されている旨

(b) 財務諸表が取得原価会計または現在原価会計のいずれに基づいているか

(c) 使用した物価指数・決算日現在の物価指数水準・当期と前期との間の当該指数の変動

第25章 保険契約会計

1 保険契約の意義・範囲

「保険契約」とは、ある主体（保険者）が、他の主体（保険契約者）から、特定の不確実な事象（保険事故）が保険契約者に不利益を与えた場合に、保険契約者に補償を行うことについて同意することにより、重要な保険リスクを引き受ける契約である（IFRS4，付録A）。

ここで「保険リスク」とは、財務リスク以外のリスクのうち、契約保有者から契約発行者へ移転されるものである。「財務リスク」とは、金利、金融商品の価格、為替レート、価格・レート指数、信用格付またはその他の変数の将来の潜在的な変動リスクをいう。また、「不確実な将来の事象」とは、保険契約の本質が不確実性ないしリスクにあることから、少なくとも①保険事故の発生に関する不確実性、②保険事故の発生の時期に関する不確実性、③保険事故が発生した場合に保険者が支払わなければならない金額に関する不確実性のいずれかの事象に関連するものである（IFRS4，付録B）。

「保険リスク」は、経済的実質を有する保険事故により重要な追加給付を行う義務が保険者に発生しうる場合に重要性をもつ。ここに「追加給付」とは、保険事故が発生しない場合に支払われる金額を超過する金額（請求処理費用および請求評価費用）を意味する。つまり、保険リスクは、保険契約者から生じる保険者の正味キャッシュ・フローの現在価値に重要な変化をもたらす合理的な蓋然性が存在する場合に重大であるとみなされ、「重要な保険リスク」が移転していなければ、保険契約ではなく、金融商品として処理されることになる。

この点について、保険契約の定義に該当する場合、当該契約に含まれる組込デリバティブズおよび預り金要素の分離処理の必要性について検討する必要がある。

保険契約に特定のデリバティブズが組み込まれている「組込デリバティブ

ズ」については，IAS39に従い，公正価値に基づいて評価し，その変動を損益として認識する。組込デリバティブズそれ自体が保険契約の定義に合致するものであれば，一体とみなして公正価値により測定する必要はないものとされる（IFRS4，7項）。

次に，「保険要素」と「預り金要素」の両方の性格をもつ保険契約について，その預り金要素の分離については，以下の2つの要件を満たす場合，その分離処理（アンバンドリングという）が強制される（IFRS4，10項）。

① 保険者が預り金要素を分離して測定することが可能である場合
② 会計方針において，預り金要素より生じるすべての義務・権利を認識することが要求されていない（分離しないと預金要素の一部がオフバランスとなる）場合

上記要件の①を満たすが，②を満たさない場合には，分離処理はあくまでも任意であり，強制されない。また，①の要件を満たさない場合，すなわち預り金要素を分離して測定できない場合には，分離処理は禁止される。分離処理を適用する保険契約については，預り金要素はIAS39に定める金融商品として会計処理を行い，保険要素については保険契約として会計処理を行う（IFRS4，12項）。

2 保険契約の認識・測定

(1) IAS8の適用除外

IFRS4は，保険契約を適用の対象とするものであり，企業が発行するすべての保険契約（再保険契約を含む），保有している再保険契約および企業が発行した金融商品のうち「裁量権のある有配当性」のあるものに関する会計処理を規定している（IFRS4，2項）。IFRS4は保険会社の会計全般について規定するものではない。したがって，現時点では保険会社の会計に大幅な修正を迫るものではなく（また保険契約者も適用対象外とされる），あくまでも各国における会計基準の適用を容認する暫定的な基準である。

IAS8（10〜12項）によれば，明確に適用しうるIAS・IFRSやIFR

ＩＣ等がない場合には，その他のＩＦＲＳを類推適用し，または「概念フレームワーク」に基づく処理が求められる。ただし，ＩＦＲＳ４(13項)によれば，①保険者が自ら発行した保険契約および②保険者が保有する再保険契約に関する既存の会計方針について，ＩＦＲＳ４が認識・測定に関して基準を具体的に明示するものではない「暫定的な基準」であることから，ＩＡＳ８の適用は免除される。

しかし，ＩＦＲＳ４ (14項) は，下記の会計処理については免除を認めていない。特定の会計処理が規定されている。

① 異常危険準備金や平衡準備金のような決算日時点で存在しない将来の保険契約により発生すると見込まれる将来の保険金の支払いに係る負債を認識してはならない。
② 負債の十分性テストを実施しなければならない。
③ 保険負債が消滅した（保険契約により特定される義務から解放，解約または期間満了となった）場合にのみ，保険負債を財政状態計算書から消去しなければならない。
④ 再保険資産と関連する保険負債との相殺，または再保険契約に係る収益・費用および対応する保険契約の収益・費用の相殺は認められない。
⑤ 再保険資産の減損テストを実施しなければならない。

(2) **負債の十分性テスト**

ＩＦＲＳ４ (15項) は，認識された保険負債が過小評価されていないかどうかを検証するために，決算日現在の仮定に基づくキャッシュ・フローの見積りを用いて，負債の十分性についての評価を求めており，最低要件として下記規定が設けられている。

① 契約上のすべてのキャッシュ・フロー，保険金支払手数料等の関連キャッシュ・フローならびに組込オプションおよび保証から生じるキャッシュ・フローの見積現在価値を考慮する。
② 現在価値と比較して保険負債の金額が十分でないことが判明した場合，不足額の全額を損益として認識する。

ＩＦＲＳ４（16項）は，現行の会計方針が上記要件を満たす「負債の十分性テスト」を適用している場合には，追加的要求を課さない。現行の会計方針が最低要件を満たした「負債の十分性テスト」を求めていない場合には，次のような測定を実施する必要がある（ＩＦＲＳ４，17項）。

① 当該保険負債の帳簿価額から，関連する繰延新契約費ならびに企業結合や保険ポートフォリオの移転により取得したあらゆる無形資産を控除した金額
② 保険負債に対してＩＡＳ37を適用した場合の測定額

(3) 再保険資産の減損

　保険会社が自己の引き受けた保険のうち，主として高額契約等について保険契約のリスクを分散するために，再保険引受会社と締結する保険契約を「再保険」といい，当該契約上の出再者が獲得した権利を「再保険資産」という。この場合，再保険資産については，以下の要件を満たした場合，再保険資産は減損しているものとみなされ，「減損損失」を当期の損益として認識することが求められる（ＩＦＲＳ４，20項）。

① 再保険資産の当初認識後に発生した事象の結果，出再者が契約期間中に受領すべき金額の一部を受領できない明白な証拠がある。
② 出再者が再保険者から受領する金額に対して，信頼性をもってその影響を測定することができる。

(4) 会計方針の変更

　ＩＦＲＳ４（22項）は，現行実務を容認し，各国の会計方針を継続することを基本的に認めるものであるが，財務諸表利用者の意思決定に対して「目的適合性」と「信頼性」を高める場合には，「会計方針の変更」が認められる。

　また，次のような会計処理を行っている場合については，各国における現行会計実務の継続が容認されており，現在の会計方針を変更し，新たに適用することは認められない（ＩＦＲＳ４，25項，30項）。

① 保険負債を現在価値に割り引かずに測定する。
② 将来の投資管理手数料に関する契約上の権利について，「公正価値」を

超える金額により測定されている。
③　連結グループ内の子会社の保険負債に対して，統一されていない会計方針を適用する。
④　過度な保守主義を排除するための「会計方針の変更」はあえて求めない。また，さらに保守主義を強めるような会計方針の変更は認められない。
⑤　会計方針に将来の投資収益を反映した割引率を用いて，保険負債を測定する。
⑥　保険資産に係る認識済みの未実現損益を「その他の包括利益」として認識する「シャドウ・アカウンティング」と呼ばれる実務慣行を認める。

(5) 裁量権のある有配当性

保険契約には，事故発生時の保証給付に加えて，保険契約者が追加的給付を受け取る契約上の権利（これを「裁量権のある有配当性」という）を含む契約がある。このような契約については，最低限の規定があり，次のような会計処理が適用される（IFRS4，34項）。

①　「保証部分」については，「裁量権のある有配当部分」と分離して会計処理することができる。その場合，保証部分は負債に区分しなければならない。保険者が両者を分離して認識しない場合には，契約全体を負債として認識しなければならない。
②　保証部分から分離した「裁量権のある有配当部分」について，当該部分を負債か，持分の一部のいずれかに分類して処理する。契約発行者は，当該部分を会計方針の継続適用を条件として，負債と持分に分類するが，中間的な区分に分類してはならない。
③　負債に分類された保証部分と「裁量権のある有配当部分」の変動は，損益として認識しなければならない。「裁量権のある有配当部分」の一部または全部が持分として分類された場合には，契約発行者は「裁量権のある有配当部分」に係る持分の部に起因する損益部分を損益の分配として認識しなければならない。

3 財務諸表上の開示

保険契約に関連する財務諸表上の金額の説明として，下記事項を開示しなければならない（ＩＦＲＳ４，36～37項）。

① 保険契約とそれに関連した資産，負債，収益および費用についての会計方針
② 保険契約から生じる資産，負債，収益および費用（直接法でキャッシュ・フロー計算書を作成している場合には当該キャッシュ・フロー）
　保険者が再保険者である場合には，再保険契約を購入することにより包括利益計算書で認識される損益等
③ 上記②における金額の測定に大きな影響を及ぼす仮定の決定のプロセス（可能な場合にはその定量的開示）
④ 保険資産および保険負債の測定のために用いられた仮定が変化した場合の影響（その影響の個別表示）
⑤ 保険資産および再保険資産，もしあるならば繰延新契約費の重要な変化

さらに，保険契約から生じるリスクの性質および程度に関連して，下記事項が開示されなければならない（ＩＦＲＳ４，38～39項）。

① 保険契約から生じるリスク管理の目的，方針，プロセスおよびリスクを管理するための方法
② 保険リスクに関する情報（保険リスクに対する感応度，保険リスクの集中，実際の保険金額とそれまでの見積額との比較）
③ 当該保険契約がＩＦＲＳ７の適用範囲であったならば，求められるであろう信用リスク，流動性リスクおよび市場リスク
④ 「組込デリバティブズ」を公正価値で測定しない場合には，当該デリバティブズに係る重要な金利リスクおよび信用リスクに関する情報

第26章 農業会計

1 農業活動と生物資産の意義

「農業活動」とは,生物資産の農産物もしくは追加的な生物資産への販売目的のために行う転換に関わる管理活動をいう。「農業活動」には,家畜の飼育,林業,一年生植物または多年生植物の収穫,果樹の栽培・プランテーション,草花栽培,養殖漁業(魚の養殖を含む)といった広範囲の活動が含まれる(IAS41,5〜6項)。

ここに「生物資産」とは,生きている動物または植物のことであり,「農産物」とは,企業の生物資産の収穫物をいう(IAS41,5項)。したがって,たとえば,ぶどうの木やぶどうは生物資産に該当するが,収穫後に加工処理が行われて生産されたワインは生物資産ではない。伐採後に加工生産されると考えられる丸太も農産物から外されている(IAS41,5項)。

加工処理された農産物は「棚卸資産」として取り扱われる。また,企業が伐採した木材を自己の建物を建設するために利用するならば,「有形固定資産」として取り扱われることになる。なお,農業活動に関連する土地,農業活動に関連する無形資産も生物資産の範囲外である(IAS41,2〜3項)。

2 生物資産・農産物の認識・測定

(1) 認識・測定基準

生物資産・農産物は,次の場合に認識される(IAS41,10項)。
(a) 過去の事象の結果,企業の支配下にある資産である。
(b) 当該資産に関連する将来の経済的便益が企業に流入する可能性が高い。
(c) 当該資産の公正価値または原価が信頼性をもって測定できる。

認識された生物資産は,当初認識日(当初測定時)および決算日(再測定時)において,信頼性のある公正価値が測定できない場合を除き,公正価値で測定

しなければならない（ＩＡＳ41, 12項）。生物資産から収穫された農産物は，収穫時点において，公正価値により測定される（ＩＡＳ41, 13項）。

「公正価値」とは，取引の知識がある自発的な当事者の独立企業間取引において，資産が交換され，または負債が決済される価額である（ＩＡＳ41, 8項）。

(2) 公正価値の決定

公正価値の決定については，活発な市場が存在する場合，当該市場における相場価格は当該資産の公正価値を決定する際の適切な基礎となる。企業が複数の異なる活発な市場を利用できる場合，当該企業は最も適切な市場を利用する。たとえば，ある企業が2つの活発な市場を利用できる場合，企業は実際に利用しようとしている市場の価格を使用する（ＩＡＳ41, 16項）。

活発な市場が存在しない場合，公正価値の決定に当たり，次のような価格・価値のうち利用可能な1つ以上のものを利用する（ＩＡＳ41, 17項）。

(a) 取引日と決算日の間の経済的状況に重要な変化がない場合，直近の市場における取引価格
(b) 類似資産の市場価格に，差異を反映するために必要な修正を加えた価格
(c) 輸出用トレイ当たり，ブッシェル重量当たりまたはヘクタール当たりで表される果実の価値や，肉キログラム当たりで表される牛の価値のような分野ごとの基準値

しかし，状況によっては，市場で決定された価格や価値が，生物資産について利用できない場合がある。そのときには，当該生物資産から得られるであろう将来予想正味キャッシュ・フローを現在の市場利子率で割り引いた「現在価値」を利用して公正価値が決定される（ＩＡＳ41, 20項）。

設例26－1：生物資産・農産物の公正価値

収穫時に大豆を公正価値で評価した。なお，このときの公正価値として，庭先価格（20万円）を採用した。

| (借)大　　豆 | 200,000 | (貸)雑　穀　売　上 | 200,000 |

生物資産の公正価値は信頼性をもって測定できると仮定されているが，この仮定は，生物資産の当初認識時に，市場によって決定される価格・価値が得られず，また，それに代わる公正価値の見積額が明らかに信頼できないと判断される場合には，当初認識時に限り，覆すことができる（ＩＡＳ41，30～31項）。

一方，ＩＡＳ41（32項）によれば，収穫された農産物の公正価値は常に信頼をもって測定できる。すなわち，収穫された農産物は，見積販売費用控除後の公正価値により測定される。

(3) 利得・損失の認識・測定

生物資産の見積販売費用控除後の公正価値による当初認識および当該公正価値の変動によって発生する利得・損失は，発生した期の損益に含めなければならない。農産物を見積販売費用控除後の公正価値により当初認識することにより生じる利得・損失は，発生した期の損益に計上しなければならない（ＩＡＳ41，26～29項）。

設例26－2：農産物の収益と費用

① 米を販売して，代金60万円は現金で受け取る。

(借)現	金	600,000	(貸)米 売 上	600,000

② 肥料1万円を現金で購入した。

(借)肥 料 費	10,000	(貸)現 金	10,000

3　国庫補助金の会計処理

農業活動に対する国庫補助金は，無条件の国庫補助金と付帯条件付の国庫補助金に分類される。

無条件の国庫補助金については，国庫補助金を受け取ることになった時に，収益として認識しなければならない（ＩＡＳ41，34項）。付帯条件付の国庫補助金については，国庫補助金が企業に特定の農業活動に従事しないことを要求されている場合を含め，当該企業は条件が満たされた時，国庫補助金を収益として

認識しなければならない（IAS41, 35項）。なお，取得原価に基づいて測定される生物資産に係わる国庫補助金には，IAS20が適用される（IAS41, 37項）。国庫補助金は，第11章において既述されている。

4　財務諸表上の開示

　財務諸表上の開示については，全般的事項，生物資産について公正価値が信頼性をもって測定できない場合の追加開示，国庫補助金に関する開示に分けられている。全般的事項として，生物資産・農産物に関して，次の情報を開示する（IAS41, 40～53項）。

(a) 当期において生物資産・農作物の当初認識によって発生した利得・損失の合計額，生物資産の見積販売費用控除後の公正価値の変動による利得・損失

(b) 生物資産グループ毎の説明・帳簿価額

(c) 各グループの収穫時における農産物・生物資産の公正価値の決定に用いた方法や主要な仮定

　生物資産の公正価値が信頼性をもって測定できない場合，および，生物資産を減価償却累計額および減価償却累計額控除後の取得原価により測定している場合には，下記情報を追加開示する（IAS41, 54項）。

(a) 当該生物資産の説明

(b) 公正価値を信頼性をもって測定できない理由

(c) 提示可能であれば，公正価値を表している可能性が高い見積額の範囲

(d) 使用する減価償却の方法・耐用年数（または償却率）

(e) 期首・期末の帳簿価額および減価償却累計額・減損損失累計額の総額

　農業活動に対して国庫補助金が交付されている場合には，下記情報を開示する（IAS41, 57項）。

(a) 財務諸表に認識された国庫補助金の性質・程度

(b) 国庫補助金の付帯条件で未履行のものおよび偶発的なもの

(c) 国庫補助金の水準が大きく減額されることが予想される場合，その事実

第27章 鉱物資源の探査と評価

1 鉱物資源の探査と評価の意義・範囲

「鉱物資源」とは，鉱物・石油・天然ガスおよび類似の再生不能な資源等である。また，「鉱物資源の探査と評価」とは，(イ)企業が特定地域で探査する法的権利を得た後の鉱物資源の探査，(ロ)鉱物資源の採取に関する技術的・商業的実行可能性に関する評価を指している（IFRS6，付録A）。

なお，IFRS6（3項）によれば，「鉱物資源の探査と評価に関する支出」を適用しなければならない。ただし，(a)企業が特定地域を探査する法的権利を獲得する以前に行った支出など，鉱物資源の探査と評価に従事する以前に行った支出，(b)鉱物資源の採取に対する技術的・商業的実行可能性が証明された後に行った支出に対しては適用されない（IFRS6，5項）。

図表27－1 「鉱物資源の探査と評価」の範囲

探査権の取得　　　　　　　　　　技術的・商業的実行可能性の証明
├──────────────┼──────────────┤
　　　　　　　　　鉱物資源の探査と評価

鉱物資源の開発に係る支出は，探査と評価に関する資産（以下，「探査・評価資産」と略す）として計上されず，IAS38に従い「無形固定資産」として処理される。また，鉱物資源の探査と評価を行った結果として発生した除去・原状回復に関する債務は，IAS37に従い引当処理される（IFRS6，10～11項）。

2 探査・評価資産の認識・測定

探査・評価資産は，当初認識時に取得原価で測定される（IFRS6，8項）。また，探査・評価資産としてどの支出を計上するかの会計方針を決定し，継続適用する必要がある。この決定のためには，たとえば，探査・評価資産の当初測定に含まれる支出としては，特定の鉱物資源の発見に関連する(a)探査権の獲

得,(b)地形学的・地質学的・地球科学的・地球物理学的研究,(c)試掘,(d)溝掘り作業,(e)標本抽出,(f)鉱物資源の採取に対する技術的・商業的実行可能性の評価活動などに対する支出に範囲が限定される(IFRS6, 9項)。

再測定時には,「原価モデル」と「再評価モデル」の選択適用が認められている(IFRS6, 12項)。

設例27－1：探査・評価資産の認識・測定

(1) t_1期首に石油資源の探査のため,試掘に用いる掘削機を600百万円,探査権を400百万円でそれぞれ現金により取得した(単位：百万円)。

(借)探査・評価資産 　　　(有形資産)	600	(貸)現　　　金	1,000
探査・評価資産 　　　(無形資産)	400		

(2) t_1期末に探査権が500百万円に再評価された(単位：百万円)。

(A) 原価モデル：仕訳なし

(B) 再評価モデル

(借)探査・評価資産	100	(貸)再評価剰余金	100

探査・評価資産の帳簿価額が回収可能価額を超える兆候がある場合には,IAS36に従って減損損失を測定・開示する(IFRS6, 18項)。ただし,探査・評価資産の減損を認識する際には,IAS36ではなく,IFRS6を適用しなければならない。具体的には,次の兆候が1つでもある場合には,探査・評価資産の減損テストを行う(IFRS6, 20項)。

(a) 特定地域の探査権を有する期間が終了するか,近いうちに終了すると見込まれ,更新が予想されない場合

(b) 特定地域への鉱物資源の探査と評価に,追加的な予算計上も計画もされていない場合

(c) 特定地域における鉱物資源の探査と評価が,鉱物資源の商業的に実行可

能な物量を発見するに至らず，探査・評価活動の中止を決定した場合
(d) 特定地域における開発は進捗しているが，開発が成功したとしても探査・評価資産の帳簿価額が回収不可能であることが十分なデータにより明らかな場合

設例27－2：探査・評価資産の減損

前記 設例27－1 (1)における探査権について，t_1期末に探査計画の中止が決定され，400百万円全額が減損損失として計上された（単位：百万円）。

(借) 減 損 損 失　　　400　　（貸）探査・評価資産　　　400

このように，探査・評価資産の減損の兆候を認識する規準は，ＩＡＳ36とは異なることに注意する必要がある。

3　財務諸表上の表示・開示

(1) 探査・評価資産の表示

探査・評価資産は，当該資産の性質に応じて有形固定資産または無形固定資産として分類される（ＩＦＲＳ６，15項）。つまり，掘削権のように無形固定資産として取り扱われるものもあり，掘削機のように有形固定資産として扱われるものもある。有形固定資産が無形固定資産を生成する際に消費される場合には，無形固定資産の取得原価の一部となる（ＩＦＲＳ６，16項）。

探査・評価資産について，鉱物資源の採取に対する技術的・商業的実行可能性が証明された場合には，探査・評価資産は他の資産科目に振り替えられる。振替前に減損テストを行い，必要ならば減損損失の認識・測定を行う（ＩＦＲＳ６，17項）。

第3部　特殊会計論

> **設例27－3：探査・評価資産の振替**
>
> 前記 設例27－1 の(1)における掘削機と探査権についてt_1期中に技術的・商業的実行可能性が証明され，各資産に減損の兆候は見られない（単位：百万円）。
>
> | (借)機 械 装 置 | 600 | (貸)探査・評価資産
（有 形 資 産） | 600 |
> |---|---|---|---|
> | 　　探　査　権 | 400 | 　　探査・評価資産
（無 形 資 産） | 400 |

　探査・評価資産は，ＩＡＳ16またはＩＡＳ38によって要求されている分類と同様の方法で表示されなければならない（ＩＦＲＳ6，25項）。

(2)　探査・評価資産の開示

　鉱物資源の探査と評価に関しては，下記事項が開示される（ＩＦＲＳ6，24項）。

(a)　探査・評価資産の当初認識に関する会計方針

(b)　鉱物資源の探査と評価から生ずる資産・負債・収益・費用，営業・投資活動によるキャッシュ・フローの金額

第4部 財務諸表の作成

第28章 年次財務諸表の作成

1 一般目的財務諸表の種類

　企業の過年度財務諸表および他企業の財務諸表との比較可能性を確保するために,「一般目的財務諸表」の表示基準が定められるべきである。この目的のために,ＩＡＳ１は,財務諸表の表示についての最小限の規定を設け,ＩＦＲＳに準拠して作成表示されるすべての「一般目的財務諸表」に適用される（ＩＡＳ１, １～２項）。一組の財務諸表は,下記項目から成る（ＩＡＳ１, 10項）。

(a)　財政状態計算書
(b)　包括利益計算書
(c)　持分変動計算書
(d)　キャッシュ・フロー計算書
(e)　重要な会計方針の要約およびその他の説明的情報の注記
(f)　会計方針の変更による遡及的適用,遡及的修正再表示または財政状態計算書の再表示が行われた場合における最も古い比較期間の期首財政状態計算書

2 財政状態計算書

(1) 表示内容

　「財政状態計算書」には,少なくとも,(a)有形固定資産,(b)投資不動産,(c)無形資産,(d)金融資産（(e)(h)(i)を除く）,(e)持分法による投資勘定,(f)生物資産,(g)棚卸資産,(h)営業債権・その他の債権,(i)現金・現金同等物,(j)ＩＦＲＳ５

における売却目的固定資産および売却目的保有分類の処分グループにおける資産総額，(k)営業債務・その他の債務，(l)引当金，(m)金融負債 ((k)(l)を除く)，(n)ＩＡＳ12における税金負債・税金資産，(o)ＩＡＳ12における繰延税金負債・繰延税金資産，(p)ＩＦＲＳ５における売却目的保有分類の処分グループにおける負債総額，(q)持分に表示された非支配持分，(r)親会社株主に帰属する発行済資本金・剰余金を表示する（ＩＡＳ１，54項）。

　財政状態計算書の理解目的に適合するときには，追加項目・見出し・小計を表示しなければならない（ＩＡＳ１，55項）。

(2)　流動・固定の区分

　財政状態計算書は，「流動資産」と「固定資産」，「流動負債」と「固定負債」とに区分して表示することを原則とする。ただし，流動性による表示が信頼でき，より目的適合的な情報を提供できる場合はこの限りでなく，流動・固定の区分によらないことも認められる（ＩＡＳ１，60項）。いずれの方法によっても，決算日後12か月以内の回収・決済予定の金額と12か月超の回収・決済予定の金額とが混合している場合には，12か月超の金額を開示しなければならない（ＩＡＳ１，61項）。

　資産は，(a)正常営業循環過程で実現・販売・消費が予定される場合，(b)元来，売却目的で保有される場合，(c)決算日後12か月以内に実現予定の場合，(d)決算日後12か月間に負債決済のための交換または使用が制限される場合以外における現金・現金同等物である場合のみ「流動資産」とし，それ以外は「固定資産」としなければならない（ＩＡＳ１，66項）。

　負債は，(a)正常営業循環過程で決済が予定される場合，(b)元来，売却目的で保有される場合，(c)決算日後12か月以内に決済予定の場合，(d)決算日後12か月間に負債決済の無条件による繰延権利を持たない場合のみ「流動負債」とし，それ以外は「固定負債」としなければならない（ＩＡＳ１，69項）。

(3)　財政状態計算書または注記による記載情報

　営業活動に照らし，「財政状態計算書」または「注記」のいずれか適切な方法により，表示項目の詳細な内訳を開示しなければならない（ＩＡＳ１，77項）。

また,「財政状態計算書」,「持分変動計算書」もしくは「注記」によって下記事項を開示しなければならない(IAS1, 79項)。

(a) 株式資本の種別に(ⅰ)授権株式数,(ⅱ)全額払込済の発行済株式数と未払込がある発行済株式数,(ⅲ)1株当たりの額面金額または無額面株式の旨,(ⅳ)外部に流通する株式数の期首・期末における調整,(ⅴ)種類株式に付されている権利,優先権,制限(配当および資本払戻制限を含む),(ⅵ)自己株式および子会社・関連会社が保有する当該企業の株式,(ⅶ)オプションまたは株式売却契約のための留保株式(条件・金額を含む)

(b) 持分内の各剰余金の内訳と目的

図表28-1 財政状態計算書の記載方法

KMグループ
財政状態計算書
12/31/20x2

	12/31/20x2	12/31/20x1		12/31/20x2	12/31/20x1
資 産			その他の持分要素	xxx	xxx
固定資産				xxx	xxx
有形固定資産	xxx	xxx	非支配株主持分	xxx	xxx
のれん	xxx	xxx	持分合計	xxx	xxx
その他の無形資産	xxx	xxx	負 債		
関連会社投資	xxx	xxx	固定負債		
売却可能金融資産	xxx	xxx	長期借入金	xxx	xxx
	xxx	xxx	繰延税金負債	xxx	xxx
流動資産			固定負債引当金	xxx	xxx
棚卸資産	xxx	xxx	固定負債合計	xxx	xxx
営業債権	xxx	xxx	流動負債		
その他の流動資産	xxx	xxx	営業債務・その他の債務	xxx	xxx
現金・現金同等物	xxx	xxx	短期借入金	xxx	xxx
	xxx	xxx	一年以内返済長期借入金	xxx	xxx
資産合計	xxx	xxx	未払税金	xxx	xxx
			流動負債引当金	xxx	xxx
持分および負債			流動負債合計	xxx	xxx
親会社株主に帰属する持分			負債合計	xxx	xxx
株式資本金	xxx	xxx	持分および負債合計	xxx	xxx
留保利益	xxx	xxx			

3 包括利益計算書

(1) 表示内容

　一会計期間におけるすべての収益・費用項目は，包括利益の計算対象となるが，その計算書の様式は，㈮「一計算書方式」，すなわち単一の包括利益計算書による方式または㈯「二計算書方式」，すなわち第一の計算書（損益計算書）には損益計算を内訳とともに記載し，第二の計算書（包括利益計算書）には第一の計算書の計算結果と「その他の包括利益」を記載する方式のいずれかの方式による（IAS1，81項）。

　上記㈮方式による「包括利益計算書」には，少なくとも(a)収益，(b)金融費用，(c)持分法による関連会社とジョイント・ベンチャーの損益に対する持分，(d)税金費用，(e)(ⅰ)廃止事業の税引後損益と(ⅱ)廃止事業を構成する資産または処分グループの売却もしくは除却費用を控除した公正価値測定によって認識された税引後利得もしくは損失の合計金額，(f)損益，(g)本来「その他の包括利益」とされる各要素（(h)の金額を除く），(h)持分法による関連会社とジョイント・ベンチャーの「その他の包括利益」に対する持分，(i)包括利益合計を表示する（IAS1，82項）。また，(j)(ⅰ)非支配株主持分に帰属する損益と(ⅱ)親会社株主に帰属する期間損益，(k)(ⅰ)非支配株主持分に帰属する包括利益合計と

図表28－2　一計算書方式と二計算書方式

「一計算書方式」

包括利益計算書	
収　益	xxx
費　用	△xxx
当期利益	xxx
その他の包括利益	xxx
当期包括利益合計	xxx

「二計算書方式」

損益計算書	
収　益	xxx
費　用	△xxx
当期利益	xxx

包括利益計算書	
当期利益	xxx
その他の包括利益	xxx
当期包括利益合計	xxx

(ⅱ)親会社株主に帰属する包括利益合計は，包括利益計算書において期間配分されなければならない（IAS1，83項）。

なお，(ロ)方式による独立損益計算書では，上述の(a)から(f)までの項目と(j)について表示される（IAS1，84項）。

(2) その他の包括利益

「包括利益」は，取引・その他の事象がもたらす一期間の持分変動中，企業所有主の立場に基づいて行う取引がもたらす変動を除いたものを指す。したがって，「その他の包括利益」は，損益として認識されない収益・費用から成り，具体的には，(a)有形固定資産・無形資産の再評価剰余金の変動，(b)確定給付型年金制度における数理計算上の差異，(c)在外営業活動体の外貨表示財務諸表の換算から生じる利得・損失，(d)売却可能金融資産の再測定による利得・損失，(e)キャッシュ・フロー・ヘッジにおけるヘッジ手段から生じる利得・損失のうちの有効部分が該当する（IAS1，7項）。

「その他の包括利益」の構成要素に関する税額（再分類調整を含む）は包括利益計算書もしくは注記により開示されなければならない（IAS1，90項）。

また，「その他の包括利益」については，「再分類調整」に関する開示が要求される（IAS1，92項）。ここに「再分類調整」とは，当期もしくは過年度に

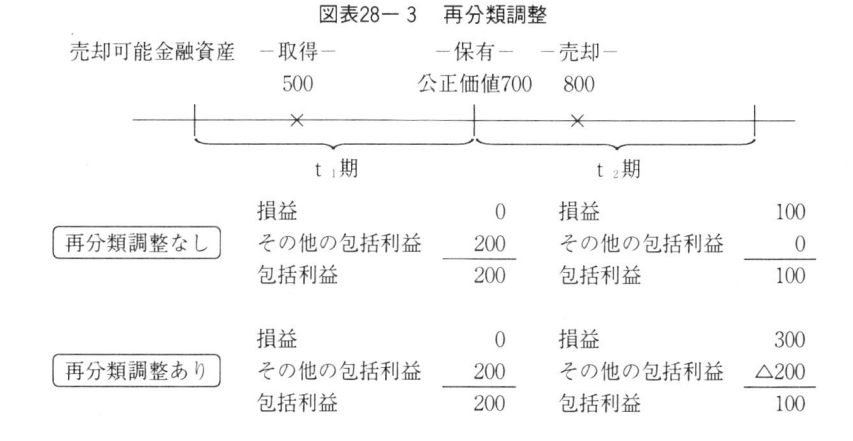

図表28－3　再分類調整

```
売却可能金融資産  －取得－        －保有－  －売却－
                  500       公正価値700    800
                  ───×─────────×───────
                        t₁期              t₂期
```

再分類調整なし	損益	0	損益	100
	その他の包括利益	200	その他の包括利益	0
	包括利益	200	包括利益	100

再分類調整あり	損益	0	損益	300
	その他の包括利益	200	その他の包括利益	△200
	包括利益	200	包括利益	100

認識された「その他の包括利益」を当期の損益に再分類する処理である（IAS1，7項）。これは，「リサイクリング」とも呼ばれ，当期もしくは過年度に「その他の包括利益」として開示されたものが，当該年度の損益の一部として開示されることにより，包括利益の中で二重計上されることを避けるために必要とされる調整手続きである。

なお，「その他の包括利益」の損益への再分類の可否や再分類する時点については，個々のIAS・IFRSに定められている（IAS1，93項）。

(3) 包括利益計算書または注記による記載情報

収益・費用に重要性が認められるときは，その項目と金額を「包括利益計算書」もしくは「注記」により個別に開示しなければならない（IAS1，97項）。その項目としては，(a)棚卸資産の正味実現可能価額への評価減，有形固定資産の回収可能価額への評価減および戻入，(b)リストラクチャリング引当金の戻入，(c)有形固定資産の処分，(d)投資の処分，(e)廃止事業，(f)訴訟の和解，(g)引当金のその他の戻入が該当する（IAS1，98項）。

なお，損益として認識された費用については，信頼性を高め，より目的適合的となる情報を提供するために，その形態別分類に基づいて分析表示する「費用性質法」，企業内における機能別分類に基づいて分析表示する「費用機能法」

図表28－4　費用性質法と費用機能法

「費用性質法」

包括利益計算書	
収益	xxx
その他の収益	xxx
製品・仕掛品の棚卸資産増減額	xxx
原材料・消耗品の消費高	xxx
従業員給付費用	xxx
減価償却費・その他の償却費	xxx
その他の費用	xxx
費用合計	△xxx
税引前利益	xxx

「費用機能法」

包括利益計算書	
収益	xxx
売上原価	△xxx
総利益	xxx
その他の収益	xxx
販売費	△xxx
一般管理費	△xxx
その他の費用	△xxx
税引前利益	xxx

(「売上原価法」ともいう)のいずれかの表示方法が採用されなければならない(IAS1, 99項)。

「費用性質法」では,損益計算書内ではその性質(たとえば,減価償却費,材料仕入,運搬費,従業員給付,広告費など)に基づいて費用が集計され,企業内の機能間で再配分されることはない(IAS1, 102項)。

一方,「費用機能法」では,費用をその機能に従い,たとえば売上原価の一部に,あるいは販売費または一般管理費に分類する。したがって,この方法によれば,最低限,売上原価をその他の費用項目とは個別に表示することになる(IAS1, 103項)。この場合,減価償却費,その他の償却費,従業員給付などについて追加情報を開示しなければならない(IAS1, 104項)。

図表28－5　包括利益計算書の記載方法
―計算書・費用機能法による包括利益計算書

KMグループ
包括利益計算書
12/31/20x2

	20x2	20x1		20x2	20x1
収益	xxx	xxx	売却可能金融資産	△xxx	xxx
売上原価	△xxx	△xxx	キャッシュ・フロー・ヘッジ	△xxx	△xxx
売上総利益	xxx	xxx	固定資産評価益	xxx	xxx
その他の収益	xxx	xxx	確定拠出年金数理差異	△xxx	xxx
運搬費	△xxx	△xxx	持分法適用会社におけるその他の包括利益	xxx	xxx
一般管理費	△xxx	△xxx	その他の包括利益に係る法人税	xxx	△xxx
その他の費用	△xxx	△xxx	税引後当期その他の包括利益	△xxx	xxx
金融費用	△xxx	△xxx	当期包括利益合計	xxx	xxx
持分法投資損益	xxx	xxx	帰属利益:		
税引前利益	xxx	xxx	親会社株主	xxx	xxx
法人税額	△xxx	△xxx	非支配持分	xxx	xxx
継続事業からの当期利益	xxx	xxx		xxx	xxx
廃止事業からの当期損失	－	△xxx	帰属包括利益合計:		
当期利益	xxx	xxx	親会社株主	xxx	xxx
その他の包括利益			非支配持分	xxx	xxx
外貨換算差額	xxx	xxx		xxx	xxx
			基本および希薄化後1株当たり利益	xx	xx

第4部　財務諸表の作成

<h3 style="text-align:center">二計算書・費用性質法による包括利益計算書</h3>

KMグループ 損益計算書 12/31/20x2			KMグループ 包括利益計算書 12/31/20x2		
	20x2	20x1		20x2	20x1
収益	xxx	xxx	当期利益	xxx	xxx
その他の収益	xxx	xxx	その他の包括利益		
製品・仕掛品の変動	△xxx	△xxx	外貨換算差額	xxx	xxx
資産化作業	xxx	xxx	売却可能金融資産	△xxx	xxx
原材料の使用	△xxx	△xxx	キャッシュ・フロー・ヘッジ	△xxx	△xxx
従業員給付費用	△xxx	△xxx	固定資産評価益	xxx	xxx
減価償却費・その他の償却費	△xxx	△xxx	確定拠出年金数理差異	△xxx	xxx
有形固定資産の減損	△xxx	―	持分法適用企業におけるその他の包括利益	xxx	△xxx
その他の費用	△xxx	△xxx	その他の包括利益に係る法人税	xxx	△xxx
金融費用	△xxx	△xxx	税引後当期その他の包括利益	△xxx	△xxx
持分法投資損益	xxx	xxx	当期包括利益合計	xxx	xxx
税引前利益	xxx	xxx	帰属包括利益合計：		
法人税額	△xxx	△xxx	親会社株主	xxx	xxx
継続事業からの当期利益	xxx	xxx	非支配持分	xxx	xxx
廃止事業からの当期損失	―	△xxx		xxx	xxx
当期利益	xxx	xxx			
帰属利益：					
親会社株主	xxx	xxx			
非支配持分	xxx	xxx			
	xxx	xxx			
基本および希薄化後1株当たり利益	xx	xx			

4　キャッシュ・フロー計算書

(1)　キャッシュ・フロー計算書の意義と資金概念

　キャッシュ・フロー計算書は，基本財務諸表を構成する必要不可欠な計算書である（IAS 7，1項）。

　キャッシュ・フロー計算書は，企業がキャッシュを獲得する能力を評価する際に役立つものであり，また利用者が異なる企業の将来キャッシュ・フローの現在価値を評価・比較するためのモデルを開発することを可能にする。また，

キャッシュ・フロー情報は，同一の取引・事象に対する異なる会計処理の採用による影響が排除されるので，経営成績の企業間比較を行う上で有用である（IAS7，4項）。

IAS7（6項）によれば，キャッシュ・フロー計算書において計算の対象となる資金は，「現金及び現金同等物」とされる。「現金」は，手許現金と要求払預金からなる。「現金同等物」とは，短期の流動性の高い投資のうち容易に換金可能であり，かつ，価値の変動に対して僅少なリスクしか負わないものをいう。

(2) キャッシュ・フローの区分表示と具体的内容

IAS7（10項）によれば，キャッシュ・フロー計算書は，「営業活動」，「投資活動」および「財務活動」の3つに区分され，キャッシュ・フローがいずれの活動から生じたものかによって区分表示される。

営業活動には，主たる収益獲得活動のほか，投資・財務活動以外の活動も含まれる。投資活動とは，長期資産および現金同等物に含まれない投資の取得・処分をいう。財務活動とは，株主持分および借入れの規模と構成の変動をもたらす活動をいう。各活動に含まれるキャッシュ・フローの具体的内容は，図表28-6のとおりである（IAS7，14項，16～17項）。

(3) キャッシュ・フロー計算書の表示方法

営業活動からのキャッシュ・フローは，直接法または間接法のいずれかの方法を用いて表示される。「直接法」とは，主要な種類ごとに収入総額と支出総額を開示する方法をいう。「間接法」とは，純損益から，①キャッシュの変動を伴わない費用，②営業活動以外の収益・費用，③営業活動による資産・負債の増減を調整する方法をいう（IAS7，18項）。

直接法または間接法のいずれの方法を用いた場合においても，投資・財務活動からのキャッシュ・フローは，特別な場合を除いて主要な区分ごとに総額で表示しなければならない（IAS7，21項）。

ただし，IAS7（22項）によれば，営業・投資・財務活動からのキャッシュ・フローのうち，(a)キャッシュ・フローが当該企業よりもむしろ顧客の活

図表28-6　各活動に含まれるキャッシュ・フローの具体例

活動区分	キャッシュ・インフロー	キャッシュ・アウトフロー
営業活動	① 財貨の販売および役務の提供による収入 ② ロイヤリティー，報酬，手数料その他の収益による収入 ③ 法人税などの還付 ④ 短期売買目的で保有される契約からの収入	① 財貨および役務の仕入先に対する支出 ② 従業員に対する，または従業員のための支出 ③ 保険会社の保険料収入および保険金，年金その他の保険契約上の給付金の支払い ④ 財務または投資活動に明確に結びつけられる場合を除く，所得に対する法人税などの支払い ⑤ 短期売買目的で保有される契約による支出
投資活動	① 有形固定資産，無形資産その他の長期資産の売却による収入 ② 他の企業の持分または債権およびジョイント・ベンチャーに対する持分の売却による収入（現金同等物とみなされる金融商品や短期売買目的で保有される金融商品に関する収入を除く） ③ 他者に対してなされた貸出し（金融機関の貸出しを除く）の返済による収入 ④ 先物契約，先渡契約，オプション契約およびスワップ契約による収入。ただし，その契約が短期売買目的で保有される場合，またはその収入が財務活動として分類される場合を除く。	① 有形固定資産，無形資産その他の長期資産を取得するための支出。これらの支出には，資産計上された開発費および自家建設による有形固定資産に関連する支出が含まれる。 ② 他の企業の持分または債権およびジョイント・ベンチャーに対する持分を取得するための支出（現金同等物とみなされる金融商品や短期売買目的で保有される金融商品に関する支出を除く） ③ 他者に対してなされた貸出し（金融機関の貸出しを除く） ④ 先物契約，先渡契約，オプション契約及びスワップ契約による支出。ただし，その契約が短期売買目的で保有される場合，またはその支出が財務活動として分類される場合を除く。
財務活動	① 株式またはその他の持分証券の発行による収入 ② 社債発行，借入金，手形借入，抵当権付借入およびその他の短期または長期の借入による収入	① 自社株式の買い戻し，または償還のための支出 ② 借入金の返済による支出 ③ ファイナンス・リースに関する負債残高を減少させる賃借人の支出

動を反映している場合における，顧客のために行う収入および支出，(b)回転が速く，金額が大きく，かつ期日が短い項目に対する収入および支出は純額で示すこともできる。

支払利息，受取利息および受取配当金は，それらが損益の算定に組み込まれることを理由に，営業活動からのキャッシュ・フローとして分類することができる。また，金融資源の獲得コストまたは投資リターンであるので，それぞれ財務活動からのキャッシュ・フローおよび投資活動からのキャッシュ・フローに分類することもできる（IAS 7，33項）。

一方，支払配当金は，金融資源の獲得コストであるので，財務活動からのキャッシュ・フローとして分類することができる。また，企業が営業活動からのキャッシュ・フローから配当金を支払う能力を利用者が判断するのに役立つようにするため，営業活動からのキャッシュ・フローに分類することもできる（IAS 7，34項）。

法人税の支払いによるキャッシュ・フローは，投資・財務活動に明確に結び付けられる場合を除き，営業活動からのキャッシュ・フローに分類される。

(4) キャッシュ・フロー計算書の様式と作成

① **直接法によるキャッシュ・フロー計算書**

キャッシュ・フロー計算書の作成には，期首と期末の財政状態計算書，当期の包括利益計算書およびその他のデータが必要である。以下の資料に基づいて，キャッシュ・フロー計算書の作成過程を説明する。

財 政 状 態 計 算 書

		期　　首		期　　末
資　　産				
現　金　預　金		7,900		5,200
売　　掛　　金	4,000		5,500	
貸　倒　引　当　金	△80	3,920	△110	5,390
有　価　証　券		8,800		8,400
商　　　　品		3,000		5,000
建　　　　物	20,000		25,000	
減価償却累計額	△9,000	11,000	△8,100	16,900
資　産　合　計		34,620		40,890

289

第4部　財務諸表の作成

負　　　　債		
買　　掛　　金	4,620	4,820
未　払　利　息	100	150
未　払　税　金	400	600
短　期　借　入　金	2,000	2,400
長　期　借　入　金	5,000	8,500
持　　　　分		
資　　本　　金	18,000	18,000
剰　　余　　金	4,500	6,420
負　債　持　分　合　計	34,620	40,890

包括利益計算書		その他のデータ	
売　　上　　高	20,600	有価証券取得額	1,600
売　上　原　価	12,000	売却した有価証券の帳簿価格	2,000
給　　　　料	2,890	建物取得額	10,000
減　価　償　却　費	2,700	売却した建物の取得原価	5,000
貸倒引当金繰入額	90	売却した建物の減価償却累計額	3,600
受　取　配　当　金	100	短期借入額	3,400
支　払　利　息	350	短期借入金の返済額	3,000
有　価　証　券　売　却　損	150	長期借入額	5,500
固　定　資　産　売　却　益	500	長期借入金の返済額	2,000
税引前当期純利益	3,020	配当金の支払額	400
法　　人　　税	700		
当　期　純　利　益	2,320		

　営業活動からのキャッシュ・フローのうち，「得意先からの収入」は，売上高20,600から売掛金の増加額1,500および貸倒れ額60（貸倒引当金繰入額90－貸倒引当金の増加額30）を差し引くことにより計算される。「仕入先および従業員への支出」は，売上原価12,000に商品の増加額2,000を加算し，買掛金の増加額200を減算し，給料2,890を加算することにより計算される。

　損益計算の対象となる取引によるキャッシュ・フローの金額は，すべてこの方法で，包括利益計算書上の金額に収益・費用とキャッシュ・フローとの差を表す金額を加減算することによって求められる。得意先からの収入から仕入先および従業員への支出を差し引いたところで，「営業活動により獲得されたキャッシュ」という小計が計算されている。「営業活動により獲得された

キャッシュ」に配当金の受取額・利息の支払額・法人税の支払額を加減算することにより，営業活動からのキャッシュ・フローが計算される。

投資・財務活動からのキャッシュ・フローについても，同様の計算を行い，取引ごとに総額によるキャッシュ・フローを表示する。ただし，回転が速く，金額が大きく，かつ期日が短い項目に対する収入・支出は純額表示が認められている。本設例における短期借入金の借換えはこれに該当するので，純額により表示を行う。

キャッシュ・フロー計算書

営業活動からのキャッシュ・フロー		
得意先からの収入	19,040	
仕入先および従業員への支出	△16,690	
営業活動により獲得されたキャッシュ	2,350	
配当金の受取額	100	
利息の支払額	△300	
法人税の支払額	△500	
営業活動からのキャッシュ・フロー		1,650
投資活動からのキャッシュ・フロー		
有価証券の取得	△1,600	
有価証券の売却	1,850	
有形固定資産の取得	△10,000	
有形固定資産の売却	1,900	
投資活動からのキャッシュ・フロー		△7,850
財務活動からのキャッシュ・フロー		
短期借入金の増加額	400	
長期借入れ	5,500	
長期借入金の返済	△2,000	
配当金の支払額	△400	
財務活動からのキャッシュ・フロー		3,500
現金及び現金同等物の増加額		△2,700
現金及び現金同等物の期首残高		7,900
現金及び現金同等物の期末残高		5,200

（注）配当金の受取額・利息の支払額は営業活動からのキャッシュ・フローに，配当金の支払額は財務活動からのキャッシュ・フローに表示する方法による。

第4部　財務諸表の作成

② 間接法によるキャッシュ・フロー計算書

　直接法と間接法との違いは，営業活動からのキャッシュ・フローの区分における「営業活動により獲得されたキャッシュ」の計算過程に現れる。間接法では，税引前当期純利益から，3種類の調整を行うことにより，「営業活動により獲得されたキャッシュ」を計算する。

営業活動により獲得されたキャッシュ＝税引前当期純利益
　　　　　　(a)　＋キャッシュの変動を伴わない費用
　　　　　　(b)　－営業活動以外の収益＋営業活動以外の費用
　　　　　　(c)　－営業活動による資産の増加＋営業活動による負債の増加

(a)　当期の費用として計上されているが支出を伴っていない項目について，その金額を税引前当期純利益に足し戻す必要がある。減価償却費と貸倒引当金の増加額がこれに該当する。

(b)　営業活動以外の収益・費用を加減算する。税引前当期純利益には，すべての活動の収益・費用が含まれるので，営業活動に関わらない項目は，ここで調整する。固定資産売却益・有価証券売却損・受取配当金・支払利息がこれに該当する。

(c)　営業活動による資産・負債の増減額が調整される。営業債権が増加しているということは，その金額だけ収益として計上されているが，収入をもたらしていないことを意味するので，この金額を減算する。棚卸資産・営業債務の増減額は，費用と支出との差を表すので，これを加減算する。

キャッシュ・フロー計算書

営業活動からのキャッシュ・フロー	
税引前当期純利益	3,020
調整：	
減価償却費	2,700
貸倒引当金の増加額	30
固定資産売却益	△500
有価証券売却損	150
受取配当金	△100
支払利息	350
	5,650
営業債権の増加額	△1,500
棚卸資産の増加額	△2,000
営業債務の増加額	200
営業活動により獲得されたキャッシュ	2,350
配当金の受取額	100
利息の支払額	△300
法人税の支払額	△500
営業活動からのキャッシュ・フロー	1,650

　（注）　投資・財務活動からのキャッシュ・フローは直接法と同じなので，省略した。

5　持分変動計算書

「持分変動計算書」には，(a)親会社株主帰属分と非支配持分帰属分とに分割した当期包括利益合計，(b)IAS8に従って処理された遡及的適用・遡及的修正再表示の各持分要素，(c)（削除），(d)（ⅰ）損益，（ⅱ）その他の包括利益の各項目，（ⅲ）株主の地位に基づく払込，分配，支配を喪失しない子会社持分の変動に分割した所有主との取引とに分けた，期首・期末における持分の各要素の変動調整を表示する（IAS1, 106項）。

「持分変動計算書」もしくは「注記」において所有主への当期の配当金額と1株当たりの配当金額を示さなければならない（IAS1, 107項）。

第4部 財務諸表の作成

図表28-7 持分変動計算書の記載方法

KMグループ

持分変動計算書
12/31/20x2

	株式資本	留保利益	外貨換算差額	売却可能有価証券	キャッシュ・フロー・ヘッジ	再評価剰余金	合計	非支配持分	持分合計
20x1年1月1日残高	xxx	xxx	△xxx	xxx	xxx	—	xxx	xxx	xxx
会計方針の変更	—	xxx	—	—	—	—	xxx	xxx	xxx
修正後残高	xxx	xxx	△xxx	xxx	xxx	—	xxx	xxx	xxx
20x1年中の資本変動配当									
配当	—	△xxx	—	—	—	—	△xxx	—	△xxx
当期包括利益合計	—	xxx	xxx	xxx	△xxx	xxx	xxx	xxx	xxx
20x1年12月31日残高	xxx	xxx	xxx	xxx	△xxx	xxx	xxx	xxx	xxx
20x2年中の資本変動									
株式資本の発行	xxx	—	—	—	—	—	xxx	—	xxx
配当	—	△xxx	—	—	—	—	△xxx	—	△xxx
当期包括利益合計	—	xxx	xxx	△xxx	△xxx	xxx	xxx	xxx	xxx
留保利益への振替	—	xxx	—	—	—	△xxx	—	—	—
20x2年12月31日残高	xxx	xxx	xxx	xxx	△xxx	xxx	xxx	xxx	xxx

第29章 中間・四半期財務諸表の作成

1 中間・四半期財務諸表の意義・種類

「中間財務報告書」とは,「中間期間」について,1組の完全な財務諸表,または1組の要約財務諸表のいずれかを含んでいる財務報告書をいう(IAS 34, 4項)。ここで「中間期間」とは,一事業年度よりも短い財務報告の期間をいい,「半期」および「四半期」の両方を指すものとする。

中間財務報告書で1組の完全な財務諸表が公表される場合,その様式・内容はIAS1の規定に準拠する(IAS34, 9項)。一方,要約財務諸表が公表される場合,中間財務報告書の最小限の構成要素として,以下の内容を含んでいなければならない(IAS34, 8項)。

(a) 要約財政状態計算書
(b) 要約包括利益計算書((ⅰ),(ⅱ)のいずれか)
　(ⅰ) 単一の要約包括利益計算書
　(ⅱ) 要約損益計算書・要約包括利益計算書
(c) 要約持分変動計算書
(d) 要約キャッシュ・フロー計算書
(e) 説明的注記

IAS34は,要約中間財務諸表の内容を規定してはいるが,1組の完全な財務諸表を公表することを禁止しようとするものではなく,また,要約中間財務諸表の最小限の項目よりも多くのものを公表することを禁止するものでもない(IAS34, 7項)。

ただし,企業は適時性の保持とコスト節減のため,また報告済みの情報との重複を避けるために,中間期間末に「年次財務諸表」よりも少ない情報の提供を選択しようとする。中間財務報告書は直近の年次財務諸表の内容を更新するものであることから,最新の事業活動・事象・環境に焦点を当て,報告済みの

情報を反復しない（IAS34，6～7項）。

なお，要約中間財務諸表の様式・内容は，少なくとも直近の年次財務諸表に示された見出し・小計・選択された説明的注記が含まれる（IAS34，10項）。

中間財務諸表が対象とする期間は，たとえば事業年度末を12月31日，四半期財務諸表を公表する中間期末を2009年6月30日とした場合に，図表29－1のような時点・期間の要約または完全な1組の財務諸表を記載する（IAS34付録A，一部修正）。

図表29－1　中間財務報告書が表示しなければならない時点・期間

財政状態計算書	2009年6月30日現在	2008年12月31日現在
包括利益計算書		
6か月間	2009年6月30日終了	2008年6月30日終了
3か月間	2009年6月30日終了	2008年6月30日終了
キャッシュ・フロー計算書		
6か月間	2009年6月30日終了	2008年6月30日終了
持分変動計算書		
6か月間	2009年6月30日終了	2008年6月30日終了

IAS34（20項）によれば，中間報告書は，(a)中間期末日の財政状態計算書と直近の事業年度末の比較財政状態計算書，(b)当該中間期間および当該事業年度の年初からの累計期間の包括利益計算書ならびに直近事業年度の対応する中間期間の比較包括利益計算書，(c)当該事業年度の年初からの累計期間に係る持分変動計算書と直近事業年度の対応する累計期間に係る比較計算書および(d)当該事業年度の年初からの累計期間のキャッシュ・フロー計算書と直近事業年度の対応する累計期間に係る比較計算書を含む。

2　中間・四半期財務諸表の作成基準

(1)　中間・四半期財務諸表の認識・測定

中間・四半期財務諸表（以下，中間財務諸表等という）を作成する際の基本的立場として，「実績主義」と「予測主義」の考え方が，従来，提唱されてきた。「実績主義」とは，会計年度の中間期間までの企業活動の実績をもって，中

間財務諸表等に表示するという考え方である。この場合，中間期間を1つの独立した会計期間とみなし，原則として，年次財務諸表と同様の認識・測定の原則・基準を適用する。

「予測主義」とは，必ずしも中間期間の実績を中間財務諸表等に表示するのではなく，中間期間を事業年度の一構成部分とみなし，事業年度末に際して年間の業績を予測するための情報を提供するという考え方である。そのため，中間期間末には年次財務諸表の作成時とは異なる中間決算特有の会計処理を適用する。

IAS34 (28項) によれば，中間財務諸表等には年次財務諸表で適用される会計方針と同一の会計方針を適用する（直近の年次財務諸表日後に会計方針の変更が行われ，次の年次財務諸表に反映されるものを除く）。ただし，企業の報告頻度（年次，半期，四半期）によって，年次の経営成績の測定が左右されてはならず，中間報告目的のための測定は年初からの累計額を基準として行う。このことから，IAS34は中間・四半期財務諸表作成の基本的な考え方として，「実績主義」を採っているといえる。

なお，年初からの累積基準の測定によって，当該事業年度の過去の中間期間に報告された見積金額を変更させることがあるが，中間期間の資産・負債・収益・費用の認識原則は，年次財務諸表のものと同じである（IAS34, 29項）。

IAS34 (37項，39項) では，季節的・循環的・臨時的収益や事業年度中に不均等に発生する費用の繰延処理・見越計上等について，年次財務諸表に適用されることが不適切である場合には，中間財務諸表等においても適用されない。

たとえば，第1四半期に広告宣伝費が計上され，その広告宣伝費の効果が第1四半期以降の中間期間においても発現すると見込まれる場合，「予測主義」によれば繰延処理が行われる。しかし，「実績主義」によれば，たとえ不均等に発生し，将来の効果発現が予想される費用であっても繰延処理は行われず，当該費用が発生したときに認識される。

(2) 所得に対する中間税金費用の測定

中間期間の税金費用は，中間期間の税引前利益に適用される「見積平均年次

実効税率」を用いて計上する（IAS34, B12項）。

　所得に対する税金は年次基準で計算されるため，中間期間の税金費用は，年間の予測利益総額に適用されるであろう税率，すなわち，見積平均年次実効税率を中間期間の税引前利益に適用して計算することが，年次財務諸表の作成と同一の認識・測定の原則を適用するという基本的概念と一致する。

　見積平均年次実効税率は，年間の利益に対して適用されると予測される累進税率を平均したものであり，当該事業年度末で実施される予定である税率の変更をも考慮に入れている（IAS34, B13項）。

　なお，IAS12では，税務上の繰越欠損金と繰越税額控除の使用対象となる課税所得の発生可能性を査定する基準が定められているので，中間財務諸表等にも適用される。繰越欠損金の税効果は，見積平均年次実効税率の計算に考慮される（IAS34, B21項）。

設例29－1：中間税金費用の計算（IAS34の付録（B15～B22項）一部修正）

(1) 四半期ごとに100万円の税引前利益を稼得する予定であり，その租税区域での税率は年間利益の最初の200万円には20％，200万円を超過する額には30％である。実際の利益が予定とほぼ等しいとして，見積平均年次実効税率および中間税金費用を計算しなさい。

(a) 年間利益の最初の200万円には20％の税率が適用されることから，以下の計算を行う。

2,000,000円×20％＝400,000円

(b) 200万円を超過する額には30％の税率が適用されることから，以下の計算を行う。

(4,000,000円－2,000,000円)×30％＝600,000円

(c) 見積平均年次実効税率は，以下の計算で求める。

(400,000円＋600,000円)÷4,000,000円＝25％

図表29－2　中間税金費用の計算

t₁期	第1四半期	第2四半期	第3四半期	第4四半期	事業年度合計
税引前利益 見積実効税率	1,000,000 25%	1,000,000 25%	1,000,000 25%	1,000,000 25%	4,000,000
税金費用	250,000	250,000	250,000	250,000	1,000,000

(2) 第1四半期に150万円の利益を稼得するが，残りの3つの四半期は50万円ずつの損失が発生する見込みである場合，租税区域での見積平均年次実効税率は20%の予定である。このときの中間税金費用を計算しなさい。

(a) 第1四半期の税引前利益は150万円であることから，次の計算を行う。

1,500,000円×20％＝300,000円

(b) 第2四半期以降は50万円ずつの損失であることから，次の計算を行う。

▲500,000円×20％＝▲100,000円

図表29－3　損失が発生した場合の中間税金費用の計算

t₁期	第1四半期	第2四半期	第3四半期	第4四半期	事業年度合計
税引前利益 見積実効税率	1,500,000 20%	▲500,000 20%	▲500,000 20%	▲500,000 20%	0
税金費用	300,000	▲100,000	▲100,000	▲100,000	0

(3) 事業年度の期首に100万円の税務上の欠損金があり（それに対する繰延税金資産を認識していない），四半期ごとに100万円の利益を稼得すると予測される場合，繰越欠損金を無視すれば，見積平均年次実効税率は40%の予定である。このときの中間税金費用を計算しなさい。

(a) 税務上の繰越欠損金は，見積平均年次実効税率計算上，考慮される。

(1,000,000円×4－1,000,000円)×40％＝1,200,000円

1,200,000円÷(1,000,000円×4)＝30％

(b) 見積平均年次実効税率が30%と計算されたことにより，四半期ごとの税金費用は次のように計算される。

1,000,000円×30%＝300,000円

図表29－4　税務上の繰越欠損金がある場合の中間税金費用の計算

t₁期	第1四半期	第2四半期	第3四半期	第4四半期	事業年度合計
税引前利益 見積実効税率	1,000,000 30%	1,000,000 30%	1,000,000 30%	1,000,000 30%	4,000,000
税金費用	300,000	300,000	300,000	300,000	1,200,000

3　財務諸表上の開示

(1) 説明的注記

要約中間財務諸表の要素のうち，「説明的注記」は，企業にとって重要であり，かつ，中間財務報告書のほかの部分で開示されていないとき，少なくとも次の情報を含まなければならない（ＩＡＳ34，16項）。

(a) 中間財務諸表に直近の年次財務諸表と同じ会計方針と計算方法が採用されている旨，また，それらが変更されたときには，その変更の性質と影響の説明

(b) 中間営業活動の季節性・循環性に関する説明

(c) 資産・負債・持分・純利益・キャッシュ・フローに影響を与える事項で，その性質・規模・頻度からみて異常な事項の性質と金額

(d) 当該事業年度の過去の中間期間に報告された見積金額の変更や過去の事業年度に報告された見積金額の変更が当該中間期間に重要な影響を与えている場合には，その変更の性質と金額

(e) 負債証券・持分証券の発行・買戻し・償還

(f) 普通株式その他の株式に対する配当金

(g) セグメント情報（ＩＦＲＳ8により年次財務諸表にセグメント情報を開示する場合のみ）

(h) 中間期間後に生じた重要な事象で当該中間期間に係る中間財務諸表に反映されていない事象
(i) 企業結合・子会社（長期投資を含む）の取得・処分・リストラ・廃止事業等，中間期間における企業の構成上での変化の影響（企業結合の場合には，ＩＦＲＳ３の66項～73項で開示を要求されている情報）
(j) 直近の年次報告期間の期末後の偶発債権・債務の変動

(2) ＩＦＲＳに準拠している旨の開示

中間財務報告書がＩＡＳ34に準拠している場合には，その旨を開示する。なお，中間財務報告書がすべてのＩＦＲＳの規定に従ったものでない限り，ＩＡＳ34に準拠していると記述してはならない（ＩＡＳ34, 19項）。

(3) 重　要　性

中間財務報告目的のために，各項目をいかにして認識・測定・分類・開示するかを決定するには，中間期間の財務データとの関連において，重要性を検討する必要がある。重要性の検討に当たっては，中間の測定は年次財務データの測定よりも見積りに依存する。ＩＡＳ１・ＩＡＳ８は，ある項目の脱漏等が財務諸表利用者の意思決定に影響を及ぼす場合，その項目は重要性があるとして，当該損益項目を別個に開示し，見積りの変更・誤謬，会計方針の変更を開示しなければならない（ＩＡＳ34, 23～24項）。

(4) 年次財務諸表による開示

中間期間に報告された見積金額が，当該事業年度の最終の中間期間に大きく変更され，しかもその最終中間期間についての個別財務報告書が公表されていない場合には，見積りの変更の内容・金額を当該事業年度の年次財務諸表の注記で開示する（ＩＡＳ34, 26項）。

(5) 見積りの使用

中間財務報告書で採用される測定の手続きは，信頼できる情報を用い，財政状態・業績を理解するために必要なすべての重要な財務情報が適切に開示される必要がある。一般的に，中間財務報告書作成の場合のほうが，年次財務報告書よりも見積りの処理が多くなる（ＩＡＳ34, 41項）。

また，半期で報告する企業は，その中間期間末の少し後までに入手可能な情報を使用する。12か月間の測定には，最初の中間期間に報告された金額の見積りの変更が考慮されることもあるが，過去の中間財務報告書に記載された金額を遡及修正することはない。ただし，説明的注記（IAS34, 16項(d)）や年次財務諸表の注記（IAS34, 26項）によって，重要な見積りの変更の性質・金額を開示する。なお，半期よりも高い頻度で報告する場合も同様である（IAS34, 35～36項）。

(6) 過去に報告された中間期間の修正再表示

　会計方針が変更された場合は，新しいIFRSによって経過規定が示されていなければ，次のどちらかが要求される（IAS34, 43項）。

① IAS8に従って，当該事業年度の過去の中間財務諸表と過年度の対応する中間財務諸表を修正再表示するとともに年次財務諸表を修正再表示する。

② 新しい会計方針を適用した期間の期首に過去の期間の累積的影響額を算出できない場合には，当該事業年度の過去の中間財務諸表と過年度の対応する中間財務諸表を修正する。

第30章 会計方針・会計上の見積りの変更・誤謬に対する処理

1 期間損益の区分

　IAS8では，2003年に改訂されるまで，期間損益に関する規定が設けられていた。改訂前IAS8によれば，期間損益は，(1)経常活動による損益，(2)異常損益項目により構成され，それらは損益計算書（現在，包括利益計算書）において区別・表示される。また，会計上の見積りの変更の影響は，当該影響が及ぶ年度の期間損益の算定に含まれると規定されていた。

　現在，期間損益の区分に関する規定はIAS1に設定され，少なくとも次の表示項目が「包括利益計算書」に記載されなければならない（IAS1，82項）。すなわち，(1)収益，(2)金融費用，(3)関連会社およびジョイントベンチャーの損益に対する持分，(4)税金費用，(5)①廃止事業の税引後損益と②廃止事業の構成資産または処分グループについて除却費用を差し引いた公正価値での測定によって認識された利得または損失の税引後金額との合計額，(6)損益，(7)性質によって分類されたその他の包括利益の各構成要素（次の(8)の金額を除く），(8)持分法を用いて計算された関連会社・ジョイントベンチャーのその他の包括利益，(9)包括利益合計額である。

2 会計方針の変更の会計処理

(1) 会計方針の変更の意義

　異なる会計方針が適切となるような項目の分類をIFRSが特に要求または許容しない限り，類似取引，その他の事象・状況について首尾一貫した会計方針が選択・適用されなければならない。IFRSがこのような分類を要求または許容している場合，それぞれの分類について首尾一貫した適切な会計方針が選択・適用される（IAS8，13項）。

　しかし，「会計方針の変更」が次の事項に該当する場合に限り，会計方針を

変更しなければならない（IAS8, 14項）。
　① あるIFRSによって必要とされる場合
　② 企業の財政状態・財務業績・キャッシュフローに対して取引・その他の事象・状況が及ぼす影響について，信頼性があり，より目的適合性を有する情報を提供する財務諸表となる場合

なお，次の場合には「会計方針の変更」とはならない。
　(a) 会計方針を適用する取引・その他の事象・状況が以前に発生した実態と異なる場合
　(b) 新しい会計方針を適用する取引・その他の事象・状況が以前に発生していない場合，または発生していたとしても重要性がない場合

(2) 会計方針の変更に対する遡及的適用

「会計方針の変更」は，当該変更の期間特定的な影響または累積的影響を測定することが実務上不可能になる場合を除き，下記の①または②に基づいて遡及適用される（IAS8, 19項, 23項）。
　① あるIFRSの初適用により生じる「会計方針の変更」については，当該IFRSにおいて特定の経過規定が定められている場合には，その規定に従って会計処理される。
　② 「会計方針の変更」に対して適用する特定の経過規定が定められていないIFRSを初めて適用し，その際に会計方針を変更する場合，または会計方針を自発的に変更する場合，当該変更は遡及・適用される。

ちなみに「遡及的適用」とは，新しい会計方針がすでに適用されていたかのように，取引・その他事象・状況にそれを適用することをいう（IAS8, 5項）。この場合，表示されている最も古い年度の持分項目のうち，影響を受ける期首残高および各過年度において開示されているその他の比較可能額は，新しい会計方針がすでに適用されていたかのように修正される（IAS8, 22項）。

表示されている1期以上の過年度に関する比較情報について，「会計方針の変更」の期間特定的な影響を測定することが実務上不可能になる場合，遡及的適用が実行可能になる最も古い会計期間（当期になる場合がある）の期首の資

産・負債の帳簿価額に対して，新しい会計方針を適用し，当該期間の持分項目のうち影響を受ける各構成要素の期首残高に対して，それに対応する修正を行わなければならない。

さらに，当期の期首において，すべての過年度に対して新しい会計方針を適用することの累積的影響を測定することが実務上不可能である場合，企業は実務上可能な最も古い日付から将来に向かって新しい会計方針を適用するために，比較可能情報を修正しなければならない（ＩＡＳ８，25項）。

(3) 会計方針の開示

「会計方針の変更」については，下記の場合にそれぞれの事項の開示を行う必要がある。また，これらの開示は，次年度以降の財務諸表では繰り返されない（ＩＡＳ８，28～29項）。

① 新しい基準・解釈指針を適用する場合
  (a) 当該ＩＦＲＳのタイトル
  (b) 経過規定に従って当該会計方針の変更が行われた旨（該当する場合）
  (c) 会計方針の変更の性質
  (d) 経過規定の記述（該当する場合）
  (e) 将来の年度に影響する経過規定（該当する場合）
  (f) 当期および各過年度において実行可能な範囲で，影響を受ける財務諸表の各項目と１株当たり利益と希薄化後利益（ＩＡＳ33が適用される場合）の修正額
  (g) 実行可能な限り，表示されている年度以前の年度に関する修正額
  (h) 特定の過年度または表示年度以前の年度に対して遡及的適用が不可能である場合，それに至る状況と会計方針の変更がいつからどのように適用されたのかに関する記述

② 自発的な会計方針の変更の場合
  (a) 会計方針の変更の性質
  (b) 新しい会計方針の適用によって，信頼性があり，より目的適合性のある情報を提供することになる理由

(c) 当期および表示される各過年度において実行可能な範囲で，影響を受ける財務諸表の各項目と1株当たり利益と希薄化後利益（IAS33が適用される場合）の修正額
(d) 実行可能な限り，表示されている年度以前の年度に関する修正額
(e) 特定の過年度または表示年度以前の年度に対して遡及的適用が不可能である場合，それに至る状況と会計方針の変更がいつからどのように適用されたのかに関する記述

3　会計上の見積りの変更の会計処理

　財務諸表の項目には，正確に測定できず，見積りのみによって測定される項目が少なくない。たとえば，不良債権，棚卸資産の陳腐化，金融資産・負債の公正価値，償却資産の耐用年数・経済的便益の費消の予想パターン，保証債務等が挙げられる（IAS8, 32項）。
　「会計上の見積り」に変更が生じた場合，当該変更の影響は下記の期間損益に算入することにより将来に向けて認識されなければならない（IAS8, 36項）。
　(a)　その変更年度だけに影響を与える場合，その変更年度
　(b)　その変更が変更年度および将来の年度の両方に影響を与える場合，当該変更年度および将来の年度
　ただし，「会計上の見積りの変更」によって資産・負債に変更が生じる場合または持分項目に関連する場合，その範囲において，変更年度に関係する資産・負債・持分項目の帳簿価額が修正され，当該変更が認識される（IAS8, 37項）。
　当期または将来の期間に影響を及ぼすと予想される「会計上の見積りの変更」については，当該変更の影響を見積ることが実務上不可能である場合を除き，その内容と金額を開示しなければならない（IAS8, 39項）。また，将来の期間に対する影響額が，それを見積ることが実務上不可能であるために開示されない場合，その旨を開示しなければならない（IAS8, 40項）。

なお,「会計方針の変更」と「会計上の見積りの変更」は，峻別されなければならない。適用された測定基礎の変更は「会計方針の変更」であり,「会計上の見積りの変更」ではない。ただし,「会計上の見積りの変更」から「会計方針の変更」を区別することが困難である場合,当該変更は「会計上の見積りの変更」として処理される（IAS8, 35項）。

4　誤謬の会計処理

(1)　過年度の誤謬の意義

「過年度の誤謬」とは，下記の(a)および(b)に該当する信頼性の高い情報を用いなかったり，または誤用することによって生じた過去1年以前の会計年度の財務諸表における脱漏または誤表示をいう。

(a)　当該期間の財務諸表が公表を承認されたときに入手可能であった。

(b)　当該財務諸表の作成・表示の時点において入手され，考慮されてきたことが合理的に期待可能であった。

このような誤謬には「計算上の誤り」,「会計方針の適用時の誤り」,「事実の見落とし」や「誤解釈」,「虚偽不正の影響」などが含まれる（IAS8, 5項）。

(2)　過年度の誤謬に対する遡及的修正再表示

「過年度の誤謬」は，誤謬の期間特定的な影響または累積的影響の判断が実務上不可能になる場合を除き,「遡及的修正・再表示」が行われなければならない（IAS8, 43項）。ここに「実務上不可能」とは，ある規定を適用するあらゆる合理的な努力を行ったとしても，当該規定を適用することができない場合をいう。「遡及的修正・再表示」とは，財務諸表の金額の認識・測定・開示を，過年度に誤謬が発生していなかったものとして訂正することである（IAS8, 5項）。

「誤謬」は，それが発見された後の最初の会計年度の財務諸表において，次のいずれかの方法によって遡及的に修正される（IAS, 42項）。

(a)　誤謬が過去の表示年度に発生した場合，当該過年度に関する比較可能な金額を修正・再表示する方法

(b) 誤謬が，表示される最も古い期間より以前に発生している場合，表示される最も古い年度における資産・負債・持分の期首残高を修正・再表示する方法

表示対象となる1期以上の過年度に関する比較可能情報に対して，誤謬が与える特定年度への影響額を算定することが実務上不可能である場合には，遡及的修正・再表示が実務上可能となる最も古い年度（当期になる場合がある）に資産・負債・持分の期首残高が修正・再表示されなければならない（IAS8, 44項）。

また，当期の期首時点に，すべての過年度に対する誤謬の累積的影響額を算定することが実務上不可能である場合，実務上可能となる最も古い日付から将来に向けて誤謬を訂正するために，比較情報が修正・再表示されなければならない。なお，これらの開示は翌年度以降には繰り返されない（IAS8, 45項）。

(3) 過年度の誤謬の開示

「過年度の重大な誤謬」を訂正するに際しては，次の事項を開示しなければならない（IAS8, 49項）。

① 過年度の誤謬の内容
② 表示対象となる各期間について，実務上可能となる範囲における下記事項に関する修正額：
 （ⅰ） 影響を受ける財務諸表の各表示科目
 （ⅱ） IAS33が企業に適用される場合，1株当たりの利益・希薄化後利益
③ 表示対象となる最も古い会計期間の期首における修正額
④ 遡及的修正・再表示が特定の過年度について実務上不可能となる場合，当該状況が存在するに至った状況や，誤謬がどのように訂正され，いつから訂正されているかに関する説明

第30章　会計方針・会計上の見積りの変更・誤謬に対する処理

設例30－1：誤謬の表示および開示

×1年に行った報告は次のとおりであったが，×2年に下記の誤謬を発見した。×1年に販売された商品6,500が誤って×1年12月31日時点における棚卸資産の残高に含まれていた。当社の×2年の売上高は104,000，売上原価86,500（棚卸資産の期首の誤り6,500を含む），法人税5,250となっている。

売 上 高	73,500
売 上 原 価	(53,500)
税引前利益	20,000
法 人 税	(6,000)
当期純利益	14,000

×1年の利益剰余金の期首残高は20,000であり，期末残高は34,000であった。税率は×1年，×2年ともに30％，資本金は5,000であり，利益剰余金以外の持分項目は存在しない。

【包括利益計算書】

	×2年	（修正・再表示）×1年
売 上 高	104,000	73,500
売 上 原 価	(80,000)	(60,000)
税引前利益	24,000	13,500
法 人 税	(7,200)	(4,050)
当期純利益	16,800	9,450

【持分変動計算書】

	資本金	利益剰余金	合　計
×0年12月31日残高	5,000	20,000	25,000
×1年12月期　当期純利益（修正・再表示）		9,450	9,450
×1年12月31日残高	5,000	29,450	34,450
×2年12月期　当期純利益		16,800	16,800
×2年12月31日残高	5,000	46,250	51,250

【注記】

　×1年に販売された商品6,500が誤って，×1年12月31日時点において棚卸資産に含まれていた。×1年の財務諸表は，当該誤謬を訂正するために修正再表示されている。当該財務諸表に対する修正再表示の影響額を示せば，次のとおりである。×2年は当該影響を受けていない。

	×1年への影響額
売上原価の増加	(6,500)
法人税費用の減少	1,950
当期純利益の減少	(4,550)
棚卸資産の減少	(6,500)
未払法人税等の減少	1,950
株主持分の減少	(4,550)

第31章 財務諸表に関する補足情報

1　1株当たり利益

(1)　1株当たり利益の算定目的・種類

「1株当たり利益」は既存株主の立場による業績指標であり，その算定目的は，投資家の的確な投資判断に資する情報を提供することにある。つまり，「1株当たり利益」の算定・表示は，同一報告期間の企業間業績比較や同一企業の時系列業績比較の向上に資する。ＩＡＳ33（1項）によれば，利益測定において異なる会計方針が適用されているために，1株当たり利益情報には限界があるものの，一貫性をもって算定された分母によって財務報告の質は高められる。

市場で流通する株式の多くが「普通株式」であるが，将来における持分株式への転換可能な有価証券により，現在の株主に対し「1株当たり利益」の減少化（希薄化という）が生じる可能性もあるので，普通株式に基づく「1株当たり利益」に希薄化を加味した業績指標も投資判断に資する情報として有用である。ＩＡＳ37は，「基本的1株当たり当期利益」と「希薄化後1株当たり利益」の算定・表示を要求している。

なお，ＩＡＳ27に従って，連結財務諸表と個別財務諸表の双方を作成する場合には，連結情報のみに，「1株当たり利益」の開示が要求される（ＩＡＳ33，4項）。

(2)　基本的1株当たり利益

「基本的1株当たり利益」は，親会社の普通株主に帰属する損益を当期中の発行済普通株式の加重平均株式数で除して計算する（ＩＡＳ33, 10項）。ここに「普通株式」とは，他のすべての持分金融商品に対して劣後となる持分金融商品をいい，優先株式のような他種類株式が当期純利益の分配を受けた後において分配を受けることとなる（ＩＡＳ33，定義）。

$$\text{基本的1株当たり利益} = \frac{\text{普通株主に帰属する利益}}{\text{普通株式の加重平均株式数}}$$

「普通株主に帰属する利益」は当期純利益から当期の優先配当を含む優先株主に帰属する純利益を減算して計算する。優先株には非累積的優先株と累積的優先株があるが，非累積的優先株は事前の配当額の宣言がない株式のことをいい，累積的優先株は事前に配当額が設定されており，当期にその配当額が支払われない場合は次期以降の利益から補填できる株式である。

当期純利益から減算される優先配当の金額は，(1)非累積的優先株については当期に宣言された優先配当の税引後の金額，(2)累積的優先株については配当宣言の有無にかかわらず，支払いが必要な当期の優先配当の税引後の金額である（IAS33，14項）。

「基本的1株当たり利益」の計算において分母になる普通株式の株式数は，当期中の発行済普通株式の「加重平均株式数」である。この加重平均株式数は期首における発行済普通株式数に期中に買戻し，または新規発行した普通株式数に期間按分係数を乗じて得た株式数で調整されたものである。期間按分係数は，一期間の全日数に対して当該株式が発行済となっていた日数の割合である。合理的な概算による加重平均も認められている（IAS33，19～20項）。

設例31－1：加重平均株式数の計算

下記資料に基づいて，加重平均株式数を計算しなさい。

	発行株式	自己株式	発行済株式
x1年1月1日 期首残高	3,000	400	2,600
x1年4月30日 現金による新株発行	1,000	－	3,600
x1年11月1日 現金による自己株式購入	－	300	3,300
x1年12月31日 期末残高	4,000	700	3,300

$$(2{,}600 \times \frac{4}{12}) + (3{,}600 \times \frac{6}{12}) + (3{,}300 \times \frac{2}{12}) = 3{,}217\text{株，または}$$

$$(2{,}600 \times \frac{12}{12}) + (1{,}000 \times \frac{8}{12}) - (300 \times \frac{2}{12}) = 3{,}217\text{株}$$

(3) 希薄化後1株当たり利益

「希薄化後1株当たり利益」は,「基本的1株当たり利益」を計算した普通株主に帰属する損益および加重平均株式数について希薄化効果を有する潜在的普通株式の影響額を考慮して計算する。「潜在的普通株式」には,①負債金融商品または優先株式を含む持分金融商品で普通株式に転換可能なもの,②新株引受権,株式購入権等,③事業買収,資産購入のような契約上の取決めに基づいたある条件の達成によって発行されるであろう株式等が含まれる(ＩＡＳ33, 7項)。

「希薄化後1株当たり利益」の計算を行う場合,「基本的1株当たり利益」の算定に用いた「親会社の普通株主に帰属する当期利益または損失」を以下の項目の税引後影響額から調整されなければならない(ＩＡＳ33, 33項)。

(イ) 親会社の普通株主に帰属する利益の計算過程において,利益から控除された希薄化効果のある潜在的普通株式に対するあらゆる配当またはその他の項目

(ロ) 希薄化効果のある潜在的普通株式に関して当年度に認識された利息

(ハ) 希薄化効果のある潜在的普通株式の転換により発生するであろうその他の収益または費用のあらゆる増減額

また,「希薄化後1株当たり利益」を計算する場合,計算上用いられる普通株式数は「基本的1株当たり利益」の計算で用いられた普通株式の加重平均株式数とすべての希薄化効果のある潜在的普通株式が普通株式に転換した場合に発行されるであろう普通株式の加重平均株式数を加算したものになる。希薄化効果のある潜在的普通株式は期首に普通株式に転換されたものとみなす。希薄化効果のある潜在的普通株式の発行日が期首以降である場合には,その発行日に転換されたものとして計算を行う(ＩＡＳ33, 36項)。

第4部 財務諸表の作成

> **設例31－2：転換社債を発行している場合の希薄化後1株当たり利益の計算**
>
> 下記資料に基づいて，希薄化1株当たり利益を計算しなさい。
> (1) 親会社の普通株主に帰属する当期利益　　　2,000千円
> (2) 発行済普通株式数（加重平均）　　　　　　2,000株
> (3) 転換社債（社債10単位は3株に転換可能）　 200千円
> (4) 転換社債の転換後普通株式数　　　　　　　60株
> (5) 転換社債の負債部分に係る当期の利息費用　15千円
> 　（利息費用には負債として当初認識時における割引額の償却費用を含む）
> (6) 当該利息費用に係る繰延税金　　　　　　　6千円
> ・親会社の普通株主に帰属する調整後当期利益
> 　　　　　2,000千円＋15千円－6千円＝2,009千円
> ・希薄化後1株当たり利益の計算に用いられる普通株式数
> 　　　　　2,000株＋60株＝2,060株
> ・希薄化後1株当たり利益　2,009千円÷2,060株＝0.98千円

(3) 財務諸表上の開示

次の事項に関する「基本的1株当たり利益」および「希薄化後1株当たり利益」が包括利益計算書に表示されなければならない（IAS33, 36項）。

① 親会社の普通株主に帰属する継続事業損益
② 当期純利益に対して異なる分配権を有する普通株主の各種類ごとに，当該期間の親会社の普通株主に帰属する損益

包括利益計算書で廃止事業を報告している場合には，財務諸表本体あるいは注記において，廃止事業に係る「基本的1株当たり利益」と「希薄化後1株当たり利益」を開示する（IAS33, 68項）。その金額がマイナスになる場合にも，開示する必要がある（IAS33, 69項）。また，発行済普通株式，潜在的発行済普通株式の株式数が資本組入，無償交付，または株式分割等によって株式数が変化した場合，「基本的1株当たり利益」および「希薄化後1株当たり利益」が開示されている全期間において，遡及的に修正されなければならない

(ＩＡＳ33，36項)。

さらに，下記項目の開示も要求されている（ＩＡＳ33，70項）。

① 「基本的１株当たり利益」および「希薄化後１株当たり利益」の計算において，分子として用いられた金額とそれら分子の金額から親会社に帰属する当期損益への調整

② 基本的「１株当たり利益」および「希薄化後１株当たり利益」の計算において，分母として用いられた普通株式の加重平均株式数とそれら分母として用いられた株式相互間の調整

③ 将来，「基本的１株当たり利益」を希薄化させる可能性があるが，表示期間については逆希薄化であるため「希薄化後１株当たり利益」の計算に含められなかった金融商品

④ 期末日後に発生した重要な普通株式取引または潜在的普通株式取引の説明（遡及的調整に従って会計処理がなされたものを除く）

2 関連当事者に関する情報

(1) 関連当事者に関する情報開示の意義

ＩＡＳ24（１項）によれば，関連当事者に関する情報開示の目的は，企業の財政状態および損益が関連当事者の存在およびそれらとの取引及び未決済残高によって，企業の財務諸表が影響を受けている可能性について注意が払われるために必要な情報開示を確実に行うことにあるとされる。

関連当事者の関係が商取引に及ぼす影響について，ＩＡＳ24（5～7項）は，下記事象を例示している。

① 企業は，その営業活動の一部を子会社，ジョイント・ベンチャーまたは関連会社を通じてしばしば行っている。こうした状況下にある被投資企業の財務・営業方針は，支配，共同支配または重大な影響力を通して強い影響を受けることになる。

② 親会社に原価で財貨を販売している企業が，同じ条件でその他の顧客に販売することはないであろう。また，関連当事者間取引は，関連のない当

事者間における取引価格とは同じ金額で実行されないことがある。
③　子会社は，ある取引先と同一の事業に従事している兄弟会社を親会社が取得することによって，当該取引先との関係を終了させられるかもしれない。あるいは，子会社が研究・開発活動に従事しないように親会社から指示を受けることがある。

こうした関連当事者間取引や関連当事者間の未決済残高などに関する情報は，企業が直面しているリスクやアドバンテージなどを判断する際に財務諸表利用者にとって不可欠なものといえる。

(2)　関連当事者の意義

関連当事者とは，以下の(a)〜(g)の項目に該当する場合をいう。

(a)　仲介者を介して間接または直接に当事者が，（ⅰ）親会社，子会社ないし共通支配下にある兄弟会社であるか，（ⅱ）重要な影響を与えうる企業に対する持分を有しているか，または（ⅲ）企業に対して共同支配を有している。

(b)　当事者は，企業の関連会社である。

(c)　当事者は，企業が共同支配企業となるジョイント・ベンチャーである。

(d)　当事者は，企業またはその親会社の経営幹部の一員である。なお，「経営幹部」とは，企業活動を直接，間接に支配する権限および責任を有する人を指す。

(e)　当事者は，上記(a)または(d)に記載されている個人の近親者である。なお，「個人の近親者」とは，企業との取引において当該個人に影響を与える，または影響されると予想される親族の一員をいい，具体的には，①個人の家庭内パートナーおよび子供，②個人の家庭内の子供，③個人の扶養家族または個人の家庭内のパートナーを指す。

(f)　当事者は，(d)または(e)に記載されている個人により直接または間接に支配されている企業，共同で支配されているまたは重大な影響を受ける企業，あるいは当該個人が重大な議決権を有している企業である。

(g)　当事者は，企業のまたは企業の関連当事者である企業の従業員の給付に対する退職後給付制度である。

第31章　財務諸表に関する補足情報

なお、「関連当事者間取引」とは、関連当事者間における財貨、サービスあるいは債務の移転をいい、対価の有無は問わない取引をいう（ＩＡＳ24，9項）。関連当事者間取引が存在する場合には、関連当事者関係が財務諸表に与える影響を把握するために、必要な取引および未決済残高にかかわる情報と関連当事者関係の内容を開示しなければならない（ＩＡＳ24，17項）。

(3)　財務諸表上の開示

ＩＡＳ24では、関連当事者の開示に関して、①親会社と子会社の関係等、②主要な経営者の報酬等、③関連当事者間取引について、それぞれ次のように規定している。

①　親会社と子会社の関係等の開示

企業は、関連当事者間取引があったかどうかにかかわらず、親会社と子会社間の関係を開示しなければならない。この場合、企業は親会社の名称を開示し、親会社が最終的な支配当事者と異なる場合には、最終的な支配当事者の名称を開示しなければならない。また、いずれも開示しない場合には、次の順位にくる上位の親会社の名称を開示しなければならない（ＩＡＳ24，12～15項）。

②　主要な経営者の報酬等の開示

企業は、主要な経営者の報酬総額、短期従業員給付、退職後給付、その他長期給付、退職金、株式報酬について開示しなければならない。

ここでの「報酬」には、すべての従業員給付が含まれる。この「従業員給付」とは、企業に対して提供される勤務と引き換えに、企業により、あるいは企業に代わって支払われた、未払いの、あるいは積み立てられたすべての形態の対価を指す。ここには企業にその親会社の代わりに支払われる対価も含まれる。つまり、「報酬」には、(a)短期従業員給付、(b)年金、その他の退職給付、退職後生命保険および退職後医療費などの退職後給付、(c)長期従業員給付、(d)退職金、(e)株式報酬などが含まれる。

「短期従業員給付」とは、従業員に対する短期的な給付を指す。具体的には、賃金、給与および社会保険料、年次有給休暇および有給病欠、利益配当および（期末から12か月以内に支払われる）賞与および非貨幣性給付（医療費、住宅手当、

車両および無料または補助付き財貨・役務等）などを指す。

「長期従業員給付」とは，従業員に対する長期的な給付を指す。具体的には，長期勤続休暇または安息休暇あるいはその他の長期勤続給付，長期障害保障給付および（期末から12か月以内にすべてが支払われない）利益配当，賞与および繰延報酬などを指す。

③ 関連当事者間取引の開示

前述したように，関連当事者関係が財務諸表に与える影響を把握する上で必要な取引および未決済残高にかかわる情報と関連当事者の内容は開示されなければならない。これには少なくとも，(a)取引金額，(b)未決済残高に加えて（ⅰ）担保等条件，決済対価の内容および（ⅱ）詳細な保証内容，(c)未決済残高にかかわる貸倒引当金，(d)関連当事者から支払われるべき不良債権に関して期中に認識された費用が含まれる（ＩＡＳ24，17～22項）。これらに関しては，親会社，子会社，関連会社，共同支配または重要な影響力を有する企業，ジョイント・ベンチャー，当該企業または親会社の経営幹部，その他関連当事者というような項目別に従って開示する必要がある。ただし，個々の開示が必ずしも必要でない場合には，類似の性質を有する項目は総額で開示することができる。

ＩＡＳ24では，関連当事者間取引となる場合に開示される取引例として，以下のような項目を列挙している（ＩＡＳ24，20項）。

(a) 製品の購入または販売
(b) 有形固定資産およびその他資産の購入または販売
(c) 役務の提供または受領
(d) リース
(e) 研究・開発の技術移転
(f) ライセンス契約による移転
(g) 財務契約による移転（借入金，金銭出資，現物出資などを含む）
(h) 保証または担保の提供
(i) 企業に代って行う負債の決済

このように，関連当事者に関する情報開示は，財務諸表利用者が企業の財政

状態及び経営成績を判断する上で，留意すべき必要な状況を付け加え説明するという重要な意義を有しているのである。

3　後発事象

(1)　後発事象の意義・種類

「後発事象」とは，決算日と財務諸表公表の承認日の間に発生した事象であり，企業にとって有利な事象と不利な事象の双方をいう。この後発事象は，次の2つに分類される（IAS10，3項）。

(a)　決算日に存在した状況について証拠を提供する「修正後発事象」
(b)　決算日後に発生した状況を示す「非修正後発事象」

(2)　後発事象の認識・測定

①　修正後発事象

企業は，修正を要する「修正後発事象」を財務諸表に反映させるために，認識された金額を修正しなければならない（IAS10，8項）。下記のような場合には，後発事象の修正が必要である（IAS10，9項）。

(a)　決算日にすでに企業が現在の債務を有していたことが証明され，決算日後における訴訟事件が解決した場合（従来計上されていた引当金の修正または新たな引当金の設定が必要となる）

(b)　決算日においてある資産がすでに減損していたことが明らかになった場合，あるいはすでに計上されていた減損損失に修正の必要性が生じた場合
（具体例として，決算日後の顧客の倒産により決算日に減損が確認された場合，決算日後の棚卸資産の販売により決算日の正味実現可能価額についてはその証拠の提供を行う場合）

(c)　決算日前に行われた資産の購入・売却について，決算日後に購入原価・売却価額の決定がある場合

(d)　決算日以前に企業が利益分配やボーナスを支払う法的・推定的債務があり，その金額が決算日後に決定される場合

(e)　財務諸表が誤っていたことを示す不正または誤謬を発見した場合

第4部　財務諸表の作成

② 非修正後発事象

修正を反映しない「非修正後発事象」については，財務諸表を修正してはならない（IAS10, 10項）。「非修正後発事象」の例として，財政状態計算書と財務諸表の公表が承認される日との間に発生した投資の市場価値の下落がある（IAS10, 11項）。

ただし，「非修正後発事象」を開示しないことが財務諸表利用者による経済的判断に影響を与えるほど重要な場合には，その事象の性質および財務的影響の見積りまたはそのような見積りが不可能である旨の記述を行う必要がある（IAS10, 21項）。

③ 配　　当

持分金融商品の所有者に対する配当が決算日後に宣言される場合には，当該配当金を決算日時点の負債として認識してはいけない。これは，現在の債務の要件を満たしていないためであり，当該配当はIAS1に従って，財務諸表の注記で開示される（IAS10, 12〜13項）。

④ 継 続 企 業

経営者が決算日後に，その企業の清算もしくは営業の停止を行う方針を決定するか，またはそうすること以外に現実的代替案がないと判断した場合には，継続企業を前提として財務諸表を作成してはいけない（IAS10, 14項）。

(3) 財務諸表上の開示

財務諸表公表の承認日および承認を与えた者の名を開示しなければならない。企業の所有者または他の者が財務諸表を公表後に訂正する権限を有する場合には，その旨を開示しなければならない（IAS10, 17項）。

決算日後において決算日に存在した状況について情報を得た場合には，新しい情報を鑑み，その状況に関する開示を更新しなければならない（IAS10, 19項）。

一般に開示される「非修正後発事象」の事例としては，(a)決算日後の主要な企業結合または主要な子会社の処分，(b)事業廃止計画やこれに伴う資産の処分もしくは負債の清算計画の発表，またはこれに関する拘束力のある契約の締結，

(c)主要な資産の購入，(d)決算日後の火災による主要生産設備の損壊，(e)重要なリストラクチャリングの発表または着手，(f)決算日後の重要な普通株式および潜在的普通株式，(g)決算日後の資産価格または外国為替レートの異常な変動，(h)決算日後に施行または公表された税率等の変更で及ぼす法人税額および繰延税金資産や負債への重要な影響，(i)多額の保証の発行等の重要なコミットメントまたは偶発債務の発生，(j)決算日後に発生した重要な訴訟の開始が挙げられる（ＩＡＳ10, 22項）。

索　引

【あ】

IASC … 1
IASC・IOSCO協定 … 3
IASB … 1,4
IFRS … 4
IOSCO … 1,2
アップ・ストリーム … 224
後入先出法 … 52
洗替え方式 … 56

【い】

E32 … 2,3
意思決定有用性アプローチ … 3
一計算書方式 … 282
一時差異 … 175
一括商品低価法 … 54
一括法 … 54
一般物価指数 … 257
一般目的財務諸表 … 279
移転対価 … 201
インカム・アプローチ … 122

【う】

受入資産の取得原価 … 10
売上原価法 … 285

【え】

営業活動 … 287
営業活動により獲得された
　キャッシュ … 292
役務提供 … 116

【お】

オペレーティング・リース … 153
親会社 … 214

【か】

買入のれん … 205, 219
外貨換算 … 186
外貨建取引 … 188
外貨建取引の換算 … 186
外貨表示財務諸表の換算 … 186
会計上の見積りの変更 … 306
会計方針の変更 … 303
解雇給付 … 145
回収可能価額 … 164, 166, 169
解体・除去費用 … 9
概念フレームワーク … 2, 3, 11
開発 … 43
解約不能リース … 155
掛金建制度 … 137
加工費 … 50
過去勤務債務 … 139, 141
過去勤務費用 … 139
加重平均株式数 … 312
加重平均原価法 … 52
割賦販売 … 115
過年度の重大な誤謬 … 308
株式報酬 … 100
貨幣項目 … 258
貨幣純持高に関する損益 … 259
科目別合算方式 … 238
科目別区別表示方式 … 238
借入費用 … 148
借手の追加借入利子率 … 156
為替差額 … 188, 189, 192, 194
間接法 … 287
関連当事者 … 316
関連当事者間取引 … 317, 318
関連当事者の開示 … 317

323

【き】

期間基準	140
期間損益	303
企業結合	198
企業集団	214
企業の構成要素	251
機能通過	186
機能通過アプローチ	186
希薄化	311
希薄化後1株当たり利益	313
基本的1株当たり利益	311, 312
逆取得	199, 203
キャッシュ・アウトフロー	288
キャッシュ・インフロー	288
キャッシュ・フロー・ヘッジ	74
キャッシュ・フロー計算書	286
キャピタル・アプローチ	122
給付建制度	138
給付建制度の縮小・清算	142
共同支配	233
共同支配企業	234
共同支配の営業活動	234, 237
共同支配の資産	234, 237
金銭債権	66
勤務費用	139, 140
金融資産	58
金融商品	58
金融商品の再測定	66
金融商品の当初公正価値	61
金融商品の当初認識・測定	61
金融負債	58

【く】

偶発債権	95
偶発債権の開示	97
偶発債務	95
偶発債務の認識要件	99
区分処理	70

【け】

組込デリバティブズ	265
繰越欠損金	181
繰延国庫補助金受贈益	124
繰延税金資産	175, 178
繰延税金資産の認識	180
繰延税金負債	175, 177
繰延利益法	12, 123
グループ別商品低価法	54

【け】

経済価値	153
契約の進捗度	129
決算日会計	62
決算日レート法	192
原価加算契約	127, 130
原価控除法	12, 123
減価償却の基礎価額	14
減価償却方法	18
原価モデル	13, 14, 20, 25, 30, 46, 276
研究	43
現金	287
現金決済型の株式報酬取引	100
現金生成単位	164, 169
現金同等物	287
現在価値	92
現在勤務費用	139
現在原価主義会計	256
減損損失	164
減損損失の戻入れ	164, 167
減損テスト	166, 210, 277
減損の兆候	165
権利確定条件	103

【こ】

公開草案第32号	2
交換による取得	10
工事契約	127
工事契約原価	128
工事契約収益	127

索 引

工事進行基準 ………………………… 129, 130
工事損失引当金 ……………………………… 133
工事補償引当金 ……………………………… 91
公正価値 …… 25, 61, 101, 105, 142, 164, 272
公正価値ヘッジ ……………………………… 73
公正価値への調整額 ………………………… 195
公正価値モデル ………………………… 24, 30
公的制度 ……………………………………… 144
購入原価 ……………………………………… 50
購入による取得 ……………………………… 9
購買力 ………………………………………… 259
後発事象 ……………………………………… 319
鉱物資源 ……………………………………… 275
鉱物資源の探査と評価 ……………………… 275
子会社 ………………………………………… 214
国際会計基準 ………………………………… 1
国際会計基準委員会 ………………………… 1
国際会計基準審議会 ………………………… 1
国際財務報告基準 …………………………… 4
国庫補助金 ……………………………… 121, 273
固定価格契約 …………………………… 127, 129
固定資産 ……………………………………… 280
固定負債 ……………………………………… 280
誤謬 …………………………………………… 307
個別商品低価法 ……………………………… 54
個別法 ………………………………………… 52

【さ】

在外営業活動体 ……………………………… 186
在外営業活動体に対する
　　純投資ヘッジ …………………………… 78
債権・債務の相殺消去 ……………………… 222
財政状態計算書 ……………………………… 279
最善の見積り ………………………………… 90
再測定 ………………………………………… 13
最低リース料総額 ……………………… 154, 156
再評価剰余金 …………………… 13, 19, 26, 47
再評価モデル …………………… 13, 14, 21, 47, 276
再表示 ………………………………………… 256

再表示すべき数値 …………………………… 257
再分類 …………………………………… 60, 80
再分類調整 …………………………………… 283
再保険 ………………………………………… 268
再保険資産 …………………………………… 268
財務活動 ……………………………………… 287
財務リスク …………………………………… 265
裁量権のある有配当性 ……………………… 269
先入先出法 …………………………………… 52
残存価額 ………………………………… 18, 47

【し】

仕掛中の研究開発投資 ……………………… 41
自家建設資産の取得原価 …………………… 10
識別可能性 …………………………………… 38
事業セグメント ………………………… 240, 241
資金生成単位 ………………………………… 251
自己創設のれん ……………………………… 42
自己創設無形資産に係る認識要件 ……… 44
自己創設無形資産の取得原価 ……………… 45
資産 ……………………………………… 3, 38
資産化適格借入費用 ………… 148, 149, 150
資産化率 ……………………………………… 151
資産に関する国庫補助金 ………… 121, 123
資産負債アプローチ ………………………… 3
市場リスク …………………………………… 84
実績主義 ………………………………… 296, 297
質的特徴 ……………………………………… 3
支配 ……………………………… 38, 199, 214, 233
支配獲得日 …………………………………… 199
支配テスト …………………………………… 63
四半期財務諸表 ……………………………… 296
収益 …………………………………………… 111
収益に関する国庫補助金 ………… 121, 125
従業員 …………………………………… 101, 135
従業員給付 …………………………………… 135
修正後発事象 ………………………………… 319
修繕引当金 …………………………………… 85
重要な影響力 ………………………………… 215

325

取得関連支出	200	遡及的適用	304
取得企業	199	その他の原価	51
取得原価	8	その他の長期従業員給付	145
取得資産	200	その他の包括利益	283
取得日	199	損益計算書	282
取得法	198	損害賠償引当金	89
ジョイント・ベンチャー	233		
使用価値	164, 169	【た】	
償却	46	退職給付	137
償却原価	67	退職給付債務の現在価値	140
証券監督者国際機構	1	退職給付債務の見積額	141
条件付き対価	202	退職給付引当金	139
少数株主持分	198, 216	退職給付費用	139
正味実現可能価額	53	退職給付負債	139
正味リース投資未回収額	159	耐用年数	17
将来加算一時差異	175	ダウン・ストリーム	223
将来減算一時差異	175	建物除去引当金	93
将来の経済的便益	38	棚卸資産	49
信用リスク	83	棚卸資産の原価配分法	52
		棚卸資産の取得原価	50
【す】		段階取得	200
推定的債務	87, 136	短期従業員給付	135, 317
数理計算上の差異	139	探査・評価資産	275, 277
ストック・オプション	100, 104, 106		
		【ち】	
【せ】		中間期間	295
税効果	175	中間期間の税金費用	298
制度資産	139	中間財務諸表	296
製品保証引当金	91	中間財務諸表等	296, 297
政府援助	121	中間財務報告書	295
生物資産	271, 273	超インフレ	256
セール・アンド・リースバック取引	161	長期従業員給付	318
潜在的普通株式	313	直接法	287
全社資産	167		
全部のれん	205, 219	【つ】	
		追加給付	265
【そ】			
贈与による取得	12	【て】	
遡及的修正・再表示	307	デリバティブズ	71

索引

デリバティブ取引 ……………………… 71
テンポラル法 …………………… 189

【と】

投資活動 …………………………… 287
投資不動産 ………………………… 23
投資不動産からの振替 ………………… 26
投資不動産の公正価値 ………………… 25
投資不動産の取得原価 ………………… 24
投資不動産への振替 …………………… 26
当初測定 …………………………… 8
当初認識 …………………………… 8
特定借入金 ………………………… 150
土地浄化引当金 …………………… 89
取引日会計 ………………………… 62

【に】

二計算書方式 ……………………… 282
認識 ………………………………… 8
認識の中止 ……………… 19, 28, 36, 63, 80

【ね】

年金資産 ……………………… 139, 142

【の】

農業活動 …………………………… 271
農産物 ……………………………… 273
のれん ………… 40, 167, 195, 201, 205, 209

【は】

バーゲン・パーチェス ……………… 198, 201
売価還元法 ………………………… 52
売却可能金融資産 ………………… 59, 68
売却費用控除後の公正価値 …………… 169
売却目的固定資産 ………………… 32
廃棄予定の固定資産 ……………… 252
廃棄予定の処分グループ ………… 252
廃止事業 …………………………… 251
配当 ………………………………… 118

【ひ】

非貨幣項目 ………………………… 258
引当金 …………………………… 85, 99
引当金の測定 ……………………… 90
引当金の認識規準 ………………… 85
引受負債 …………………………… 200
非支配持分 …… 198, 200, 216, 218, 226, 231
非修正後発事象 …………………… 319, 320
1株当たり利益 ……………………… 311
費用機能法 ………………………… 284
標準原価法 ………………………… 52
費用性質法 ………………………… 284
比例連結法 ………………… 235, 237, 238
品目法 ……………………………… 54

【ふ】

ファイナンス・リース ……………… 153, 154
不確実性 …………………………… 92
不確実な将来の事象 ………………… 265
不可避な費用 ……………………… 86
複合金融商品 ……………………… 70
複数事業主制度 …………………… 144
負債 ……………………………… 3, 85
普通株主に帰属する利益 …………… 312
物品販売 …………………………… 113
負ののれん発生益 ………………… 199, 201
不利な契約 ………………………… 86

【へ】

ベーシス・アジャストメント ………… 77
ヘッジ会計 ………………………… 72
返品調整引当金 …………………… 88

【ほ】

包括利益 …………………………… 283
包括利益計算書 …………………… 282
報告企業 …………………………… 186
報告セグメント …………………… 242

327

報告対象セグメント ………………… 242
報酬 ……………………………………… 317
法定税率 ………………………………… 181
保険契約 ………………………………… 265
保険数理差損益 ………………………… 139
保険付給付 ……………………………… 144
保険リスク ……………………………… 265
ボラティリティ ………………………… 106
本源的価値 ……………………………… 107

【ま】

前払年金費用 …………………………… 139
マネジメント・アプローチ ………… 245
満期保有投資 ……………………… 59, 68

【み】

みなし利率 ……………………………… 112

【む】

無形資産 …………………………………… 38
無形資産の公正価値 …………………… 42
無形資産の取得原価 …………………… 40

【も】

持分 ………………………………………… 3
持分金融商品 ……………………………… 59
持分決済型の株式報酬取引 ……… 100, 101
持分変動計算書 ………………………… 293
持分法 ………………… 229, 236, 237, 238

【ゆ】

有価証券 ………………………………… 68
有形固定資産 …………………………… 7
有形固定資産の公正価値 …………… 13
有形固定資産の取得原価 …………… 9

【よ】

予測主義 ………………………………… 297
予測単位積増方式 ……………………… 140

【り】

リース …………………………………… 153
リース開始日 …………………………… 154
リース期間 ……………………………… 154
リース期間の開始 ……………………… 156
リース上の計算利子率 ………………… 156
リサイクリング ………………………… 284
リスク …………………………… 92, 153
リスク・経済価値テスト ……………… 63
リストラクチャリング ………………… 89
リストラクチャリング引当金 ………… 90
利息 ……………………………………… 118
利息収益 ………………………………… 112
利息費用 ………………………………… 140
利息法 ……………………………………… 67
流動資産 ………………………………… 280
流動性リスク …………………………… 83
流動負債 ………………………………… 280

【る】

類別法 ……………………………………… 54

【れ】

連結財務諸表 …………………………… 214
連結修正仕訳 …………………………… 227

【ろ】

ロイヤルティ …………………………… 118

【わ】

割引率 …………………………………… 141

【執筆者一覧】(執筆順)

氏名	所属	執筆担当
菊谷　正人	(法政大学教授)	序章，第1章，第5章
依田　俊伸	(法政大学教授)	第2章
平賀　正剛	(愛知学院大学准教授)	第3章
藤田　晶子	(明治学院大学教授)	第4章
岡村　勝義	(神奈川大学教授)	第6章
松本　敏史	(同志社大学教授)	第7章
村井　秀樹	(日本大学教授)	第8章，第31章3
竹口　圭輔	(法政大学准教授)	第9章
石原　裕也	(帝京大学准教授)	第10章，第15章
石津　寿惠	(明治大学教授)	第11章
近田　典行	(埼玉大学教授)	第12章，第21章
西山　一弘	(東海大学准教授)	第13章
吉田　智也	(福島大学准教授)	第14章，第24章
川島　健司	(法政大学准教授)	第16章
大下　勇二	(法政大学教授)	第17章
井上　定子	(流通科学大学准教授)	第18章
向　伊知郎	(愛知学院大学教授)	第19章
神納　樹史	(新潟大学准教授)	第20章，第25章
越野　啓一	(富山大学教授)	第22章
井上　行忠	(嘉悦大学准教授)	第23章
古庄　修	(日本大学教授)	第26章
中村　亮介	(帝京大学専任講師)	第27章
石山　宏	(東京国際大学准教授)	第28章1～3，5
溝上　達也	(松山大学准教授)	第28章4
吉田　正人	(千葉商科大学専任講師)	第29章
齊野　純子	(甲南大学教授)	第30章
神谷　健司	(法政大学教授)	第31章1
松井　泰則	(立教大学教授)	第31章2

【編著者紹介】

菊谷　正人（きくや　まさと）
昭和23年　長崎県に生まれる。
昭和51年　明治大学大学院商学研究科博士課程修了。
現　　在　法政大学大学院教授。会計学博士。
　　　　　公認会計士第二次試験試験委員（平成10年度～平成12年度）。

〈主要著書〉（初版のみの記載）
『英国会計基準の研究』（同文舘，昭和63年）
『企業実体維持会計論』（同文舘，平成3年）
『国際会計の研究』（創成社，平成6年）
『精説法人税法』（テイハン，平成8年）
『多国籍企業会計論』（創成社，平成9年）
『国際的会計概念フレームワークの構築』（同文舘出版，平成14年）
『法人税法要説』（同文舘出版，平成15年）
『税制革命』（税務経理協会，平成20年）
『「企業会計基準」の解明』（税務経理協会，平成20年）

〈主な共著書〉（初版のみの記載）
『国際取引企業の会計』（稲垣冨士男共著，中央経済社，平成元年）
Accounting in Japan（T.E.Cooke共著，テイハン，1991年）
Financial Reporting in Japan（T.E.Cooke共著，Blackwell，1992年）
『英・日・仏・独会計用語辞典』（林　裕二＝松井泰則共著，同文舘，平成6年）
『新会計基準の読み方』（石山　宏共著，税務経理協会，平成13年）
『金融資産・負債と持分の会計処理』（岡村勝義＝神谷健司共著，中央経済社，平成14年）
『所得税法要説』（依田俊伸共著，同文舘出版，平成17年）
『連結財務諸表要説』（吉田智也共著，同文舘出版，平成21年）

〈主な編著書〉（初版のみの記載）
『精説会計学』（同文舘，平成5年）
『会計学基礎論』（前川邦生＝林裕二共編著，中央経済社，平成5年）
『環境会計の現状と課題』（山上達人共編著，同文舘出版，平成7年）
『租税法全説』（前川邦生共編著，同文舘出版，平成13年）
『財務会計の入門講義』（岡村勝義共編著，中央経済社，平成16年）
『財務会計学通論』（税務経理協会，平成21年）

編著者との契約により検印省略

平成21年11月1日　初版第1刷発行

IFRS・IAS
（国際財務報告基準・国際会計基準）
徹底解説
－計算例と仕訳例でわかる国際会計基準－

編著者	菊　谷　正　人
発行者	大　坪　嘉　春
印刷所	税経印刷株式会社
製本所	株式会社　三森製本所

発行所　〒161-0033 東京都新宿区下落合2丁目5番13号　株式会社 税務経理協会

振替　00190-2-187408　電話(03)3953-3301(編集部)
FAX(03)3565-3391　　　(03)3953-3325(営業部)
URL http://www.zeikei.co.jp/
乱丁・落丁の場合は、お取り替えいたします。

Ⓒ 菊谷正人 2009　　　　　　　　　　　　　Printed in Japan

本書を無断で複写複製(コピー)することは、著作権法上の例外を除き、禁じられています。本書をコピーされる場合は、事前に日本複写権センター(JRRC)の許諾を受けてください。

JRRC 〈http://www.jrrc.or.jp　eメール：info@jrrc.or.jp　電話：03-3401-2382〉

ISBN978-4-419-05400-7　C1063